7 シリーズ〈都市地震工学〉
東京工業大学都市地震工学センター 編

地震と人間

大野隆造……編

瀬尾和大　大野隆造　藤井　聡
青木義次　大佛俊泰……著

朝倉書店

シリーズ〈都市地震工学〉

東京工業大学都市地震工学センター
(編集代表:大町達夫,翠川三郎,盛川　仁)
編集

編集者（第7巻）

大野 隆造（おお の りゅう ぞう）　東京工業大学大学院総合理工学研究科人間環境システム専攻教授

執筆者（執筆順）

瀬尾 和大（せ お かず おお）　東京工業大学大学院総合理工学研究科人間環境システム専攻教授
大野 隆造（おお の りゅう ぞう）　東京工業大学大学院総合理工学研究科人間環境システム専攻教授
藤井 聡（ふじ い さとし）　東京工業大学大学院理工学研究科土木工学専攻教授
青木 義次（あお き よし つぐ）　東京工業大学大学院理工学研究科建築学専攻教授
大佛 俊泰（おさらぎ とし ひろ）　東京工業大学大学院情報理工学研究科情報環境学専攻助教授

シリーズ〈都市地震工学〉刊行にあたって

　日本は，世界有数の地震国として知られています．日本のような地震国に住み，安心・安全で質の高い文化生活を営むためには，地震に強い社会環境づくりが欠かせません．とりわけ人口や社会資本の集積が著しい現代都市を震災から守ることの重要性は明らかで，それを実現するための知識や技術が地震被害に苦しむ世界中の国や地域から日本に期待されています．近年，特に1995年阪神淡路大震災以降，都市の地震防災に関する学術研究や技術開発は大幅に進展しました．そこで都市震災軽減のための地震工学を新たに都市地震工学と呼び，この分野の学問と技術の体系化を試みることにしました．

　現代都市を，モノ（都市施設），ヒト（市民），社会（都市システム）の3要素に分けてみると，各要素が，老朽化，高齢化，複雑化などの問題点を内蔵しています．ひとたび大地震に直撃されると，それらを弱点として発生したさまざまな被害が連鎖的に悪循環を形成して，都市全体を巻き込む大震災にまで拡大し，やがて世界中に波及して未曾有の大災害を招く危険性があります．従来の地震防災対策では，モノの耐震性に主力が注がれてきましたが，地震被害の発生を抑え，悪循環の連鎖を断って，都市震災の軽減をはかるためには，ヒトや社会も含めた都市全体の総合防災力を学問と技術の有機的連携によって高めることが必要です．

　上記のような考えから，この都市地震工学シリーズは，地震ハザードや耐震性能の評価あるいは耐震補強技術だけでなく，地震時火災や防災教育，さらに防災投資などの分野を広く取り入れた構成にしています．本シリーズの出版は，文部科学省が支援する21世紀COEプログラム「都市地震工学の展開と体系化」の活動の一環として当初から目標にしていたもので，本プログラムの事業推進担当者と協力者とで執筆しました．都市地震工学の体系化という大きな課題に対して漸く出版にまで漕ぎつけましたが，もとよりこれは最初の一歩であり今後も研鑽を積みながら内容を一層充実させて参りたいと考えています．読者の皆さまの率直なご批判やご叱正をお願いする次第です．

　このシリーズの出版に関して，さまざまなご協力を賜った朝倉書店編集部をはじめ，関係各位には，末筆ながら，厚くお礼申し上げます．

　2007年1月

東京工業大学都市地震工学センター
センター長　大町達夫

序

　シリーズ〈都市地震工学〉の中で，この7巻は人間を中心に据えている．災害を語るとき，人間と，人間の作り上げた物理的・社会的環境に及ぼす影響を考えないわけにはいかない．たしかに"地震"そのものは自然現象だが，"地震工学"は地震から人間とその構築環境を守るという意味で間接的にではあるが人間の存在が関わっている．さらに"都市地震工学"では，多数の人が集まって物・エネルギー・情報を交換する人間活動の中心である都市に焦点が当てられているため，人間の要因がより一層重要になる．本書では地震などの自然の力が人間に及ぼす影響といった一方向の作用として災害を捉えるのではなく，災害の規模がそれに関わる人間の心理・行動によって大きく左右されることから，災害を自然と人間との相互作用によって生じるものと捉えている．

　1章では，地震が発生すると何が起き，人はどう振る舞うのか，長年の研究を通した筆者の体験談を交えて，過去の大震災を振り返り，時代背景や状況による差異に注意を払いつつ，そこからさまざまなレベルの教訓を引き出している．2章では，地震以外の自然災害や人為的な技術的災害を含めて，広く過去の災害事例を参照して諸災害の特性を整理した上で，人間と災害との関わりを情報と行動の観点から概説している．3章では，地震による被害に社会的に対処するため，リスクを正しく認識する必要性と困難さを豊富な事例を示しつつ論じ，防災のための適切な行動を導くためのリスクコミュニケーションの方法について述べている．4章では，従来の避難行動シミュレーションにおいて避難者がすべての情報を正しく把握し，合理的な判断に基づいて行動することを前提として行われていたのに対して，より実際の状況に近い，限られた情報しか得られない避難者の行動についてシミュレーションを行い，避難行動における情報の重要性を論じている．

　2006年5月に発生したインドネシア・ジャワ島中部地震の被災地調査から帰ったばかりの目で本書を読み直し，現地の状況と重ねてみると，被災者の行動を理解し，復興の動向を捉え，さらに今後の防災への取り組みを考える上で，多くの有用な観点を見出すことができる．ここで述べられている内容はそのまま海外の災害に適用することはできないが，現地の文化的・社会的な背景とそれに基づく人々の心理・行動を十分理解した上で，翻訳し伝えることができれば"災害先進国"として世界に貢献することができる．

　「都市地震工学」の分野において，ハード面の体系化された研究の拡がりに比べ，ここで扱っているソフト面での研究は現在のところ立ち遅れていると言わざるを得ない．しかし，災害に関する情報の欠如とそれによる不適切な人間行動がいかに多くの犠牲を払うことになるのか，22万人余りもの犠牲者を出した2004年12月のスマトラ沖地震津波の例を見れば明らかである．本書は，地震をはじめとする災害に関連した人間的ファクターを考える上で重要ないくつかの観点を示すことにとどまるが，今後この研究分野を進展させる上での足掛かりとなれば幸いである．

2007年1月

大野隆造

目　　次

1　都市の震災　————————————————————————［瀬尾和大］— 1
　1.1　震災への取り組み　1
　1.2　震災の歴史的考察　3
　1.3　震災の地理的考察　28
　1.4　地震との共存は可能か　32

2　災害の行動科学　——————————————————————［大野隆造］— 36
　2.1　さまざまな災害の現れ方と特性　36
　2.2　災害と情報　42
　2.3　災害と人間行動　48
　2.4　ま と め　52

3　リスク認知とコミュニケーション　————————————————［藤井　聡］— 54
　3.1　地震災害問題における社会的・心理的側面　54
　3.2　リスク認知の一般的性質と地震災害リスクについての一般的特徴　57
　3.3　安全対策に対する意識　63
　3.4　リスクについてのマスコミ報道の影響　70
　3.5　リスクコミュニケーションの分類　73
　3.6　平常時における専門家からのリスクコミュニケーション　75
　3.7　災害時におけるリスクコミュニケーション（クライシスコミュニケーション）　88
　3.8　災害に強い社会の構築に向けて　91

4　地震時火災と避難行動　—情報伝達と地理イメージ変形を考慮した地震時行動シミュレーション—
　　　　　　　　　　　　　　　　　　　　　　　　　　　　［青木義次, 大佛俊泰］— 96
　4.1　地震時避難行動に関する意識調査と地理的イメージ調査　96
　4.2　伝聞情報判断モデル　102
　4.3　伝聞情報型避難シミュレーションモデル　107
　4.4　地理的認識の避難行動への影響　109
　4.5　結　　論　111

索　　引　————————————————————————————————115

1 都市の震災

1.1 震災への取り組み

▶1.1.1 震災と災害感

　震災は天災か人災かということがしばしば論じられることがある．はたして震災は天災なのか人災なのか．残念ながら，本章で考察を加えようとするのは，このような二者択一を求めるためのものではない．そのかわり，本章では過去に発生したいくつかの代表的な震災の実態をさまざまな視点から眺めてみることによって，各々の震災で何が問題とされたか，すなわち，どこに震災を著しく大きくさせた要因が潜んでおり，どこに震災の拡大を阻止する動きがあったか，について若干の考察を加えてみたい．そのような試みを通して震災の実態を解きほぐしてみれば，震災が天災か人災かといった疑問はおのずから解消してしまうのではないかと思われるからである．

　震災の形態は時代背景によっても違うし地理的条件によっても様相を異にするので，昔の震災や異なる地域で発生した震災から将来の教訓を得ようとする場合には細心の注意が必要となる．教訓を得ようとする現在の状況と昔の震災当時の状況とが同等に比較できるはずがないことは容易に想像できよう．しかし，どの部分がどのように異なっているのかを適切に評価することは思いのほか難しい．科学技術の発達度の違いをどのように換算すればよいのか．ラジオさえ存在しなかった昔の震災と，情報伝達媒体が過剰とも思えるほど普及した現代社会における震災とでは，どこに違いが現れるのか．社会背景や経済情勢の違いは震災にどのように反映されるであろうか．また，人々の生活様式や価値観の違いをどのように考えればよいであろうか．

　震災の形態が時代背景に大きく依存することについては，すでに寺田寅彦の著書『天災と国防』に興味深い指摘がある．それは文明の進化とともに震災も進化を遂げ，より深刻さを増すというものである．確かに，震災というものは人々がそこに居住してはじめて発生するわけで，被害を受ける人や住居が存在しなければ，どんなに大きな地震が起こり，どんなに強い地震動が発生しても，それが被害に結びつくことはない道理である．それと比べて近年では都市化が急速に進み，我々が住む環境は一段と複雑な構造になっており，どこに震災時の弱点が潜んでいるのかが非常にわかりにくくなっている．科学技術の発展がいかに頼りにならないかは，最近のいくつかの事例（地震災害ばかりでなく風水害にも大いに痛めつけられている）を見れば明らかであろう．サイスミックマイクロゾネーション，すなわち地震時の地域による諸特性の細かな違いを詳細に考慮した上での防災都市計画，という概念がはじめて学界に登場したのは1970年代のことであり，現在もなお重要な研究分野として位置づけられていることを思えば，寺田寅彦は80年も前から現在の状況を見通していたことになる．

　また，哲学者和辻哲郎の著書『風土―人間学的考察』の中にも，われわれの生活様式は好むと好まざるとにかかわらず自然災害も含めた気候風土に規定されるという趣旨の興味ある記述が見られる．すなわち風土には大別して三つの類型があり，湿潤なモンスーン型の風土における人間の構造は受容的忍従的であり，乾燥した沙漠型のそれは対抗的戦闘的であって，ヨーロッパに代表される湿潤と乾燥を併せ

持つ牧場型では自主的合理的な傾向に傾かざるを得なくなるというもので、それほど気候風土というものは人間の価値観や行動様式を束縛してしまうもののようである。確かにわが国の状況を見ていると、自然の恵みが豊かである一方において、地震のほか火山活動や台風・豪雨災害、地域によっては雪害や干害など、人々は昔から天災としてひたすら忍従的であったかもしれない。かなり穿ったものの見方のようでもあり、一面ではよく真理を捉えているようにも思えて不思議なものである。もしこの和辻哲郎の考えに一理ありとするならば、諸外国の震災事例をわが国に持ち込む場合にも細心の注意が必要であろう。

問題は、これから先、我々はこのような自然災害とどのように付き合ってゆかなければならないのか、明確な対応方法を未だ見出し得ていないことではないだろうか。かつて明治期のわが国には、風土の違いを斟酌することなく、いわば盲目的に西洋の文明を取り入れてしまった苦い経験がある。また、伊勢湾台風に痛めつけられた昭和30年代には、折しも戦災からいかに立ち直るか、いかに経済復興を成し遂げるかが問われていた時期でもあり、未熟ながらも河川堤防をコンクリートでがちがちに固めることによって、台風や豪雨災害を克服できたと思い込んでいた。このような公共事業はその後も長期間にわたって継続され、いかにも殺風景な景観を造り上げてしまったことに気が付いたのはつい最近のことであった。このように考えてみると、ことは震災予防の問題に止まらず、これから先、我々はどのようにすれば安全で快適な生活環境を創造できるかという基本問題に立ち返らざるを得ないのではなかろうか。

▶1.1.2 震災と関連分野の関わり

震災に限らず、一般に自然災害の軽減対策には、災害時の苦い経験を通して、応急対策や復旧・復興の過程で科学技術上の弱点を学び、それを生かして次の災害に備える、といった循環を果てしなく繰り返しながら現在に至っているように思われる。図1の中央部分はそのような状況を模式的に示したものである。そのような循環作業をできるだけ効果的に進めるためには、図1の外周部に示すように、まず、我々が生活している地域の環境そのものが深く災害と関わっていることについての現状認識が必要であり、次に、問題解決にあたっては多くの異なる専門分野の協力が必要であることについても、ぜひとも理解を深めておきたい。

当然のことながら、我々は地域の気候・風土や地質・地盤条件、地震活動度などの自然環境を制御することはできない。我々の努力によって改変できるのは我々自身が造り上げた社会環境のみである。ところが、社会的要請を受けて都市開発が進められてきたにもかかわらず、開発が進めば進むほど災害に対する都市の脆弱性が増すという皮肉なことが現実の問題として発生している。おそらくは都市開発の方法に問題があって、経済的側面のみが重視され、人間的側面が疎かにされるといった市場原理重視の背景があったからではないかと推測される。本来あるべき理想的な社会環境を構築することは容易なことではないかもしれないが、多くの専門分野の知恵を

写真1 寺田寅彦 (1878–1935) (宇田, 1975)

写真2 和辻哲郎 (1889–1960) (桑原編, 1962)

図1 震災軽減とそれに関連のある研究分野の概念図

結集することによって，地域の自然環境とも調和のとれた真に安全かつ快適で利便性の高い社会環境を創造することは決して不可能ではないと思われる．

1.2 震災の歴史的考察

▶1.2.1 江戸期以前の震災

わが国は世界でも有数の地震国である．よって過去の震災事例から多くを学び，それを将来の震災予防に活かせないはずはない．そのためには歴史上にどのような地震がどこに発生し，どのような被害があったのかを詳しく調べる必要がある．実際，各地方に埋もれている古文書を発掘し，地震に関して記述されている史料を収集・整理するといったまことに地道な努力は田山実，武者金吉などの先達によって行われており，それらの資料に基づいて歴史地震を科学的に分析・評価する作業も河角広・宇佐美龍夫などの地震学者によって引き継がれてきた．そのお蔭でわれわれは，『理科年表』を調べるだけで歴史的な被害地震をあたかも観測事実のように知ることができるようになった．

試みに『理科年表』を引くと，わが国の歴史に現れた最初の地震は，允恭 5（西暦 416）年にまで遡るが『日本書紀』に"地震"とあるだけなので，それ以上のことはわからない．時代とともに一つの被害地震に対して，そのことが記述される文書の数は多くなり，地震の震源位置や規模は少しずつ精度よく推定できるようになった．たとえば，鴨長明の『方丈記』や吉田兼好の『徒然草』には地震や火災などの災害に関する記述が多く見られ，平安・鎌倉期の京の都が決して安らかな時代ではなかったことがわかる．興味深いのは，後者がすべて伝聞に基づいているのに対して，前者は明らかに災害の現場を実見していると思われる点である．平安期から鎌倉期に移行すると，京都を中心とした畿内周辺の地震に加えて関東周辺の地震の数が明らかに増えており，文書に記述される情報の質と量はそれぞれの時代ごと・地域ごとの政情や文化の程度にも少なからず影響されているようである．このような地域ごとの情報の均質化が図られたのは全国にわたって幕藩体制が敷かれた江戸期に入ってからではないかと考えられる．結局，『理科年表』に登録されている被害地震は 1995 年 1 月 17 日の兵庫県南部地震までに 433 個を数えている．このうち，関東地方の被害地震が急増するのは鎌倉幕府が開設された 1192 年以降のことであり，江戸幕末・明治維新までの 680 年弱の間に発生した被害地震は 48 個，このうちマグニチュード 8 級の巨大地震は 5 個発生している．

江戸幕府約 300 年間に注目してみると，江戸の町には地震災害のみならず，飢饉・水害・火災と多くの災害が繰り返し発生している．これらの災害に対して当時の人々は非常に無力であり，ひたすら災害の猛威に対して忍従的であったように思えてならない．火災に対する町火消の制度は整えられたかもしれないが，家屋そのものが耐震・耐火構造に改良されたという話はついに聞かれなかった．

▶1.2.2 明治期以降の震災

明治期に入ると震災を科学的に受け止め，震災の軽減対策を具体的に考えようとする動きが認められる．その当時，明治政府は西洋の科学技術を積極的に導入することによって富国強兵政策を推進しようとするが，このため多くのお雇い外国人がわが国に滞在しており，地震に驚いたのは彼らお雇い外国人であったらしい．たとえば，地震という現象を観測するための装置としての地震計を製作し始めたのはミルン，ユーイングらのお雇い外国人であった．そして 1880 年の横浜地震を契機として日本地震学会が，また 1891 年の濃尾地震を経験してからは日本地震学会に代わって震災予防調査会が設立された．濃尾地震はマグニチュード 8 というわが国最大級の内陸地震で，当時，西洋から直輸入のレンガ造の紡績・紡織工場建築に壊滅的被害を与えたことから，設立されたばかりの震災予防調査会では，地震学・地震工学を含めた重要な調査研究課題として長期目標 18 条を定めている．その中には地震予知研究から耐震技術の開発研究まで，現在でもなお通用しそうな研究課題がほぼ網羅されている．

そこで，それ以降に発生した地震災害と，それらを経験することによって地震防災に関わる科学技術

がどのように発展してきたのかを見比べる必要を痛感し，表1を作成してみた．この表には震災以外の自然災害やその当時の社会情勢も参考までに併記してある．これらの表1に掲げられた震災のうち，当

表1 地震災害の歴史と地震防災科学・技術の発展

年	主な地震災害	地震学・地震工学上の主な出来事	他の自然災害等	社会の動き
1880 (M13)	横浜地震(1880.2.22, M5.5～6, 横浜沖) 家屋破損，煙突の倒壊あり．お雇い外国人ら地震に大いに驚く．→	内務省地理局による地震観測開始(1875) ミルン，ユーイングの来日 日本地震学会の設立(1880) 関谷による4階級の震度階(1884) レイリーによる表面波の理論(1885)		
1890 (M23)	濃尾地震(1891.10.28, M8.0, 岐阜・愛知) 建物全壊142177, 半壊80184, 死7273. 山崩れ1万余．我国最大級の内陸地震．根尾谷を通る大断層を生じ，水鳥で上下に6m，水平に2mずれた．西洋から直輸入の大きなレンガ造建物特に工場が多数倒壊し，多くの犠牲者を出した． 三陸地震津波(1896.6.15, MT 8.5, 三陸沖) 震害なし，津波による被害甚大．死27122, 家屋流全半壊8891, 船の被害7032, 津波の波高は吉浜で24.4m，綾里で21.9m，田老で14.6mなど．	震災予防調査会の発足(1892) 地震学会消滅 調査研究の長期目標18条を定める． (1) 地震そのものに関する研究 (2) 地震に伴う災害の軽減方策の研究 酒田地震(1894)の経験から，木造家屋に筋かい・方づえ・金物の使用の有効性を強調 中央気象台による7階級の震度階(1898)		大日本帝国憲法発布(1889) 日清戦争(1894)
1900 (M33)		ウイヘルト地震計(1904)		日露戦争(1904)
1910 (M43)	サンフランシスコ地震(1906.4.18, M8.3) 煙突・レンガ造，しっくい壁等に大被害．死674(その後の推定で700～800)．大火災によりサンフランシスコ市の75%以上が壊滅，焼失家屋約38000戸．20階程度の高層鉄骨レンガ造に被害は少なかった．	大森・今村の地震論争(1906) 次の関東地震の発生時期と被害について 我国でのラーメン構造の始まり(1907～1910) S造・RC造の耐震設計法発展の契機に． 佐野震度，家屋耐震構造論(佐野利器) 建物を剛体と仮定	有珠/明治新山の誕生(1910) 桜島の大噴火(1914)	ウェーゲナー大陸移動説を提唱するが支持されず． 第一次世界大戦(1914～1919)
1920 (T9)	関東大地震(1923.9.1, M7.9, 関東南部) 地震後の火災で被害は著しく増大した．死者99331, 行方不明43476, 家屋全壊128266, 半壊126233, 焼失447128, 山崩れ・崖崩れ多数．南関東に地変多く，津波の波高は三崎で6m，洲崎で8mに達した．流言蜚語が多発し，朝鮮人虐殺などの社会問題を生ず．	物部理論の建築への導入(1919) 内藤による 市街地建築物法公布(1919) 佐野震度の 百尺制限(高さ制限) 実設計への 丸ビルの竣工 応用 市街地建築物法に震度0.1を明記(1924) 震災予防調査会廃止，地震研究所設立(1925) 地震学会設立(1929) 「地震」発行 柔剛論争(武藤・真島1928～1930, 内野1933) エンパイアステートビル竣工		ラジオ放送開局(1924) 世界的大恐慌の発生(1929)
1930 (S5)	北伊豆地震(1930.11.26, M7.3) 死272. 丹那断層の出現により工事中の丹那トンネルが分断される． 三陸地震津波(1933.3.5, M8.3) 死3008. 震害なし，津波の波高は綾里で25.0m ロングビーチ地震(1933.3.10, M6.3) 死120. その殆どはレンガ造の破片落下による．大火災は発生せず．	加速度地震計の発明 末広，米国で強震計設置の必要を説く(1931) 鉄筋コンクリート構造計算規準，武藤のD法 ハウスナーの応答スペクトルの概念(1932) 世界初の加速度強震記録が得られた．最大振幅は水平動0.23G, 上下動0.15G(Δ48km). リヒターによるマグニチュードの提唱(1935) エルセントロで0.33Gの強震記録が得られる．(現在も第1級の耐震設計用地震動として実務に利用されている)	佐野・谷口「耐震構造汎論」 函館大火(1934)死1500 北陸豪雨(1934)死119 室戸台風(1934)死2702 寺田寅彦「天災と国防」 和辻哲郎「風土 人間学的考察」	満州事変の勃発(1931) 支那事変(1937) 第二次世界大戦勃発(1939) 太平洋戦争への移行
1940 (S15)	インペリアルバレー地震(1940.5.18, M7.1)→ 鳥取地震(1943.9.10, M7.2) 死1083. 東南海地震(1944.12.7, M7.9, 熊野灘) 死・不明1223, 全壊26130, 流失3059. 戦時中のため被害情報は極秘事項に． 三河地震(1945.1.13, M6.8) 死2306.		有珠/昭和新山の誕生(1943) 枕崎台風(1945) 死2473 不明1238, 広島大被害	東京大空襲(1945.3) 広島・長崎に原爆投下さる 終戦(1945.8) GHQ, 進駐軍
	南海地震(1946.12.21, M8.0, 潮岬沖) 死1330, 不明102, 全壊11591, 半壊23487, 流失1451, 焼失2598. 福井地震(1948.6.28, M7.1, 福井平野) 被害は福井平野内部に限られたが住家全壊率は60～80%以上．死3769, 家屋倒壊36184, 半壊11816, 焼失3851.	地震学会再発足(1947) 日本建築規格3001制定(1947) 許容応力度 許容応力度の改定により震度を0.2に(1948) 気象庁震度階級にⅦ(激震)が新設される．		新制大学発足(1949)
1950 (S25)	十勝沖地震(1952.3.4, M8.2) 死・不明33 → カーンカウンティ地震(1952.7.21, M7.7) タフトで強震記録が得られる．	建築基準法の公布(1950) 地震危険度地図の提案・河角マップ 気象庁による津波監視業務の開始(1952) 地盤種別地域係数に関する建設省告示(1952)		朝鮮戦争勃発(1950) 朝鮮戦争特需景気(～1952) 民放ラジオ放送開局(1951) テレビ放送開局(1951)
1960 (S35)	チリ地震(1960.5.21, M8.5, チリ沖) 死5700, 傷3000. 津波による被害甚大．ハワイ：死61, 日本：死119, 不明20, 全壊1571, 半壊2183, 流失1259. 広尾沖地震(1962.4.23, M7.0) 釧路で0.4Gの大加速度を記録したが殆ど無被害．アラスカ地震(1964.3.27, M8.3, アラスカ南部) 死131, うち津波による死122. アンカレジで大規模な地盤崩壊．石油タンクの被害．	SMAC強震計の開発・強震観測の開始(1953) TOKYO-101の地震記録(1956.2.14, 74gal) 世界地震工学会議の開催(1956, アメリカ) 金井清による常時微動の研究 東京タワーの竣工(1958) 第2回世界地震工学会議(1960, 日本) 東京駅超高層化計画(1959～1962) 動的耐震設計への機運 気象庁の津波検知システムの改良 建築基準法，31mの高さ制限を撤廃 超高層建築が可能となる． 高層建築技術指針(1964) ベースシア係数の導入	洞爺丸台風(1954) 伊勢湾台風(1959)死4697	民放テレビ開局(1953) 神武景気(1954～1957) トランジスターラジオ開発 住宅公団・団地開発(1956) 岩戸景気(1958～1961) 安保闘争，池田内閣発足 経済の高度成長 貧乏人は麦を食え 所得倍増計画

4　　1. 都市の震災

表1 地震災害の歴史と地震防災科学・技術の発展（つづき）

年	主な地震災害	地震学・地震工学上の主な出来事	他の自然災害等	社会の動き
	新潟地震(1964.6.16, M7.5, 新潟県沖) 死26, 全壊1960, 半壊6640, 浸水15297.→ 新潟市で顕著な液状化.油火災発生. 松代群発地震(1965.8.3～長野県松代周辺) 1969年末までに松代で有感地震62621回. 震度V9回, IV50回, 被害地震50回. 全体で傷15, 全壊10, 半壊4, 地滑り64件 総エネルギーはM6.3相当. 0.5Gの記録. えびの地震(1968.2.21, M5.7, 宮崎県西部) 同日再震, 翌日再々震, 死3, 傷417, 全壊 368, 半壊636, シラスの山崩れ多数. 1968年十勝沖地震(1968.5.16, M7.9) 死49, 不明3, 全壊673, 半壊3004. 山崩れ ・津波あり. RC造建物の被害目立つ.	新潟市川岸町で我国初の強震記録が得らる. この後, SMAC強震計大いに普及する. 第3回世界地震工学会議(1965, ニュージーランド) 地震予知研究第1次5ヵ年計画発足(1965) 霞が関ビルの竣工(1967) プレートテクトニクスの登場(1967頃) 第4回世界地震工学会議(1969, チリ) 既存建物の耐震診断法に関する検討 →鉄筋コンクリート構造計算規準の改定(1971) 柱の帯筋間隔を半分に. 曲げ降伏先行に.	田治見宏「建築振動学」 藤井陽一郎「日本の地震学」 梅棹忠夫「知的生産の技術」 村松・藤井「日本の震災」 吉村昭「海の壁 三陸沿岸 大津波」 高橋裕「国土の変貌と水害」 金井清「地震工学」	東海道新幹線営業運転開始 首都高速道路の開通 東京五輪(1964) 佐藤内閣の発足(1964) いざなぎ景気(1965-1970) 学園紛争 成田闘争始まる GNP世界第2位となる. メキシコ五輪(1968) アポロ11号月面着陸(1969) 阪神高速道路の開通 大阪万国博覧会(1970)
1970 (S45)	サンフェルナンド地震(1971.2.9, M6.6) マナグア地震(1972.12.23, M6.0) 直下型! 根室半島沖地震(1973.6.17, M7.4) 傷26 伊豆半島沖地震(1974.5.9, M6.9) 死・不明38 大分県中部地震(1975.4.21, M6.4) 九重レークサイドホテルの一部崩壊. フリウリ地震(1976.5.6, M6.5, 北イタリア) 死968. 組積造建物の被害甚大. RC造も. 唐山(タンシャン)地震(1976.7.28, M7.8) 死70万, 傷78万と推定されていたが, 10年 後の公式発表では死242769, 傷707000. レンガ造中低層の85%, 住家の90%が壊滅. 1976年には, この他にもグアテマラ・ニュー ギニア島・ミンダナオ島・トルコ東部など 世界各地で大きな地震災害が発生した. ルーマニア地震(1977.3.4, M7.2) 1978年伊豆大島近海地震(1978.1.14, M7.0) 死25, 傷139, 全壊94, 半壊539, 崖崩れ大 堤の損壊でシアン化合物が狩野川へ流入. 1978年宮城県沖地震(1978.6.12, M7.4) 死27, 傷1227, 全壊651, 半壊5450, 崖崩れ 多数. 新興開発地に被害が集中した.	新耐震設計基準についての論争が始まる. 新宿副都心の超高層ビル群の建設始まる. マイクロゾネーション国際会議の開催(1972) 第5回世界地震工学会議(1973, イタリア) ショルツ理論 中国, 海城地震の直前予知に成功(1975.2.4) 新耐震設計法案まとまる(1977) 地震予知連絡会に東海地域判定会を設置 第6回世界地震工学会議(1977, インド) 第2回マイクロゾネーション国際会議(1978) 大規模地震対策特別措置法の公布 (1978.6.15, 施行12月) 池袋サンシャイン60ビル竣工(1978)	吉村昭「関東大震災」 柳田邦男「空白の天気図」 有珠山噴火(1977.8.7) 御岳山の噴火	田中内閣の発足(1972) ミュンヘン五輪(1972) オイルショック(1973) トイレットペーパー買占め騒動 三木内閣の発足(1974) 山陽新幹線開通(1975) ロッキード事件発覚(1976) モントリオール五輪(1976) 福田内閣の発足(1976) 構造不況の長期化 成田空港開港(1978.5)
	モンテネグロ地震(1979.4.15, M7.3, ユーゴ) 死156. 8万人が住家を失う. PGA0.5G インペリアルバレー地震(1979.10.15, M6.6)→ エルアスナム地震(1980.10.10, M7.3) 死2590, 傷8252, 市内建物の30%が大破. 南イタリア地震(1980.11.23, M6.5) 死2741, 不明189, 傷8872, 組積造が大破. 1982年浦河沖地震(1982.3.21, M7.3) 死0, 傷168, 全壊12, 半壊19. コーリンガ地震(1983.5.2, M6.5) 死0, 傷180. PGA0.54Gを記録. 1983年日本海中部地震(1983.5.26, M7.7) 死103, 不明1, 傷293, 全壊1446, 半壊2805. → 津波と地盤の液状化による被害が顕著. モーガンヒル地震(1984.4.24, M6.2) コヨーテダムで1.3Gの水平加速度を記録. 長野県西部地震(1984.9.14, M6.8) 死29, 傷10, 全壊流失14, 半壊73など. 御岳山に大規模土石流が発生し王滝川を→ 埋める. 王滝村松越地区にも地盤崩壊.	 強震動の群列観測に成功. PGA1.5G(UD成分) 第7回世界地震工学会議(1980, トルコ) 国立防災センター, 関東3点の深井戸完成. 建築基準法施行令の改正(1980, 施行1981.6) 第3回マイクロゾネーション国際会議(1982) 油タンクのスロッシングに関する自治省告示(1983.4) 津波監視体勢の強化が課題に. 特に日本海側. 石油タンクの液面動揺(スロッシング)による油の 溢流が新潟で顕著に現れ再び問題に. 第8回世界地震工学会議(1984, アメリカ) 震源域内で10Gもの加速度が作用した可能性が あるとの報告があり論議を呼ぶ.	 セントヘレンズ火山噴火 ワシントン州(米国, 1980) ホテルニュージャパン火災 長崎大水害(1982.7.23) 長崎市の総降水量は598mm に達し死・不明299名. 三宅島噴火(1983) 斎藤宏保「重い遺産」 大崎順彦「地震と建築」	大平内閣の発足(1979) 鈴木内閣の発足(1980) モスクワ五輪不参加(1980) 第2次オイルショック(1980) 東北・上越新幹線開業 中曽根内閣の発足(1982) 大韓航空機事件 ロサンゼルス五輪(1984)
1985 (S60)	チリ地震(1985.3.3, M7.7) 死179, 傷2575, 全壊73090, 半壊148886. メキシコ地震(1985.9.19, M8.1) 死6000(2万?), 傷3万, 全壊約500, 震源 から350kmも離れたメキシコ市で大被害. 茨城千葉境の地震(1985.10.4, M6.0) 東京で震度Vを記録し話題となる. 千葉県東方沖地震(1987.12.17, M6.7) 死2, 傷138, 全壊10, 東京湾岸で液状化発生. スピタク地震(1988.12.7, M7.0, アルメニア) 死45000. 我国初の緊急援助隊結成さる. ロマプリエタ地震(1989.10.17, M7.1) 死63(当初270人説), サンフランシスコ湾岸のベイ ブリッジ・フリーウェイ880・マリーナ地区等の被害.	第23回IASPEI総会(1985, 日本) 強震記録の早期公開. 我国から多数の調査団 派遣される. 長周期・二重共振・エコー現象 等マスコミに. ESG研究活発化の契機に. 青函トンネル・瀬戸大橋の開通 第9回世界地震工学会議(1988, 日本) 夢の島人工島実験の完了 ウォーターフロント開発の本格化 東京湾横断道路の着工	白石一郎「島原大変」 日航機墜落事故, 死520 ネバドデルルイス火山泥流 死25000 (1985) 宮村忠「水害」 伊豆大島割れ目噴火(1986) 全島民1万人島外避難.	バブル好況(1986～1991) ペレストロイカ路線表明 竹下内閣の発足(1987) ソウル五輪(1988) 昭和から平成に(1989.1) 中国, 天安門事件(1989) 宇野短命内閣(1989.6) 海部内閣の発足(1989.8)
1990 (H 2)	マンジール地震(1990.6.21, M7.3, イラン) 死37000, 被災人口40万人. ルソン地震(1990.7.16, M7.7, フィリピン) 死1641, 不明969, 全壊25369. ホテルの倒壊 や液状化による被害など. エルジンジャン地震(1992.3.13, M6.8, トルコ) 死554, 全壊4563, 半壊5884. 釧路沖地震(1993.1.15, M7.8) 釧路で震度VI 死2, 傷932. 釧路気象台で0.9Gの水平加 速度を観測. 建物被害は軽微. 地盤災害多発.	国際防災の10年(IDNDR)のスタート(1990) JICAによるメキシコ地震防災センター(CENAPRED)開設 第4回サイスミック・ゾネーション国際会議(1991) 東京都庁新庁舎の竣工(1991) ESG国際シンポジウム(1992, 日本) 第10回世界地震工学会議(1992, スペイン) 釧路市内で余震観測・微動観測の共同研究 (加速度の大きさに比べ被害が小さい理由?)	雲仙普賢岳噴火(1990.11～) 比ピナツボ火山噴火(1991) 普賢岳で大規模火砕流発生. 死・不明43 (1991.6.3) 島原水無川で大規模土石流 頻発. 一応の終息は1992.8 寒川旭「地震考古学」	東欧革命の激化 東西ドイツの統一(1990) ペルシャ湾岸危機 湾岸戦争(1991) 宮沢内閣の発足(1991) ソビエト連邦の崩壊(1991) バブル崩壊(1991-1992) バルセロナ五輪(1992)

表 1 地震災害の歴史と地震防災科学・技術の発展（つづき）

年	主な地震災害	地震学・地震工学上の主な出来事	他の自然災害等	社会の動き
	北海道南西沖地震(1993.7.12, M7.8) 津波による犠牲者230名余の殆どは奥尻島内に集中し，人口4600人のうち死者・行方不明者は202人(4%)に達した． ある余震(1993.8.8, M6.5)では1.6Gもの水平加速度が観測され注目されている． ノースリッジ地震(1994.1.17, M6.7) ロサンゼルス市北西部のサンフェルナンドバレーを中心にフリーウェイ・駐車場・アパート・ライフライン等に大被害．火災．死57，重傷1497，軽傷9348．米国で過去最大の被害額．1.8Gの強震記録も過去最大． 北海道東方沖地震(1994.10.4, M8.1) 北方4島で地震動と津波による被害大．ロシア住民の本土樺太への移住深刻化．津波のシミュレーション．釧路で震度Ⅵ．釧路で多数の強震記録が得られる． 三陸はるか沖地震(1994.12.28, M7.5) 八戸に被害集中，震度Ⅵ．ＲＣ建物に構造的被害が生じ，1968年十勝沖地震との比較研究に関心が集まる．	横浜ランドマークタワーの竣工(1993)	鹿児島風水害(1993.6〜9) 石橋克彦「大地動乱の時代」	細川内閣の発足(1993) FIFAドーハの悲劇(1993) 村山内閣の発足(1994)
1995 (H 7) 2000 (H12)	兵庫県南部地震(1995.1.17, M7.3) 死6433（間接被害を含む．直接被害は約5500）不明3，傷43792，全壊104906，半壊144274，全半焼6000以上．早朝のため死者の多くは家屋の倒壊と火災による． 活断層の活動によるいわゆる直下型地震．神戸・洲本で震度Ⅵ．その後の現地調査により淡路島の一部から神戸市・芦屋市・西宮市・宝塚市にかけて震度Ⅶの『震災の帯』があることが判明．多くの木造家屋，鉄筋コンクリート造，鉄骨造などの建物から高速道路・新幹線を含む鉄道線路も崩壊．のちに『阪神・淡路大震災』と命名． コジャエリ地震(1999.8.17, M7.8, トルコ) 死17118，不明多数．イズミット・アダザル周辺で軟弱地盤に伴う被害甚大． 集集地震(1999.9.21, 台湾) 死2429，傷10002，全倒8722，破損7575．内陸逆断層上板側の南投縣・台中縣で特に被害甚大．断層上の石岡ダムで10mの段差．各地に山体崩壊，建物倒壊，橋梁破壊が出現 三宅島・神津島・新島近海の地震群 (2000.6.〜8.) M5以上40地震，うちM6以上4地震（最大M6.5)．松代群発地震を上回る 鳥取県西部地震(2000.10.6, M7.3) 死0，傷182，全壊435，半壊3101．陸域の横ずれ断層型地殻内地震．境港市と日野町で計測震度導入後初の震度6強． エルサルバドル地震(2001.1.13, M7.8) 死852，傷4520，全壊92990，埋没家屋688．ココスプレートの沈み込みに伴うプレート内地震．全土が火山性堆積物で覆われているため各地で斜面崩壊が発生．アドベ造の被害により被災者が117万人（人口の1/5)．1ヶ月後の2/13にもM6.4の内陸地震が首都サンサルバドルの近郊で発生し被害が拡大した． インド西部地震(2001.1.26, M8.0) 死20005，傷166000以上，全壊370000，半壊922000．建物倒壊のほか道路・道路橋・港湾・ダム・ライフラインに被害発生． 芸予地震(2001.3.24, M6.7) 死2，傷288，半壊70，半壊774．フィリピン海プレートのスラブ内地震．呉市の傾斜地などで被害が目立った． 宮城県沖（三陸南）の地震(2003.5.26, M7.1) 岩手県南部・宮城県北部で震度6弱．ＪＲ東北新幹線の盛岡―水沢江間で高架橋脚の一部がせん断破壊したが仮補強で翌日に運行を再開させる． 宮城県北部の地震(2003.7.26, M6.4) 大きな前震M5.6と余震M5.5を伴った．M6級だが震源が浅く石巻平野に大きな被害を生じた．傷677，住家全壊1115，半壊3078，3箇所で計測震度6強を記録． 十勝沖地震(2003.9.26, M8.0) 太平洋プレート上面の逆断層型プレート間地震．1994年北海道東方沖地震以来のM8級．最大4mの津波，不明2，傷842，全壊56，半壊78苫小牧の石油タンクに本格的溢流かつ火災2基東京の『長周期地震動』が大きな問題に．	地震防災対策特別措置法の制定(1995.7) 政府に地震調査研究推進本部を設置 第5回サイスミック・ゾネーション国際会議(1995，フランス) 政府交付金による活断層調査の開始(1995.12) 科学技術庁全国1000点のK-NETを敷設(1996.3) 気象庁震度階級解説表の改定と計測震度の導入(1996)．震度階級5と6に強・弱を付記． 第11回世界地震工学会議(1996，メキシコ) 兵庫県南部地震の後，免震建物が急増する． 政府交付金による堆積平野の地下構造調査の開始．関東平野・京都盆地など順次(1998) 第2回ESG国際シンポジウム(1998, 日本) 横浜市が150点の強震観測ネットワーク設置 「阪神・淡路大震災調査報告」全26冊が5学会の協力で刊行される(1997-2000) 第12回世界地震工学会議(2000，ニュージーランド) 建設省告示第1461号の施行 『超高層建物の構造耐力上の安全性を確かめるための構造計算の基準を定める件』 工学的基盤を定義し応答スペクトルの2種を提示稀・極めて稀に起こる地震の2種を想定 地震調査研究推進本部で地震動予測地図作成手法の研究を開始(2001.4) 中央防災会議，東海地震の地震防災対策強化地域の見直し，想定震源域が西へ拡大(2002) 中央防災会議，東海・東南海同時地震を想定推定死者7400，全壊28万棟(2002.12) 国交省「土砂災害警戒情報」を新設(2003.6) 元地震予知連会長「M8地震が起きると判っている浜岡原発は危険」と警告(2003.7) 中央防災会議，地震動の切迫度を観測情報・注意情報・予知情報で3段階表示(2003.7) 中央防災会議，東南海・南海地震に対する「防災対策推進地域」の指定案作成(2003.9)	地下鉄サリン事件(1995.3) 関東一円に豪雨災害(1998.8) 島本慈子「倒壊」 小林一輔「コンクリートが危ない」 池谷 浩「土石流災害」 有珠山腹噴火(2000.3.31) 噴火予知に成功．洞爺湖温泉閉鎖(7月中に営業再開) 三宅島噴火(2000.6.26〜) 全島民島外避難．有毒ガスで2005.2まで帰島できず． 西澤・円満字「地震とマンション」 星野芳郎「自然・人間・危機と共存の風景」 東欧・ロシアで水害(2002.8) ダム堆砂率の高さが問題に．電源開発の代償(2002.11) 豪雨の九州土砂災害(2003.7)	橋本内閣の発足(1996) アトランタ五輪(1996) ダイアナ妃事故死(1997) 冬季五輪長野大会(1998) 小渕内閣の発足(1998) 山陽新幹線福岡トンネルで壁面剥落事故(1999.6) 日比谷線脱線衝突(2000.3) 森内閣の発足(2000.4) シドニー五輪(2000) 小泉内閣の発足(2001.4) 明石市の花火歩道橋事故死11，傷247(2001.7) NY世界貿易センタービルがテロで崩壊(2001.9.11) FIFA/W杯の日韓開催(2002) 平壌宣言，邦人拉致問題 新潟朱鷺メッセで連絡通路が自然落下事故(2003)

表1 地震災害の歴史と地震防災科学・技術の発展（つづき）

年	主な地震災害	地震学・地震工学上の主な出来事	他の自然災害等	社会の動き
	イラン・バム地震(2003.12.26, M6.5) 死40,000（地域人口の1/3），家屋喪失10万人以上．アドベ・組積造の被害甚大．	NHKスペシャル『地震波が巨大構造物を襲う』東京首都圏への警告として(2004.1.18放送)	新潟・福島水害(2004.7) 三条・見附・中之島で水害 兵庫県豊岡・福井でも水害 香川県高松市の台風水害 三重県宮川村の土砂災害 計10個もの台風が上陸(2004) 各地で甚大な被害が発生．	アテネ五輪(2004)
	紀伊半島沖の連続地震(2004.9.5, M6.9, M7.4) 傷42．気象庁津波監視システムにトラブル発生．津波警戒9000人が避難行動．避難勧告を出さない自治体があったと指摘される．堺市で石油タンクのスロッシング2mを観測．千葉の石油コンビナートでも30cmを確認．	第13回世界地震工学会議(2004, カナダ) 地震調査委，南関東30年以内の地震確率評価 M7級70%，M8級0.8% (2004.8)		
	新潟県中越地震(2004.10.23, M6.8) 死40，傷2988，住宅全壊2619，半壊8536，一部損壊77838．崖崩れが多発し，山古志村など山間集落の孤立化やエコノミークラス症候群が大きな社会問題となる．後日川口町の震度計記録が蘇生し震度7と判明．JR上越新幹線が長岡で脱線するも死傷者なし．鉄道・道路（特にトンネル内）の被害多数．	政府が避難勧告の基準制定のための検討会 豪雨や津波への発令遅れ防止(2004.10) 強震記録の回収に時間を要し震度7の判定が遅れる． 中山間集落の震災時の孤立化・避難後の過労死が問題に． トンネル内安全神話の崩壊		
2005 (H17)	スマトラ島西方沖の地震(2004.12.26, M9.0) インド洋に巨大津波．インドネシア・タイ・インド・スリランカ等で死者・行方不明者30万人，建物倒壊による死者数千人．	阪神・淡路大震災10周年追悼式典(2005.1.17) 国連防災世界会議が神戸で開催される． インド洋津波警報システムの提案． 地震調査研究推進本部が「全国を概観した地震動予測地図」を完成(2005.3) 防災科技研の「地震ハザードステーションJ-SHIS」運用開始(2005.5)	新潟中越の積雪量は最大4m 融雪時に崖崩れ多発	
	福岡県西方沖地震(2005.3.20, M7.0) 福岡市内で死1，傷623，住家被害1750(3/22福岡市発表)．震源に近い玄界島に被害が集中．市の中心部ではビルの窓ガラス落下や高層マンションの被害．市中央部の警固断層の活動はなかったが断層による地下構造の段差が地震動強さに影響．	非構造部材の被害が深刻化		
	スマトラ島沖地震(2005.3.28, M8.7) 昨年末の震源の南隣(ニアス島直下) 死600以上（1300との報告もある）	アスベスト禍の問題がクローズアップされる		JR宝塚線塚口-尼崎間で脱線事故．死107(2005.4.25)
	千葉県北西部の地震(2005.7.23, M6.0) 東京足立区で震度5強．傷37．火災4件．首都圏で交通網混乱．エレベーター内の缶詰78台．エレベーター停止は64,000台．首都圏の地震防災体制に警鐘を与える．			
	宮城県沖の地震(2005.8.16, M7.2) 宮城県南部で震度6弱．仙台市スポパークの天井落下だけで人多数．→ パキスタン地震(2005.10.8, M7.7) 死者7万人超．イスラマバードの高層住宅崩壊を含み北部カシミール地方（インド側も）で被害甚大．	想定されていた宮城県沖地震かどうかの論議 またまた非構造部材（天井）の被害 マンション・ホテル等の耐震強度偽装が発覚 建築確認の基本に関わる大事件に(11.11).	米ルイジアナ州に巨大ハリケーン 首都圏に豪雨災害 台風14号で死・不明27人	郵政法案をめぐる衆院解散と総選挙で自民圧勝(9.11)
2006 (H18)	インドネシア・ジャワ島地震(2006.5.27, M6.3) 死5,782．ジョクジャカルタ特別州バントル県農村部のレンガ造や学校建築等の脆弱なRC建築に被害が集中．	シンドラー社エレベーターで死亡事故．他にも多数の事故が発覚し同社を捜査(6.7). 耐震偽装マンションの解体工事始まる． 文科省の首都直下地震対策．地下構造と震源確定のため5年計画で地震計800点(7.30). 原子力安全委の原発耐震指針作りが難航．活断層調査の信頼性がカギに(8.8-28).	沖縄本島で豪雨災害 斜面崩壊/地すべり多発 梅雨前線停滞による記録的な長雨と土砂災害多発 九州南部で総雨量1200mm. 酒匂川上流に局地的豪雨，ダム放水が25人襲う(8.17)	旧江戸川の送電線切断事故で首都圏140万戸が停電(8.14) 小泉総理，終戦記念日に靖国神社参拝で物議を醸す．
	インドネシア・ジャワ島南西沖地震津波(2006.7.17, M7.7) 死525，不明273．観光地パガンダランに2mの津波が押し寄せ海岸沿いのホテル・商店倒壊．USGSは津波警報を発していた．スマトラ津波の教訓は全く生かされず．3日後に津波来襲のデマでパニックとなる．(7/20報道)			

時の社会に著しく大きなインパクトを与えた震災，さらには，その後の社会に大きな影響を与えた震災を数例取り上げて，以下にもう少し詳しく論じてみたい．いずれも，"都市の震災"を論ずる上で見逃すことのできない，歴史的に見ればつい最近の事例である．

▶1.2.3 1923年関東地震

寺田寅彦が実際に体験した関東大震災（関東地震）とはいったいどのような震災だったのだろうか．関東地震が発生したのは大正12(1923)年9月1日のことで，台風がよく襲来する二百十日頃（立春から数える）にも当たることから，いつの頃からか"防災の日"に指定され，盛んに防災訓練が行われるようになった．この関東地震による災害がどれほど凄まじいものであったか，すでに80年以上が経過しているために，体験者から直接その様子を聴く機会もなくなってしまった．もちろん専門的な調査報告や歴史資料は残されているが，一般の方々がそれらを調べるのは容易ではないであろう．そこでお薦めしたいのが吉村昭著『関東大震災』（文春文庫）であるが，まさにノンフィクション作家の面目躍如た

るところがある．（追記：最近刊行された武村雅之氏の著書（武村，2003；2005）によって関東大震災がまた注目され始めたのは好ましいことである．）

話は，その当時地震学界の第一人者であった大森房吉（東京帝国大学地震学教室主任教授）と今村明恒（同助教授）との確執から始まる．明治38年，今村明恒は総合雑誌『太陽』に「市街地における地震の損害を軽減する簡法」という主旨の論文を発表し，これまで東京には平均100年に1回の割合で大地震が発生しており，安政2年の地震からすでに50年を経過しているので，今後50年以内に次の大地震を覚悟する必要があること，地盤の軟らかい下町の方が被害は大きいと考えられること，地震によって水道管が破壊されるので消防力は期待できず，石油ランプの普及と相まって大火災が予想されること，その結果として死者の数は10万人以上に達すると推定されること等々の警告を発した．その後，東京市中の人々が驚くような地震が実際に起こったり，今村説についての興味本位な新聞報道やデマも重なって，東京市中は大地震に対する不安で次第に騒がしくなってきた．そこで大森房吉は半年後に同じ雑誌に「東京と大地震の浮説」と題する反論を書き，世間の不安を鎮める目的が大きかったとはいえ，今村論文を学理上根拠なき浮説とする立場を採る．いわゆる今村・大森の地震論争として後々まで尾を

写真3　大森房吉(1868-1923)　写真4　今村明恒(1870-1948)
　　　　（藤井，1967）　　　　　　　　（藤井，1967）

引くことになるが，結果的には（これを地震予知と呼ぶかどうかは別として），最初の今村論文から18年後に，今村の危惧がほとんど的中した形で，関東地震は本当に発生してしまった．

関東地震でいったい何が起こったのかについては吉村昭の文献に譲りたい．同氏の史料収集力とそれを駆使できる分析力，さらにはそれを一つのストーリーにまとめ上げる総合力と表現能力によって，読者はあたかも関東大震災を実際に体験したような錯覚を覚えるに違いない．一つだけ筆者に付加できることは，それらの記述を時系列に沿って整理し，震災全体を概観できるように工夫することではないかと考え，図2（10，11ページ）を作成してみた．制作に当たっては，当時の震災調査報告書や新聞記事を調べてみたが，吉村昭がそれらの主要な点をほと

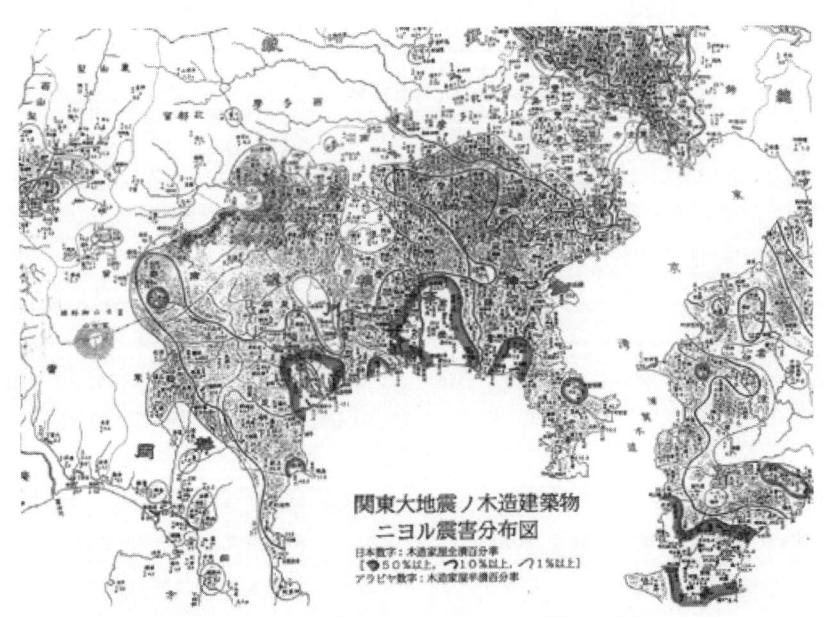

図3　関東地震における木造家屋の全潰率分布図（震災豫防評議會，1926）

図4 関東地震における東京市の延焼火災（震災予防評議會(1926)を基に加筆）

写真5 関東地震で被災した日比谷交差点付近（毎日新聞社, 1992）

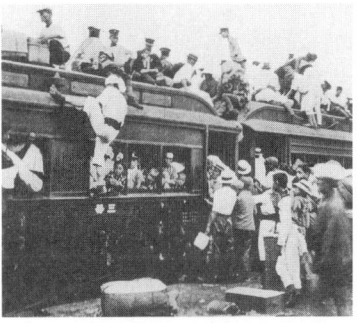

写真6 関東地震後の帝都脱出風景（毎日新聞社, 1992）

んど網羅していることに改めて驚かされた．あえて注釈を加えるとすれば，関東大震災のような大災害は，地震学や耐震学といった特定の専門分野の範囲内で片付けられる話ではなく，地理・地形など地域の自然環境はもとより，その当時の人々の価値観や生活・技術の程度，社会・政治情勢など時代背景としての社会環境も合わせて考えないと到底理解することはできないという点で，それこそ寺田寅彦の災害哲学そのものではないかと考えられる．すなわち，関東大震災の知見を今後の震災予防に活かそうと考えることは良いとして，問題はその方法であろう．果たして，80年以上を隔てた上記の社会環境の違いをどのように現代に換算し補正しながら，真に有益な知見のみを引き出すことができるであろうか．

▶**1.2.4 1948年福井地震**

関東地震ほど遡らないまでも，自分自身にとって未知の歴史的震災について詳しく知りたいと思えば，徹底した文献調査に頼らざるを得ない．専門分野の調査報告書には，専門分野すなわち調査担当者が興味を持った調査対象については非常に詳しい記

写真7 関東地震で被災した銀座4丁目付近（毎日新聞社, 1992）

述がみられるが，震災の背景となる社会情勢や被災者の困窮度までは把握することができないので，結局は当時の，しかもできるだけ被災地域に密着した地方新聞（福井地震の場合には『北國新聞』）を頼ることになる．このような理由から，福井市内の福

図2 関東地震（1923年）に

10　　1. 都市の震災

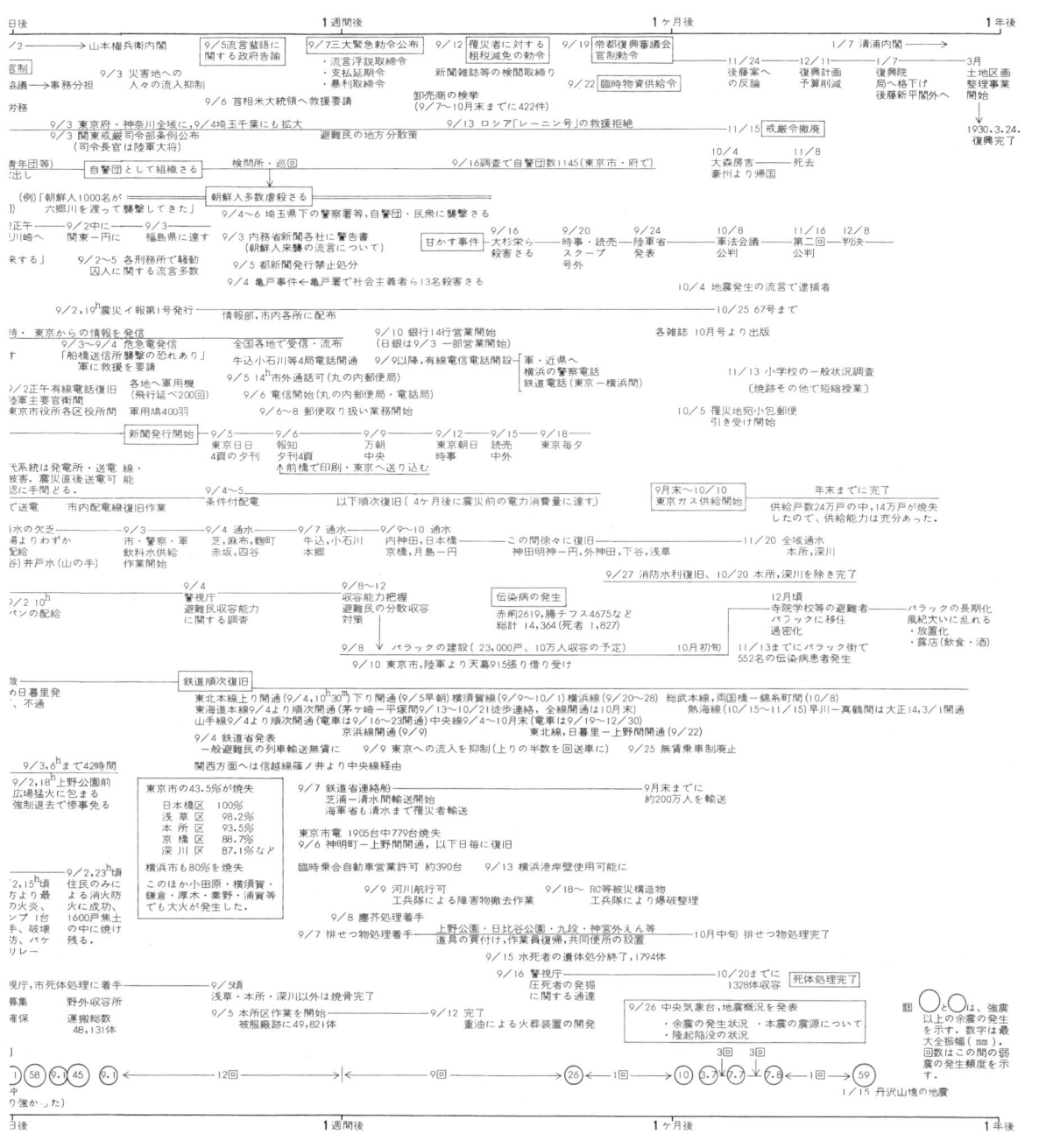

1.2 震災の歴史的考察

井県立図書館，福井市立図書館には何度かお世話になり，関東地震の場合と同様の震災フロー図を図5のように作成してみた．

過去の歴史的災害について調査していると，しばしば偶然に遭遇して助けられることがある．たとえば福井では，映画館で地震に遭遇し崩壊建物に腕を挟まれて脱出不能に陥った経験をもつ人に出会ったことがある．地震のあった昭和23年当時はサマータイムが適用されていたために，地震の発生時刻はすでに夕方の終業後の時間帯に入っていて，多くの犠牲者は映画館で発生していた．火災が迫ってきたのでその人は助けようとしてくれた人に斧で腕を切り落としてくれと頼んだそうであるが，その人は斧だけを置いて行ってしまい，結局は自分で腕を切断し命拾いをしたとのことであった．また地震当時に大和デパートに勤めていた人とはかなり年月が経ってから，金沢の大和デパートで偶然にお会いすることができた．そして，福井地震当日はデパートが休業日だったために犠牲者を出さずに済んだことを教えていただいた．不思議な話ではあるが，当時の被害調査報告には崩壊した大和デパート（福井地震の象徴ともいえる被害建物であるにもかかわらず）の構造被害については大変詳しく報告されているのに反して，建物内に大勢いたであろう人たちがどうなったかについては一切触れられていなかった．

もう一つ，研究者の間であまり知られていなかったこととして，大阪のある小学校の先生たちが地震直後に被災地の学校を対象としてアンケート調査を行っていることを，偶然に福井の図書館で知った．この先生方は，戦争中（震災からわずか数年前）学童疎開でお世話になった福井が震災に遭ったと知ってお見舞いに行き，震災のあまりの酷さに驚くと同時に，たくさんの児童を預かる教職の立場から震災時の教訓を得ようと調査を思い立たれたとのことであった．その報告書には，地震防災の専門家も気がつかないようなことが書かれており，大変興味をそそられた．たとえば，直近の大地震では避難できる時間はごくわずか（せいぜい30秒）なので，もし屋外に避難するのであれば臨戦態勢でよほどの訓練を重ねないと無理であろうとのことである．同じ小学生でも低学年と高学年とでは機敏さにおいて格段の差があり，低学年の児童に避難行動を要求するのはかえって危険であるらしい．ではどうするのか？

通常の学校計画では低学年が下階に高学年が上階に配置されているが，これは逆ではないかというのである．校舎が崩壊する場合には下階が潰れることが多いので，緊急時に迅速避難が可能な高学年の児童を下階に配置する方がよいというのがその理由である．そうすると低学年の児童は上階の教室に残るが，普通考えられている机下避難は身動きがとれないので机側にいる方がよいとも述べられている．このほか，校舎や学校備品に工夫改良が必要な点や応急設備の提案など，非常に参考になった次第である．

▶1.2.5　1964年新潟地震

福井地震の象徴が大和デパートの崩壊であったと同様に，新潟地震の象徴は，信濃川近くの川岸町県営アパートの被害と，国体（国民体育大会）に間に合わせて完成したばかりの昭和大橋の落橋，およびその原因としての砂地盤の"液状化現象"であったと思われる．このアパートの中の1棟は完全に横倒しになり世界中の地震学者や地震工学者の間でも有名になったようである．当時の写真を見ると，不思議なことに建物本体には亀裂さえ入らず，被災者が地震のあと窓を開閉して出入りしている．新潟にも大和デパートがあって，地震の最中は大変混雑していたそうであるが，ウグイス嬢の機転（本当は石油タンクの爆発と勘違いし，人々も遠くに煙が上がっているのを見て納得したらしい）によって全員がごく短時間のうちに避難できたとのことであった．かなり後になって，転倒した県営アパートの中で地震を体験された方と連絡がとれ（たまたまご主人が新潟大学の先生で，体験者はその奥さんであった），その時期研究室にいた学生たちと一緒に体験談を拝聴しに新潟まで出掛けたことがあった．その奥さんの話というのは滅多に聴けない貴重なものであったので，以下に要点を記してみたい．

ご夫婦は転倒した4階建アパートの3階に住んでおられて，平日昼間の地震のときには奥さんだけがその場に居られたとのことであった．地震の揺れが激しいので怖くなり外へ逃げようとしたが，以前ご主人と建物の外に避難するのがよいか屋上に避難す

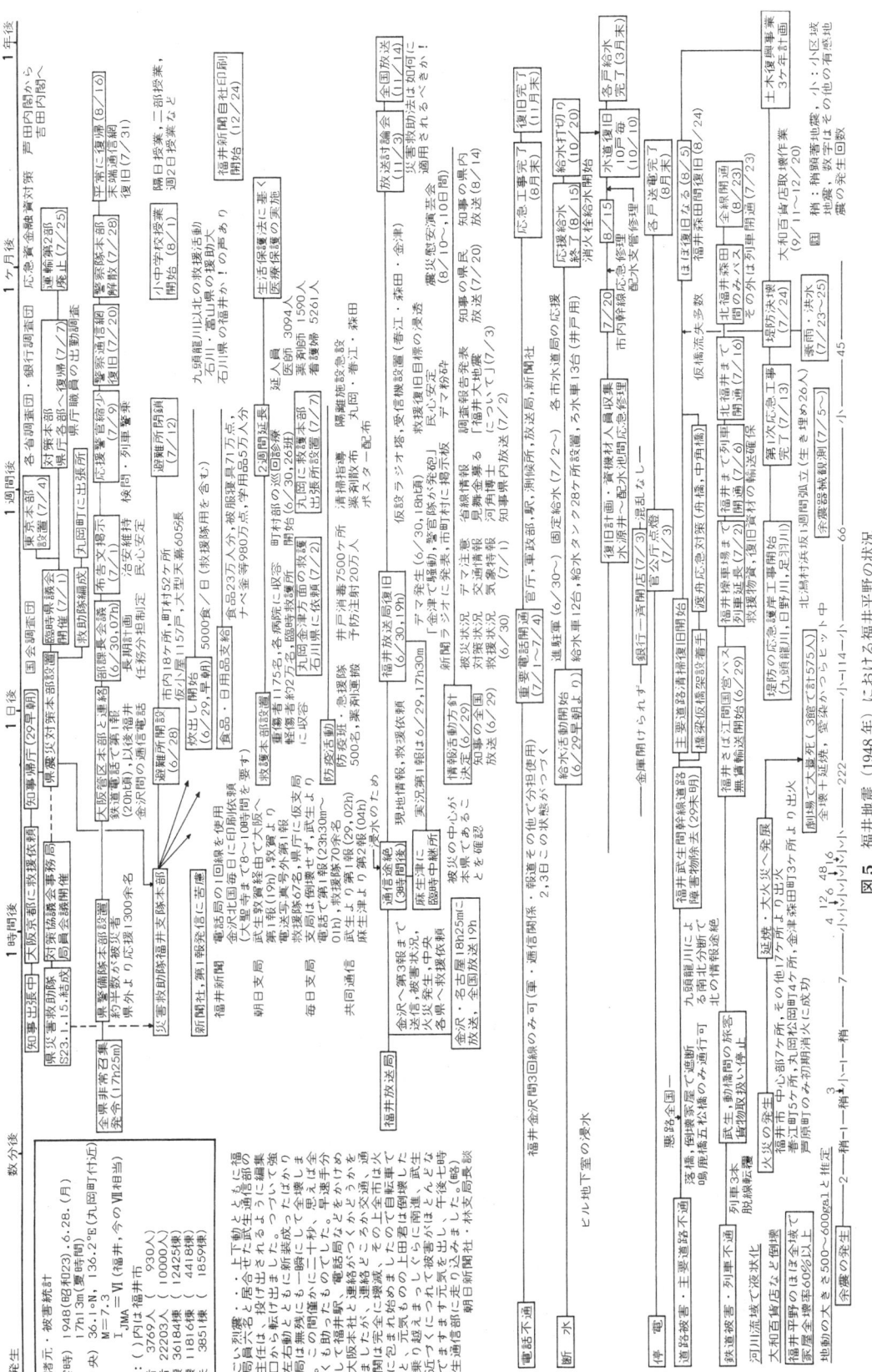

図5 福井地震（1948年）における福井平野の状況

1.2 震災の歴史的考察

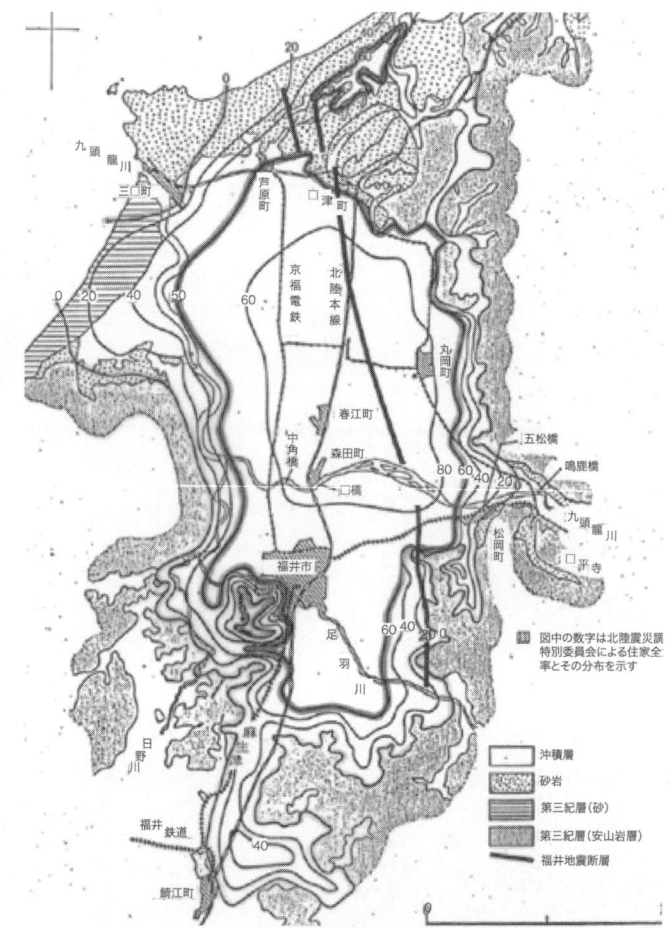

図6 福井地震における木造家屋の全潰率分布図(北陸震災調査特別委員会(1951)を基に加筆)

写真8 福井地震で崩壊途中の大和デパート(タイムライフブックス編集部編, 1984)

図7 福井地震における福井市内の延焼火災(北陸震災調査特別委員会(1951)を基に加筆)

写真9 市役所前の火災と被災者(タイムライフブックス編集部編, 1984)　写真10 余震に怯えながら避難する被災者(タイムライフブックス編集部編, 1984)

るのがよいかを話し合ったことを思い出し,とっさに屋上の方を選んだそうである.3階から4階を通り越して屋上に出るまで建物はずっと揺れていたが,傾いたり倒れたりということはなく,屋上に出て隣りの建物がゆっくり揺れているのを見てからふわっと倒れはじめたそうで,塔屋の壁が床となって怪我もしないで救出されたとのことであった.気がついたら手には野菜の入ったビニール袋を持っており,なぜそんなものを持って出たのかおかしかったとも話しておられた.この奥さんの体験されたことを,すぐ隣りの建物で観測されていた強震記録と対比させてみようとも考えたが,強震動は30秒程度しか記録されておらず,奥さんが屋上に出られて建物が転倒したのはそれよりもずっと後であることがわかったので,この件はそれきりになってしまった.結局このアパートには地震の最中にごく少数の方々だけが居られ,何人かの人が怪我をした程度で済んだのはまったく不幸中の幸いであったが,これには理由があったらしい.実は地震の前日がたまたまボーナス日で,ほとんどの奥さん方はデパートに買い物に行っており,それで前述のとおり大和デパートが込み合っていたというのであるが,この話は少しでき過ぎではないだろうか.

▶1.2.6 新潟地震から兵庫県南部地震までの30年間

すでに表1にも記述したところであるが,新潟地震以降のわが国には"都市の震災"に該当するような,すなわち一つの都市が地震によって壊滅するような震災は,1995年の兵庫県南部地震まで存在しなかったといっても差し支えないように思われる.本当は社会にインパクトを与えた震災は多数存在したのであるが,後の兵庫県南部地震が社会に与えた問題があまりにも大きかった,ということかもしれない.

筆者が実際に地震直後の震災の現場に入ったのは,1968年2月に宮崎・鹿児島県境に発生したえびの地震(M5.7)が最初であり,引き続き同年5月には1968年十勝沖地震(M7.9)が発生して,青森県内を調査する機会があった.前者はシラス台地における木造住家の被害が著しく,後者の場合には木造住家よりも学校建築や庁舎など公共の鉄筋コンクリート造建築の被害が顕著であった.そのときは建築学専攻の修士課程に在籍していたので,初めての災害現場は非常に衝撃的であった(先に取り上げた関東地震・福井地震・新潟地震など過去の大震災は当時の文献に頼る以外に方法がなく,学術調査報告のほか当時の新聞記事や一般向けの雑誌なども含めた徹底的な文献調査を実施したが,それは随分後になってからのことであった).

1968年の十勝沖地震で鉄筋コンクリート造建築に被害が集中した主な原因は柱のせん断破壊にあり,特にたれ壁・腰壁を有する短柱には応力集中によるX字形のせん断亀裂が顕著であった(早稲田大学松井研究室,1968).同様の被害は4年前の新潟地震でも注目されるべきであったが,新潟地震では砂地盤の液状化による建物の転倒や傾斜・浮き上がりの方に目を奪われてしまった感があった.日本

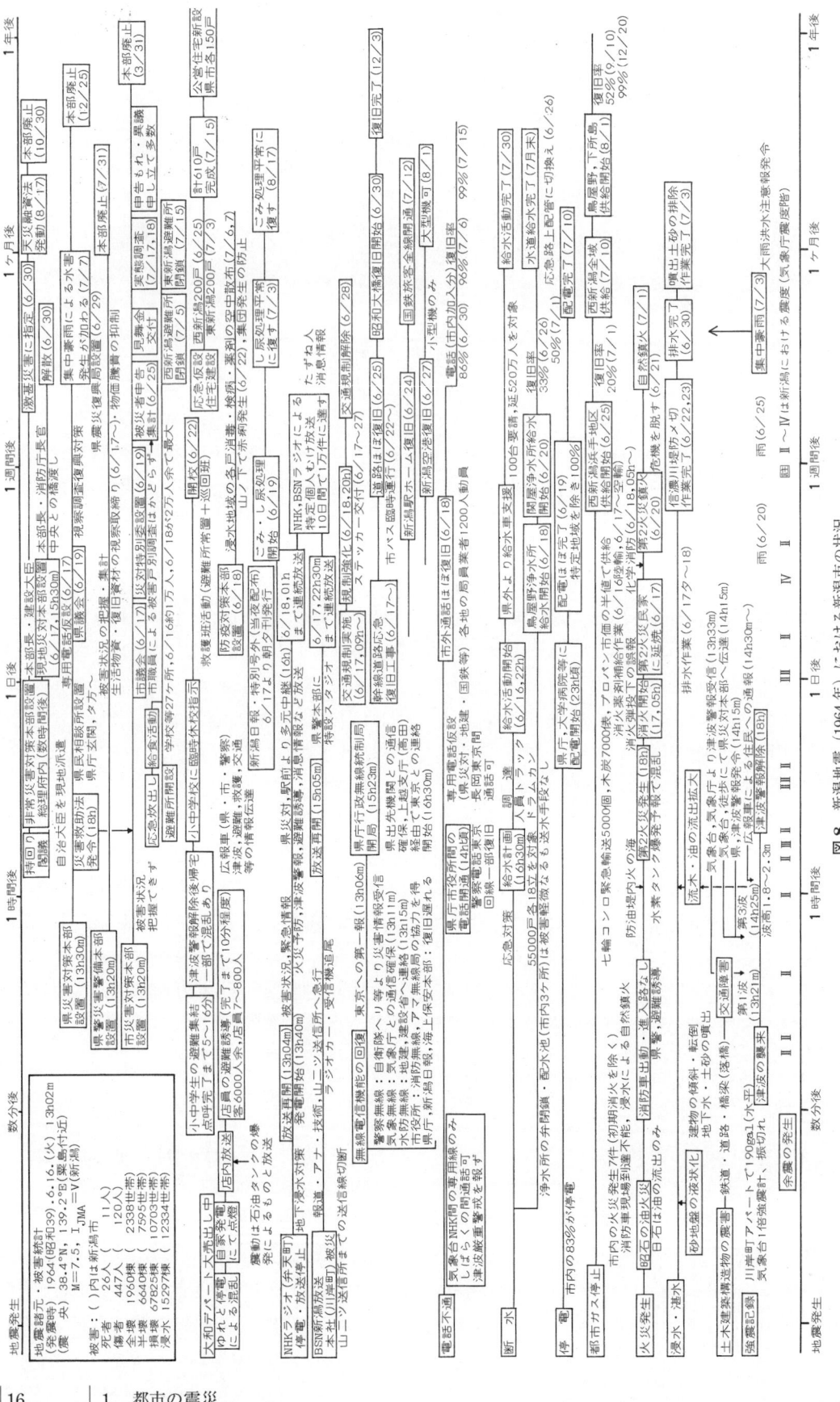

図 8 新潟地震 (1964 年) における新潟市の状況

建築学会では，これらの地震災害の経験を踏まえた鉄筋コンクリート構造計算基準の改定を行い，柱がせん断破壊しないよう帯筋間隔を半分にするという対策を施している．

それから10年後の1978年宮城県沖地震は仙台という地方の中核都市が被災の中心となったので『都市の震災』に該当するかもしれない．しかし伝統的な城下町としての仙台市の中心市街地はほとんど無被害であり，被害が顕著であったのは軟弱な地盤の上に近年になって開発された商業施設や住宅造成地であった．地震の際に建物内部の人々にどのような支障があったかがはじめて注目され，建物本体だけでなく家具の転倒などの危険性が調査対象とされたのもこの地震災害が端緒となっている．玄関ドアが

写真11 新潟地震で被災した石油タンクと昭和大橋（新潟日報社，1964）

写真12 新潟地震で転倒した川岸町の県営アパート（新潟日報社，1964）

写真13 転倒した川岸町県営アパートの詳細（新潟日報社，1964）

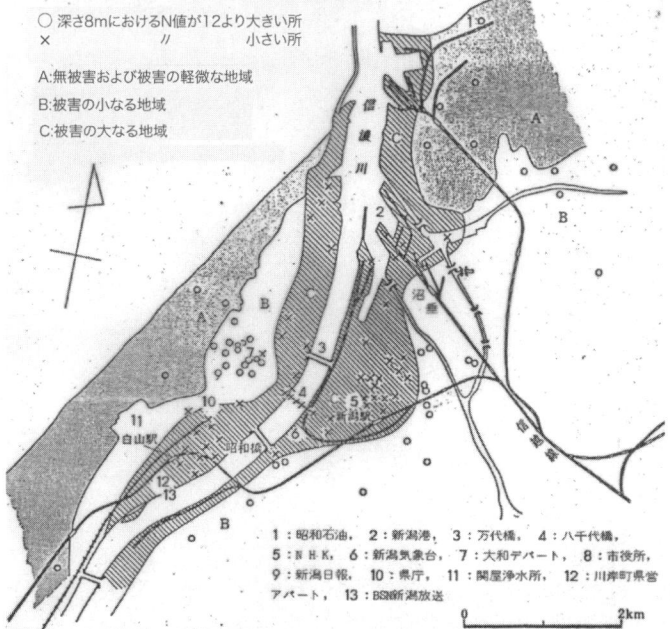

図9 新潟地震における新潟市の地盤分類と被害分布（宇佐美（1975）を基に加筆）

非構造壁のせん断亀裂のために開かなくなった高層マンションでは，修復費用負担をめぐる民事裁判が行われ，10年後に下された判決によれば所有者（居住者）・管理組合・施工業者の3者で等分に補修費用を分担することになったとのことであった．また，斜面崩壊が発生した造成地では，仙台市が当該敷地を買い上げ，斡旋された代替地に被災者が集団移転するという新たな試みなどもあって，このようなところにも都市災害らしさを認めることができた．また，公共建築や商業建築に構造的被害が顕著に現れたことから，日本建築学会では建築基準法改定のための白熱した議論（日本建築学会，1976；1980）が行われ，保有水平耐力の確認を義務づけた新耐震設計基準の整備へと発展した（このことが功を奏して，後の兵庫県南部地震では上記の新耐震設計基準に依った建築物の被害は比較的少なかった）．

その後のわが国には，1983年日本海中部地震（北羽新報社，1983）や1993年北海道南西沖地震（日本建築学会，1995b）など大きな津波災害を伴う地震災害は経験したが，中核都市が大きな震災に見舞われることはなかった．この間，海外においては1976年の唐山（中国）地震，1980年のエルアスナム（アルジェリア）地震や南イタリア地震（日本建築学会編，1982），1985年のメキシコ地震（日本建築学会，1987），1988年のスピタク（アルメニア）地震（日本建築センター出版部編，1990），1990年のマンジール（イラン）地震（日本建築学会編，1994）やルソン島地震（日本建築学会，1991）等々，数千人以上の犠牲者を伴う地震災害が各地で頻発し，海外に出かけて地震災害調査を行う事例が増加してきた．そして1994年1月17日に発生したM 6.7のノースリッジ（米国カリフォルニア）地震（日本建築学会編，1996）も，犠牲者の数こそ少なかったものの，このような状況のもとで発生した海外の地震災害の一つであった．現地を調査したわが国の研究者による「日本ではこのような被害は考えられない」との発言が，その1年後の兵庫県南部地震において物議を醸すことになろうとは，その時は誰も予測していなかったに違いない．

▶1.2.7　1995年兵庫県南部地震

地震が発生したのは1995年1月17日未明の5時46分であった．地震のマグニチュードは7.2（後に7.3に修正），最大震度は当初6（地震発生からしばらくして神戸・洲本で）とされたが，数日後に一部地域（淡路島北淡町の一部，神戸から西宮に至る被

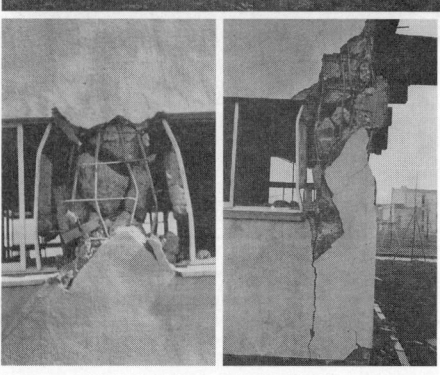

写真14　十勝沖地震における鉄筋コンクリート学校建築Hの被害（早稲田大学松井研究室，1968）

写真15(a), (b), (c) 十勝沖地震における鉄筋コンクリート学校建築Mの被害（早稲田大学松井研究室，1968）

害の大きかった帯状の地域，宝塚の一部など）では震度7であったと発表された．地震当日の正午のニュースでは，最も重大な被災地が神戸から芦屋・西宮・宝塚に至る阪神地域と淡路島北淡町であること，各地で火災が発生しており，多数の倒壊家屋とともに鉄道や道路の被害も大きいことなどが伝えられ，まったくの情報不足からは脱したかに見えたが，それでも報道された死者の数はわずか200名程度であった．確認された死者の数は夕刻には1000名に達し，翌朝には2000名を超え，1週間後には5000名を突破するといった具合で，政府においても地元自治体においても，被害の全貌が把握できないままに時間を空費し，当時の村山内閣は危機管理能力のな

さが問われるところとなった．このように長時間にわたって情報が途絶え，被災地で何が起こっているのか把握できないのが"都市の震災"の特性ではないかと思われた（瀬尾，1995；日本建築学会，1995）．

その後の震災対策にも難問は山積していた．避難民の数はピーク時で30万人に達し，その多くは数ヶ月の避難所生活を経て仮設住宅へ，さらに数年間の仮設住宅での生活から公営の震災復興住宅へと移動していった．仮設住宅の総戸数は約5万戸，被災者の仮設住宅での生活は，最長の場合，震災から5年にも及んでいる．わが国の行政能力の高さは，どれほど多くの仮設住宅や震災復興住宅を要求されて

写真16 宮城県沖地震における分譲マンションの非構造壁の被害

1.2 震災の歴史的考察 | 19

も，それを最短の工期で完成させてしまうところにある．仮設住宅への入居者の受け入れは公平を期すために抽選を基本とし，高齢者などの災害弱者には優先権が認められ，それらは非常に合理的であるように思われた．しかしながら結果的には，居住地から遠く離れた仮設住宅団地に，それまでの日常の近隣付き合いとは無縁の，しかも高齢者ばかりの地域社会が出来上がった．そしてそのような異質な環境の中で，震災からの5年間に1000名にも及ぶ新たな犠牲者を発生させてしまった．その中には病死や過労死（精神的な過労も含めて）のほか，孤独・衰弱を回避せんがための深酒による死や自殺なども含まれており，孤独死という言葉も頻繁に使われるようになった．この地震災害によってボランティア活動がわが国に根付くきっかけが与えられたことは評価に値するが，ボランティア活動に参加する側も受け入れる側も，そのような新しい仕組みを円滑に運営することは至難の業であったと思われる．

ほかにも"都市の震災"を実感させられたのは，ライフラインや鉄道・道路橋などの都市基盤設備が神戸・阪神地域において壊滅してしまった点であろう．新幹線をはじめとする鉄道施設，高速道路の高架橋，近代的な建築群が崩壊したさまは，言葉は悪いけれども実に無様で見苦しかった．構造物が大きな地震力によって破壊される場合には理に適った破壊のされ方というものがあるはずであるが，あまりの脆弱さに多くの研究者や技術者は言葉を失った．その後の復旧・復興の迅速さはわが国の最も得意とするところであろうが，その一方において（それゆえにというべきか），被災構造物の綿密な調査や学術的検証が充分に行われたとはいいがたい状況であった．まず山陽新幹線はわずか4ヶ月で営業を再開し，他の鉄道も順次復旧を遂げていった．阪神高速（3号神戸線）は当初の復旧予定は3年後とされていたが，実際にはわずか1年半で開通している．三宮界隈の飲食店街の立ち上がりは非常に早く（ある一画などは地震直後から賑わいを見せていた），デパートなどの商業施設も震災から2年後には開業に漕ぎつけている．したがって外見上は，神戸の街は非常に短期間のうちに美しく立ち直ったとの評価を受けるのではないかと思われる．

しかしながら，最も深刻な問題は，被災者が5年経過しても10年経過してももとの居住地に復帰できないという現実ではなかっただろうか．地元行政は8割復興で良しとする考えを当初から持っていたようであるが，たとえば新長田駅周辺の地域に注目すれば，空き地ばかりが目に付いて，10年以上が経過した今日まで，とても復興事業が成功したとは思えない状況が続いている．このような実情は行政や都市計画の専門家だけでなく，地震災害研究に多方面から関わりを持つ多くの研究者・技術者によって継続的に見守られる必要がある．そうでなければ，被災した多くの人々が本当の意味で震災から立ち直ることができたのかどうかを確認することは永久にできないであろう（柳田編，2004；島本，2005；池田・額田・早川，2005；瀬尾，2005）．

▶1.2.8　1995年兵庫県南部地震以降の10年間

上記の1995年兵庫県南部地震が発生してから間もなく，この災害があまりにも甚大であったことから，災害そのものにも"阪神・淡路大震災"という固有名詞がつけられた．それとともに，この大震災を経験したことで，国の地震災害に対する施策は大きく変更せざるを得なくなった．まず莫大な予算を投入して，全国に1000点もの強震計を配置したこと，それを組織的に管理し観測データを直ちに一般に公開するシステム（K-NETとよばれている）を立ち上げたこと，全国の活断層の活動度を評価し，都市圏が立地する大きな堆積平野の地下構造を調査するための交付金を準備し地方自治体を支援したこと，それらの調査結果と兵庫県南部地震によって培われた地震学上の知見に基づいて全国の地震動予測地図を整備しようとしていること，等々の基本施策と併せて，都市基盤設備や公共建物の耐震補強工事が進められた．これらはいわばハード面での施策であって，今後は，それらの成果とソフト面での地震防災施策との効果的融合が望まれるところとなっている．

兵庫県南部地震の明らかな成果の一つは，大胆な地震被害予測結果の公表を国や地方自治体が恐れなくなったことではないかと思われる．たとえば最近になって，内閣府や東京都はM7.3の首都直下地

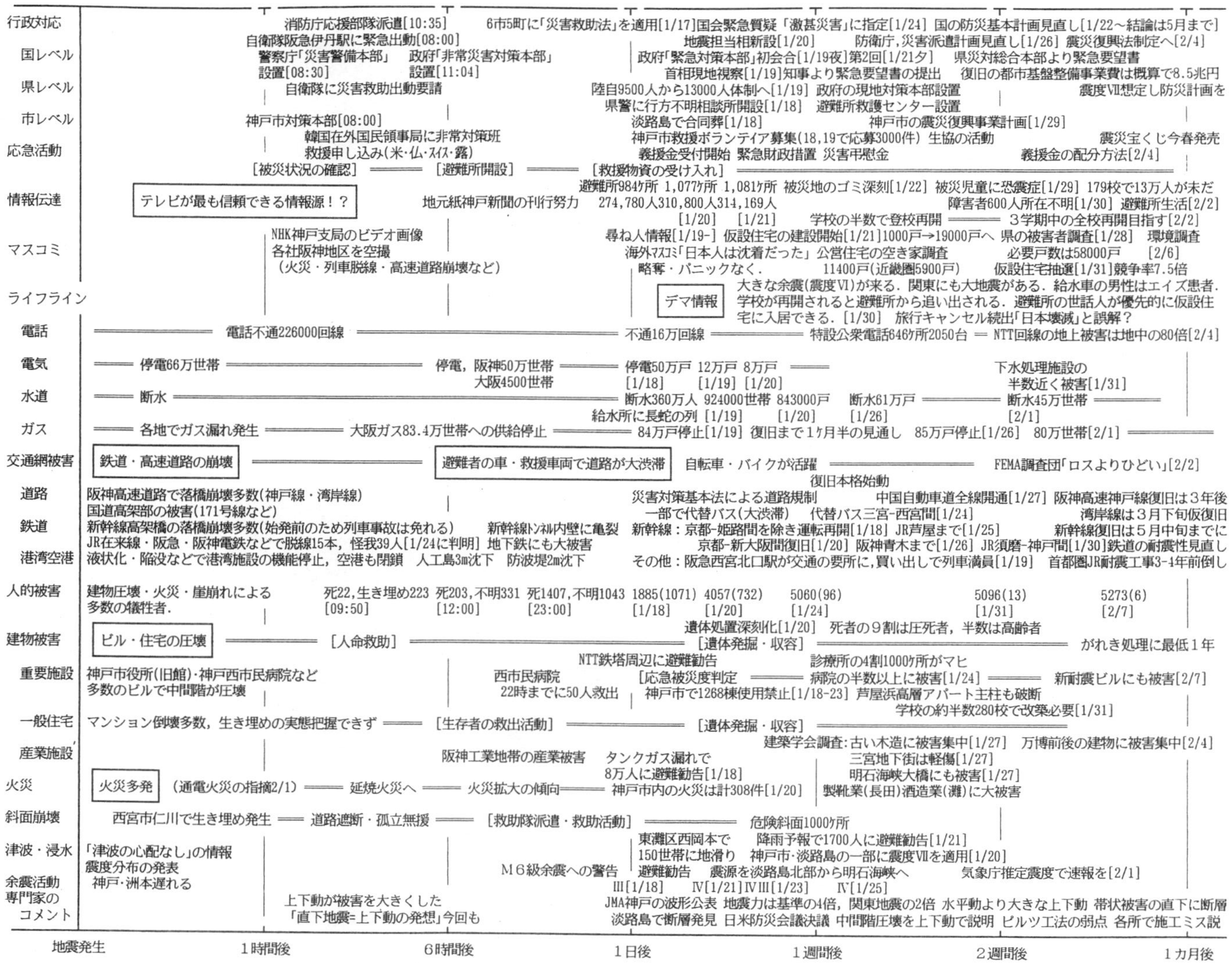

図10 1995年兵庫県南部地震（阪神大震災）に関わる震災・応急対応フロー図

1.2 震災の歴史的考察

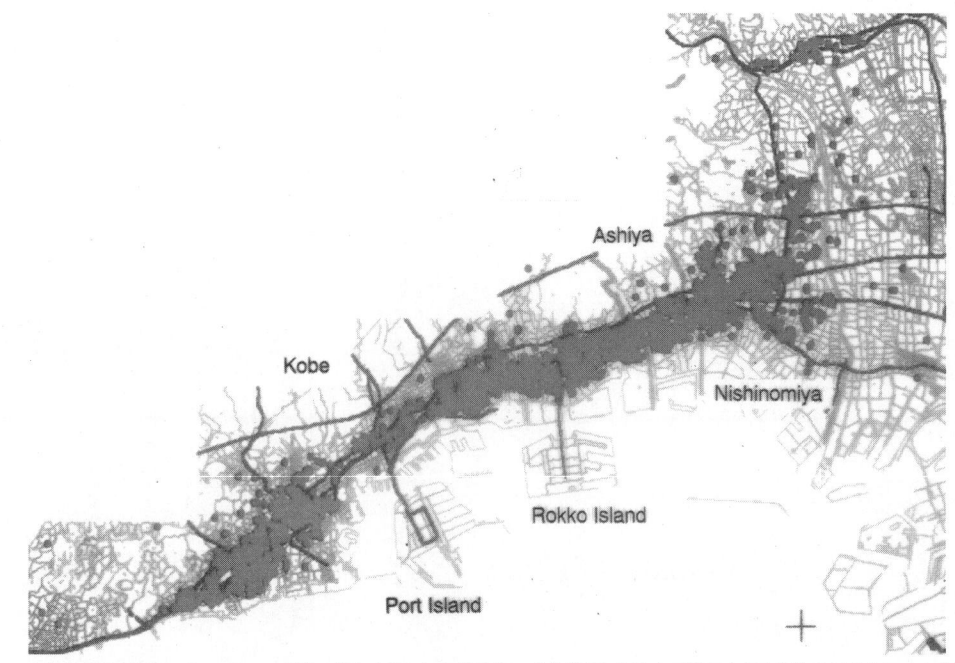

図11 兵庫県南部地震におけるいわゆる震災の帯と確認された犠牲者の分布(阪神・淡路大震災調査報告編集委員会(2000)を基に加筆)

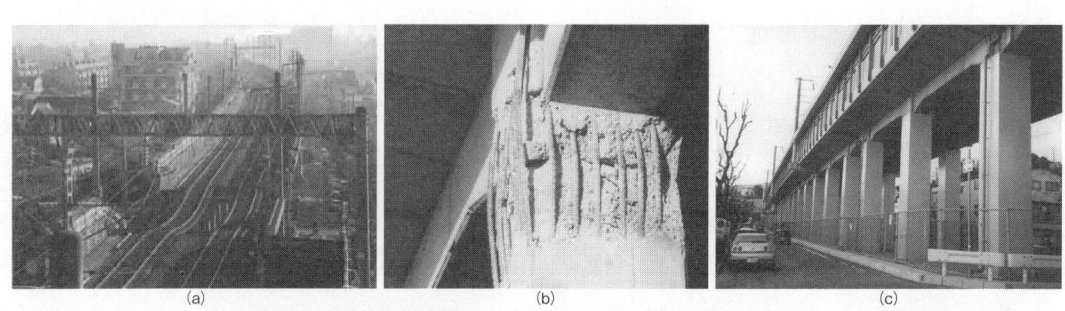

写真17(a), (b), (c) 山陽新幹線の被害と応急復旧

写真18(a), (b), (c) 阪神高速3号神戸線の被害と応急復旧

1. 都市の震災

写真 19 (a), (b)　神戸市役所の被害と現況

写真 20 (a), (b), (c)　神戸・阪神地域における住家の被害

写真 21 (a), (b), (c)　六甲山麓の崩壊と復旧工事

震が発生した場合の被害予測結果を発表しているが，そこには当然のことながら多くの不確定なばらつきが見込まれる．特に影響が著しいのは，震源の場所や深さの設定以外に，地震が発生する季節や発生時刻，地震火災に影響を与える風速などのパラメータである．当面の対策はともかく，長期的には最悪の被害を想定した場合の対策が必要となるが，控えめに見積もっても，避難民 400 万人に加えて，時間帯によってはさらに 400 万人の帰宅困難者が加わり，行政の努力だけでは到底太刀打ちできないとのことである．阪神・淡路大震災が起こる前であれば，そのような対応不能の予測結果を公表することさえ許されなかっただろう．そして，阪神・淡路大震災の経験をそのまま東京首都圏に持ってくるだけでは問題を解決できないところに，都市の災害対策の本当の意味での困難さがあるのではなかろうか．

次に，最近になって発生した震災のうち"都市の震災"に関係しそうな 3 つの事例について述べてみたい．最初は 2003 年 9 月に発生した十勝沖地震 (M8.0) において，苫小牧の石油タンク群が長周期地震動に反応してスロッシング（地震動と液体との共振）を起こし，一部のタンクで全面火災という想定外の被害を生じている点である．もしも想定されている東海地震や東南海地震が発生した場合の，東京湾岸に分布する石油コンビナートのことを考えると，苫小牧をはるかに上回る被害が予想されて大変心配になる．それらの石油タンクの規模からみて，関東平野の厚い堆積層によって励起される長周期地震動との間に共振現象が発生するであろうことは，専門家の間ではよく知られていることである（日本建築学会北海道支部，2004）．

2004 年 10 月に発生した新潟県中越地震（M6.8）は，長岡市や小千谷市の中心市街地には大きな被害もなく，どちらかと云えば"都市の震災"とは無縁のように思われる．しかし，兵庫県南部地震の場合にも長期間にわたるトラウマや生活崩壊・孤独死な

	地震発生	数時間後	半日後	1日後	2日後
行政対応 国レベル		首相官邸の危機管理センターに官邸対策室設置 消防庁に対策本部設置　　首相映画祭出席を優先？ 国交省防災センター起動, 固定カメラ映像を関係省庁に配信		政府・与党が続々視察 政府に非常災害対策本部設置 本部長は村田防災担当相 救援物資・非常食の数量試算	首相激甚災害指定 を急ぐ方針と表明	首相現地視察(26日)　自民・民主の党首討論で 被災者生活再建支援法 も議論。「よく検討したい」
県レベル		県災害対策本部設置 県知事陸上自衛隊第12旅団(群馬) 　　　　　　　　　　　に災害派遣を要請(21時すぎ) 　　　　　　　　　長岡市・小千谷市・十日町市など 　　　　　　　　　7市町村に災害救助法適用を決定 　　　　　　　山古志村から電話の第一報が県へ(11:20)		39市町村で82,000人が避難(県発表) 　　　　　自衛隊ヘリが山古志村の住民 　　　　　170人をピストン輸送(25日朝) 山古志村2200人の脱出完了	平山知事から泉田知事へ(25日) 避難者計97,798人	県, 仮設住宅設置へ着手(10/27) 避難10万人超す　大きな余震で避難者増加 　　　　　　　　山古志村長, 全世帯690戸の 　　　　　　　　仮設住宅を県に申請 県対, 阪神大震災を経験した兵庫県の防災専門家を受入れ 県が「こころのケアチーム」を被災地に派遣
市町村レベル			小千谷市役所の発表(23:10) 全世帯約11,000戸で電気・水道・ガス・電話停止 十日町市の避難指示が避難勧告に	被災対策に不備 自治体防災無線使えず	衛星携帯などの活用により通信は徐々に回復	
応急活動		長岡市では2400人が避難行動	長岡市に緊急食料到着 避難所に配布開始(10/24朝)	山古志村など40集落が道路寸断で孤立 孤立集落は58地区に イトーヨーカ堂、セブンイレブン救援活動 ローソン、サークルK、イオンも救援活動	県共同募金会, 義援 金募集開始(10/25)	JR長岡駅で警察が乗 客1000人を避難誘導 38集落730人なお孤立 ボランティアは現在676人 新潟日報社・新潟放送 義援金受付開始(27日)
情報伝達			県警ヘリ十二平上空からSOS発見 教育テレビ・FMラジオで終日「個人安否情報」	新潟日報25日朝刊から「生活関連情報」掲載 [避難状況・道路・学校・鉄道・バス・航空・病院・ コンビニ・スーパー・伝言サービス・ボランティア ・電気・ガス・電話などの地域別情報]	テレビの安否情報を 悪用したオレオレ詐欺	
マスコミ		テレビ・ラジオ直後から速報開始	新潟日報朝刊(10/24) 被災地で遅配のお詫び 新潟日報ヘリで川口町に号外配布	川口町和南津でも路上ペンキでSOS 配給不足, 寒さ深刻　疲労ピーク, 風呂に入りたい	「余震怖くて帰れぬ」 各地で車内生活続く	
ライフライン 電話		NTT伝言ダイヤル開始(携帯電話やパソコンからも)		「忘れられたのか」 ヘリ見上げ住民ぼう然(山古志村)	ガソリンが足りない コンビニ品不足	電話, 山古志村を除き復旧(26日夜)
電気		停電(中越地方32市町村で約28万戸) 復旧の目途立たず, 切れた電線に近づかないように	長岡市6500世帯復旧 停電 95,000戸		停電44,000戸	7市町村25,000戸なお停電(26日21時) 停電8230戸
水道			妙見浄水場が送水停止し長岡市全域で断水 断水(十日町市9000世帯, 栃尾市500世帯, 柏崎市200世帯)		水道停止は42,000戸	
ガス		長岡市で85件, 三条市で10件のガス漏れ 北陸ガス(新潟市)に被害なく供給している				ガス停止は56,000戸
交通網被害 道路		関越自動車道, 越後川口-堀之内間で多重衝突事故 関越道・北陸道で部分閉鎖(長岡-湯沢, 柏崎-三条) 　各地で陥没・崩壊　国道28ヶ所・県道16ヶ所通行止 　小千谷市妙見の旧国道17号で大規模土砂崩壊			道路・河川の復旧に 建設業協会が支援	北陸道全面開通(26日22時) 関越道の不通区間は 上り: 長岡-六日町 下り: 月夜野-長岡
鉄道		上越新幹線とき325号脱線(乗客約150人けがなし) 　乗客は車内に(21時現在) JR在来線は脱線・けが人なし JR長岡駅で約400人が足止め	乗客151人4時間後に線路上を 5キロ歩きで2時間後に長岡駅に到着 他に大清水トンネル内・大和町 でも乗客の脱出避難活動あり	国交省に「脱線検討委員会」設置 脱線現場の復旧には数週間を要する見込み 上越新幹線は東京-新潟間運休(10/24) JR在来線(上越・信越線)257本が運休		上越新幹線の復旧開始(10/27) 脱線車両のジャッキアップから 新潟-首都圏間の代替ルートを 本格化. 長野経由で5時間半
人的被害		死者 8人(24日00:30) 不明15人 けが350 けが人の搬送開始		死者 23人(24日23:30) けが1800人超 死因: 家屋や車庫の倒壊9 　　　土砂災害で家屋倒壊2 　　　崩れた外壁の下敷き1 　　　ショック死や持病急変6 　　　入院中呼吸チューブ外れ1	死者 26人(25日23時) 負傷者約2400人 小出町の母子3人不明 不明者の車を発見 (10/26)	死者 31人(26日) 不明　3人 負傷者約2523人 避難者 103,178人	死者 32人(27日) 不明　1人 負傷者 2568人 避難者 89,244人 死因: その後の増加は 避難生活や後片付けの 疲労による突然死
建物被害 重要施設		病院の被害・停電で応急介護が困難に 　　　　　食料求め店に殺到				
一般住宅				住宅全壊 156棟 半壊 250棟 一部損壊 2177棟	住宅全壊 152棟 半壊 257棟 一部損壊 2312棟	住宅全壊 395棟 半壊 435棟 一部損壊 3045棟	住宅全壊 298棟 半壊 356棟 一部損壊 5015棟
産業施設		東電柏崎刈羽原発は運転継続を決定(核燃料プールの水が溢れる) JR浅河原調整池の堤体に亀裂 十日町市北鎧坂地区に避難指示				余震で工場生産の再開延期 デパートも営業再開を延期
火災		火災発生との情報(濁沢) 長岡市で蓬平など火災8件, 三条市でも1件		火災 10棟	火災 11棟	火災 11棟(これ以降統計変わらず)
斜面崩壊		土砂崩れによる生き埋め多数				各地で新たな斜面崩壊が発生 妙見で不明者3人の捜索開始 「3人生存」の誤報・情報混乱
水害				10/26-27に20ミリ前後の雨を予想(気象庁) 土砂崩れや亀裂のため少雨でも要注意		「男児生還・母死亡」が28日 朝刊1面トップに. 翌日女児刃
余震活動		本震17:56(M6.8, 最大震度: 6強) 余震18:12(最大震度: 6強) 余震18:34(最大震度: 6強)		10/23 震度6強 3回 　　　震度6弱 1回 　　　震度5強 4回 　　　震度5弱 1回 　　　震度4　 9回	10/24 震度6強 0回 　　　震度5強 0回 　　　震度5弱 1回 　　　震度4　 4回	10/25 震度5強 1回 　　　震度5弱 1回	10/27 震度6弱(M6.1) 震度6以上は10/23以来で5回
専門家のコメント		信濃川断層帯の隆起による(高浜新大教授) プレート境界の逆断層がずれた 　　　　(大竹予知連会長・島崎教授) 台風の影響もありがけ崩れに要注意		余震確率提示　余震確率の引き上げ 強い余震の可能性(気象庁) 平成16年新潟県中越地震と命名(気象庁) 加速度「阪神」上回る(防災科研・気象庁) 新幹線橋脚の被害が注目される. トンネル内の被害詳細の情報なし	震源近くに隆起確認「小平尾断層」活動か 　　　　　　　　　　(東洋大・名大合同調査チーム) 魚沼トンネルの側壁崩壊は「想定外」 の被害と発表(JR東日本, 10/26)	今後も震度6強の可能性(気象庁) 新たな断層の活動か なぜ大きな余震が起き	
	地震発生	数時間後	半日後	1日後	2日後

図12　2004(平成16)年新潟県中越

24　　1. 都市の震災

	1週間後	2週間後	1ヶ月後	2ヶ月後
	震災対応は予備費で 日銀新潟, 10月の経済動向 補正予算の編成急ぐ 県内経済への被害は甚大 半壊修理にも救助法を適用 「再建」か「仮設」か選択肢提示を 国交省, 住宅修繕費を250億円と目算 県, 応急危険度判定結果のまとめ 7市町村5903軒のうち 「危険」913軒(15.5%) 「要注意」1373軒(23.3%) 県, 現地情報拠点を拡充 被災者もう限界 旅館ホテル要援護者を受入れ 15市町村に受入れ数を割振る. 社会福祉施設だけでも183施設で 891人受入れ可能 損保各社が調査開始 避難勧告の判断揺れ住民混乱 天然ダム決壊警戒の竜光で 情報格差を「瓦版」で解消 阪神の経験からも 今後も支援カンパなど詐欺未遂続発 新潟日報社説: 中越地震1週間 被災者に一段と強力な支援を	積雪前に住宅修理を 両陛下の被災地訪問 厚労省, 県に条件を通知 個人資産補償で議論継続 「どうなる住宅再建支援」 小中92校で授業再開(11/4) 全小中学生56,000人が対象 県教委「心の傷」実態調査で 山古志の小中学校 避難先で授業開始 山古志村仮設住宅を青葉台の長岡ニュータウンに建設. 山古志村郵便局のATM 被災世帯に最高100万円 町村合併が11/1より 避難所移動で混乱(十日町市) 魚沼市(堀之内町・小出町など) 南魚沼市(六日町・大和町) 十日町市が避難勧告解除 新潟日報の1000人アンケート 「いま一番困っていることは?」 ①風呂②食事③水④トイレ ⑤洗濯の順. 以下, プライバシ 子供の体調, ストレスが続く 小千谷市に情報空白地帯 (巡回広報が頼り) 小千谷に博多ラーメンの屋台 コミュニティ・FM局が生活情報に頼りの綱 山古志の犬猫を県職員が救援 復興に「新潟モデル」構築を提案 新潟日報社説で(11/8)	両陛下の被災地訪問「特別非常災害」の指定 「新潟県大震災復興アピール 大集会」経済・行政関係者で. 「阪神」並み特別立法を, 知事府政に要望と認定することに. 県に復興本部設置, 県, 土木農業関係の被害を試算 学校内の仮設住宅 交流館と視野拡大 山古志一部業務再開 県の推計で被害総額3兆円 混雑されキャンセル 知事所信表明, 財政より復興を最優先に. 長岡市分所室で. 上越地域に風評被害 小国町, 仮設入居も修理費も. 長岡・小千谷合同で就職面接会 市町村別の仮設住宅完成予定発表 田麦山小児童が音楽会(11/8) 川口町で罹災証明書の交付開始(11/20) 「はるみなふるさと田麦山」 川口町, 家屋解体を全額負担. 十二平住民空路で一時帰宅 小千谷総合病院219人無事避難 慣例破り商店街・町工場も支援 精神対話士の活動 の詳細がドキュメントで紹介されボランティア延べ5万人 「メンタルケア協会」 (11/15,新潟日報) 小千谷市, 救援物資受け入れ一時中止 長岡市, 避難所以外でも救援物資配布 被災地情報空白地帯をネットで提供 長岡NPO法人と地理院が共同で	被災者の減税検討 激甚災害に指定(11/26) 住宅再建支援制度で自民,財政支援で「中山間地 雪による全壊も被害 モデル」を模索 自衛隊被災地から撤退(12/21) 県が復興5ヵ年計画を策定 仮設住宅へ順次入居開始 県, 被災者雇用に基金活用 全避難所の閉鎖(12/20) 県, 川口に公営住宅建設を支援 仮設住宅での営業認可検討 小千谷の清掃工場一部稼働(11/29) 特別立法見送り 復興基金3000億円決定 魚沼市は旧堀之内市長に 山古志村職員過労で事故死 復興後押しも見えぬニーズ 清掃ボランティア肺腫瘍で死亡 小千谷市, 吸い入院5人の中の1人 日赤救護班に感謝 神戸新聞「被災者の我慢強さにびっくり」 「国会議員の姿が見えない」 再建支援法改正案は廃案に 被災者心情より党の思惑? 小千谷で合同慰霊祭(11/23) 仮設での孤独死防止に決め手なし 目配りとプライバシーどう両立? 「地震の法律相談Q&A」紙面に 地上デジタル放送で携帯電話に避難情報
	停電7960戸	停電2910戸	停電2310戸	停電2310戸 山古志種苧原の電気復旧(11/10)	停電1650戸	停電1380戸
		断水17,204戸	断水13,714戸	断水5076戸	断水3795戸 厚労省が断水被害調査	断水1819戸	断水1440戸
		ガス停止33,526戸	ガス停止22,530戸	ガス停止14,540戸	ガス停止10,670戸 都市ガス復旧難航 止まらぬ水の流入	ガス停止3355戸	ガス停止758戸
	関越道通行止めは 長岡一小出間のみに 高速バス新潟一十日町間が再開 関越道経由で東京行きも		関越道が全通(11/5)			
	上越新幹線新潟―燕三条 間で運行再開(10/30) 全面復旧は目途立たず 全新幹線の高架橋柱総点検	ほくほく線全線再開 新幹線復旧はトンネルが最大の関門.		脱線車両撤去完了(11/18) 新幹線12/28全通へ(11/19) トンネル被害全容判明.		上越新幹線, 全線再開(12/28) 上越線・飯山線年内全線再開 信越線37日ぶり再開(11/29) ほくほく線十日町トンネル上の家屋傾く. 調査拒否から調査開始へ
	死者35人(28日) 負傷者2599人 避難者99,111人 車中泊の2人死亡 エコノミークラス症候群? 増えるショック・過労死	死者36人(11/1) 負傷者3175人 車中泊対策急務に 車中泊の3割強に疑い	死者38人(11/3) 負傷者2442人 避難者34,741人 避難者59,634人(うち9000人は家外に) 車中泊8人目	死者39人(11/6) 負傷者2616人 避難者12,551人	死者40人(11/11) 負傷者2756人 たこつぼ型心筋症続発	死者40人(11/23) 負傷者2859人 避難者6570人 災害医学に新たな課題 EC症候群と蛸壷型心筋症	死者40人(12/1) 負傷者2988人
	住宅全壊 293棟 半壊 398棟 一部損壊5350棟	住宅全壊 365棟 半壊 649棟 一部損壊7375棟 原信3店舗閉鎖を決定	住宅全壊 388棟 半壊 798棟 一部損壊8299棟 野池に地割れ、錦鯉に壊滅的な被害.	住宅全壊 428棟 半壊 967棟 一部損壊9436棟 判定遅れ撤去進まず (川口の倒壊家屋) 町のスキー場に打撃 復旧のめど立たず休業・営業縮小 十日町の織物産業で操業開始	住宅全壊 811棟 半壊 1791棟 一部損壊15,931棟 「建て替え」か「補修」か 迫る降雪に決断急ぐ キャンセル客31万人(県旅館組合) 養鯉業に激甚指定へ 「天然ダム」の呼称から「土砂ダム」に. 東竹沢地区のダム水量は10/28 から3倍に広がっている(11/13)	被災住宅認定調査 長岡高町団地に陥没集中で 住民には難色 開発に不信,業者反論,県も否定的 住宅全壊2554棟 大規模半壊469棟 半壊4655棟 一部損壊52,649棟 県,商店街支援へ調査 土砂ダムは降雨に備え水抜きが基本. 国交省「宅地災害」に補修	住宅全壊2619棟 大規模半壊660棟 半壊6989棟 一部損壊77,838棟 県, 被災企業に最高2億円融資 解雇550人超す 火災10件の原因「阪神」が教訓 ガス安全装置が機能 ガス安全機能は支援法の対象外 降雪始まる(12/23) 豪雪による雪の量は雨1000mm分. 川口小為住民集団移転を決意.
	山古志5ヶ所に天然ダムが発生 芋川流域で土石流発生を懸念 砂防・地すべり技術センター 土砂崩れ850ヶ所を確認 死亡確認 農業用ダムに 2次被害の恐れなしと発表	妙土土砂崩れで生還者語る. 間一髪生死を分けた. 芋川流域で天然ダムの排水開始 川口で土石流騒ぎ(竜光の土石流センサー誤作動) 浦柄地区で民家を壊した応急水路妙見で女児の遺体収容(11/7) 県が買い取り移転補償	「地盤災害」にも支援 12市町村が県に要請 地理院, 芋川流域で45ヶ所の天然ダムを確認. 家屋被害が少なかった地域でもわずかに揺れが短時間で強く発生(境町教) 「犯人」断層定まらず. 専門家の見方分かれる. 予知連の分析: 3つの断層次々活動.		竜光で土砂ダム決壊の避難訓練 土砂ダムは降雨に備え水抜きが基本. 国交省「宅地災害」に補修 川口小為住民集団移転を決意.	
	本震時の川口は震度7に 阪神以来, 計測では初	震度4(M5.0)の余震(11/1) 11/2も震度4(M3.9) 震度5強(M5.2)の余震(11/4)	震度4(11/6)	震度5弱(11/10) 震度5強(M5.9)の余震 震度4も3回(11/8) 余震域拡大の可能性は低い(気象庁見解)	県内強風被災地大荒れ 車庫・テント吹き飛ぶ (11/26-27)	久しぶり震度4(M4.2) の余震(12/23) また強風で被災地の 屋根吹き飛ぶ(12/5)
	27日の余震は共役断層 による(国土地理院) きるのか? 道路被害の半数は盛り土崩壊 続く余震は地下構造が原因 「克雪住宅」地震にも有効 全壊はわずか41軒 土木学会が報告会を開催	国交省が山古志周辺の航空写真を分析. 斜面崩壊1662ヶ所. 百万立米以上が芋川流域 地震動は最大10ヶ所, 半分は芋川流域.JR上越線にもトンネル側壁損傷 呼びかけ(雪害工学会) 地理院, 芋川流域で45ヶ所の天然ダムを確認. 家屋被害が少なかった地域でもわずかに揺れが短時間で強く発生(境町教) 「犯人」断層定まらず. 専門家の見方分かれる. 予知連の分析: 3つの断層次々活動.	川口-堀之内に激震 ゾーン発見(新潟大) 雪崩予防柵の被害大. 冬期の監視強化 「雪泥流」の危険増大(雪水災害調査) 活動断層4つ目を確認.	被災経験を次代に(武村氏長岡で講演) 関連学会合同報告書 被災地脱線にも再び 新幹線脱線調査 被災住宅の雪対策のための補強法(長岡技大) 魚沼広神の水田に本震断層を確認(12/8)	川口の震度計記録 公表される. 1.5G超 154cm/s, 40cm超. 関連学会合同報告書 新幹線脱線調査 被災住宅の雪対策のための補強法(長岡技大) 魚沼広神の水田に本震断層を確認(12/8)	
	1週間後	2週間後	1ヶ月後	2ヶ月後

地震に関わる震災・応急対応フロー図

1.2 震災の歴史的考察　25

どの問題が注目されたように，震災による人的被害というものは直接被害のみで推し量られるものではなく，時間の推移とともに発生する間接被害をどのように受けとめるべきかが大きな課題となる．新潟県中越地震の場合には多発する余震を恐れたために，車中泊（窮屈な自家用車内の宿泊）という避難形態に伴ったエコノミークラス症候群という新たな問題が注目され，類似の問題は首都圏直下の地震災害においても大量に発生しそうである．

上越新幹線「とき325号」の脱線は報道でも大きく取り上げられた通り，人的被害を出さずによく耐えたとする評価もあれば，偶然に助けられただけであって問題は深刻なものがあるとする考えもあるが，関係当局の見解はほとんど公表されていないに等しい．報道を見る限り，新幹線脱線のニュースはいち早く伝えられたが，それ以外の橋脚やトンネル内の被害状況については長期間情報が伝えられなかった．たとえば川口町での新幹線橋脚の破壊は構造上致命的（全断面破壊）であったと思われるが，新聞報道ではコンクリートの表面がはがれて内部の鉄筋が剥き出しになった，というような表現がとられており，大したことはないとの関係者の意図がうかがわれた．トンネル被害の全容が判明した（と報道された）のは地震から約2ヶ月後，復旧再開の目途がついたのと同時期であった．結局のところ，トンネル内は地震に対して安全であるという神話は崩壊し，安全かどうかはトンネル内部の岩質に依存するという当然の結果が確認されるに至ったわけで，今後，新幹線の運用方法（過密ダイヤの再検討，乗客への安全対策も含めて）について根本的な見直しが必要になるものと考えられる．関越自動車道をはじめとする幹線道路や鉄道の被害の大部分が盛土部分に発生している点は当初から覚悟されていたことであり，すべてを耐震化するのではなく，壊れたら補

写真22 新潟中越地震による上越新幹線の脱線（長岡市片田）

写真23 新潟中越地震による上越新幹線橋脚の破壊（川口町和南津）

写真 24 新潟中越地震による崖崩れ（長岡市妙見）

修するという経済的な方策が選択されているからに他ならない．

　災害のたびに痛感することであるが，被災地の地元紙やテレビ・ラジオのローカル局の奮闘ぶりにはいつも敬服させられる．新潟日報中越版を用いてそのことを確認したところ，被災直後の安否情報や「生活関連情報」・「サポート情報」などは被災者にとって不可欠のものと考えられ，被災者のニーズや困窮度の調査結果が公表されたことも，被災者と行政担当者の双方にとって有益であったと思われた．一方では安否情報が「おれおれ詐欺」に悪用されるという事件や，仕事をしないボランティアの問題が新たな検討課題として注目されていた．新幹線の脱線や崖崩れ現場からの児童の救出劇のようなセンセーショナルな事件が発生したために，マスコミによる報道がこのために独占されるという側面もあった．地元紙の場合には充分な紙面が確保されるので問題は少ないであろうが，全国紙や全国放送のテレビの場合には，そのために本来必要な情報が割愛されるという問題が発生してくる．また，報道関係者にとって，専門家の学術的・技術的なコメントを正確にかつわかりやすく読者に伝達する作業は容易なことではないと推察される．専門家には専門的な知見をわかりやすく説明する責務があると同時に，報道関係者にはそれらの情報を正しく伝達する責任があるわけで，一番まずいのは，両者がその内容を確認することなく放置してしまうことではないかと恐れている．

　もう1例．2005月3月に発生した福岡県西方沖地震（M7.0）の場合には，地震動強さは兵庫県南部地震以降に各地で発生したいくつかの被害地震と比較してさほど大きなものではなかったが，中心市街地の一部の地域では不整形な地下構造による地震動の局地的増幅があったようで，そのために古いオフィスビル外壁からのガラスの落下，新築の中高層マンション群における非構造壁の破壊による玄関ドアの変形拘束，エキスパンションジョイント部分の衝突と手すり壁の落下などの二次的な被害が頻発している．それらのいずれもが"都市の震災"としての特徴を備えている点には注意が必要である．この地震で死者や負傷者が非常に少なかったのは，偶々地震の発生が日曜日の午前中であったという偶然にすぎず，異なる時間帯，特に夕方の人ごみの中で10階建てビル外周のガラス片が地上に降り注いだ状況を考えるとゾッとするし，緊急時に開閉できない玄関ドアも，もし火災など発生していたら重大な責任を問われていたであろうと想像される．被災現場では，建築基準法に違反していないことを免罪符とする傾向が随所で見受けられたが，被災者に精神的・経済的ダメージを強いるような建築基準法であるならば早急に改めるべきであるし，あるいはそのような技術レベルの話ではなく，もっと建築の根幹に関わる基本問題であるかもしれない．折しも耐震強度偽装事件が2005年11月に発生したことから，マンション居住者（実質的な建築主）と構造設計者・施工者との間の対話の重要性について，以前に比べれば認識が深まってきたのではないかと思われる．

1.3 震災の地理的考察

▶1.3.1 西南日本と東北日本における自然災害への対応

哲学者和辻哲郎によれば，われわれの生活様式は好むと好まざるとに関わらず気候風土に規定され，特に，湿潤なモンスーン型気候に属するわが国土の場合には，人々の災害に対する態度は受容的忍従的にならざるを得ないという．しかしそれ以前に，我々は湿潤なモンスーン型気候ならではの恩恵を数え切れないほど享受しているわけで，さらに災害に対しても全く無抵抗ということでは決してない．

たとえば，西南日本の高温多湿は農作物には大変

図25(a), (b)　福岡県西方沖地震における古いビルの外壁ガラスの落下

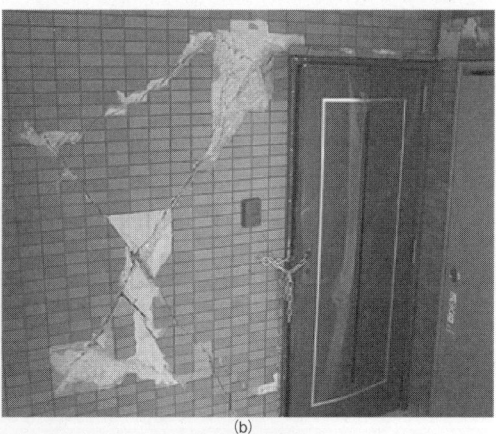

図26(a), (b)　非構造壁の破壊に伴う玄関ドアの変形拘束

図27 (a), (b)　エキスパンション・ジョイント部分の衝突（(a)は西日本新聞社編(2005)より，(b)は居住者の提供による）

1. 都市の震災

ありがたいことであるが，蒸し暑い夏をいかに快適に過ごすかは冬の寒さと比べてはるかに重大な問題となっている．そのため，風通しの良い開放的な住居，すなわちできるだけ壁の少ない住居が好まれるが，台風に備えるためには屋根を吹き飛ばされないよう重くする必要がある．屋根の重たさや壁の少なさは地震に対しては非常に不利であり，1995年兵庫県南部地震の際の淡路島北淡町や神戸市内の昔からの市街地など伝統的な西南日本風の木造住宅はこのために大きな災害を受けることになった．しかし，毎年のように襲ってくる台風と，滅多にやってこない地震とのどちらが優先されたかは自明のことであったと思われる．その対極にあるのが北海道から東北・北陸に至る寒冷地域であり，冬の寒気と積雪に耐える住居が基本である．概して開口部は少なく，壁を厚くして冬季の暖房効率を高める必要があり，結果的に耐震要素を増やすことにもなっている．

地震と火山の活動分布はモンスーン型気候と直接は関係しないであろうが，地震活動や火山活動が非常に活発であるという現実は，プレートテクトニクス仮説によればわが国土の宿命であって，日本列島の至るところで，風光明媚な景観と温泉を楽しむことができるのは正に火山活動のお蔭である．雲仙-島原・箱根温泉・伊豆大島・洞爺湖温泉などはその好例であるが，表1にも見られるように，雲仙普賢岳や洞爺湖温泉に近接した有珠山ではつい最近も大規模な火山噴火があり，島原市周辺あるいは洞爺湖温泉街などの広い地域での長期避難を余儀なくされるといった災害も発生している．

雨にしても適切な雨量は農作物の育成にとって，あるいは飲料水・生活用水として天の恵みとして感謝されるが，過大な降雨は豪雨災害とそれにともなう水害や斜面災害を引き起こし，逆に降雨が少なすぎれば干害となって農作物も居住者も干上がってしまう．

そこで，これから重要になると考えられるのは，震災の問題だけを単独で取り上げるのではなく，ある地域における災害危険度の総合的評価や，異種の災害が複合あるいは競合してさらに大きな災害を引き起こす可能性についての検討など，新たな研究の試みが期待されるところとなっている．例えば，雲仙普賢岳に見られたような火山噴火とその後の豪雨

写真28 西南日本の典型的な木造住家（福岡市玄界島）

写真29 東北日本の典型的な木造住家（長岡市山古志）

による土石流に対する検討はすでに行われているが，九州地方や四国太平洋岸・紀伊半島の多雨と地震発生危険度の高さを同時に考慮した場合の災害とはどのようなものか，豪雪地帯の積雪時の地震災害は通常の地震災害と何が違うのか，等々未解明の問題は多い．

▶1.3.2　外国の地震災害に見られる諸事情

諸外国において震災などの自然災害を論じる場合であっても，対象地域の気候風土とそれに伴う伝統文化や生活習慣についての理解が必要であるのは，わが国の場合とまったく同様である．地域の人々の住まい方がその土地の気候風土に裏付けられた伝統的風習によるのはごく当然のことと考えられ，そのことを度外視した防災対策をいくら提案したところで決して受け入れてはもらえないだろう．

震災に注目した場合，被害（リスク）の大きさは，地震動の強さなど場所ごとの危険度（ハザード）と住居や施設の地震動に対する脆弱性（バーナラビリティー）との積で表されるという．同じ耐震性能の建物であれば，地震動が強いほど被害を受ける可能性は高く，同じ地震動の強さであれば，建物が脆弱

写真30　洞爺湖温泉に近かった2000年有珠山噴火

1. 都市の震災

写真 31 (a), (b), (c)　1993 年鹿児島豪雨災害の被災地（南日本新聞社，1993）

であるほど被害を受ける可能性は高くなる．地域による地質・地盤の違いはこのうちハザードの評価にとって重要である．たとえば 1985 年メキシコ（ミチョアカン）地震で大きな被害を受けたメキシコ市の場合，問題は極端な地盤の軟弱さにあった．つまり大きな地震動は軟弱地盤で顕著であった．別の例を米国にとると，カリフォルニア州を代表するサンフランシスコとロサンゼルスでは地盤条件がまったく違っており，軟弱地盤に特有の被害は，サンフランシスコの湾岸でしかみられない．そして，このような地盤環境の違いはそこで研究している研究者の学風を束縛してしまうことがあるらしい．サンフランシスコでは軟弱地盤に特有な問題を理解している点で日本の学風と共通しており，ロサンゼルスは軟らかい地盤をもたないために，地震動の特性は地盤特性よりも震源特性に強く依存すると理解している研究者が多いようである．このような地盤環境の異なる地域間で相互理解を深めることの困難さは以前から指摘されており，メキシコ地震の問題の一つは，地盤環境がまったく異なるロサンゼルスで学んだ研究者が多かったために，メキシコ市の軟弱地盤への理解と対応が思うに任せなかったということであったのかもしれない．

さらなる難問は世界の地震国における伝統的建物の脆弱さにある．たとえば，アドベ造という無補強の日干し煉瓦で建造される住家は世界の至るところ

写真 32 (a), (b)　1985 年メキシコ地震で被災した鉄筋コンクリート集合住宅
（(b) は地震直後の写真週刊誌『フォーカス』による）

1.3　震災の地理的考察

写真33 1989年ロマプリエタ地震で被災したサンフランシスコ市埋立地（手前）と無被害の丘陵地（背後）

に分布している．品質はさまざまであるが，壁を厚くすれば夏の避暑には最適で，これに勝る住家は考えられないとのことである．石造・石積みが主流の地域も多く，そのような地域では木材は高価であるため利用することなど考えられないそうである．RC枠組み工法（鉄筋コンクリートのフレーム構造と無筋レンガ壁の併用）は，恐らく世界中に最も普及している建築工法ではないかと考えられるが，これも品質はまちまちで，RC柱が極端に細いもの，梁を用いずに床スラブで代用しているもの，建築基礎という概念すらないもの，等々地域によってさまざまである．多くは経済的理由から高価な建材は使用できないといった事情もあるが，必ずしもそれだけではなく，太い梁を使用しないのはデザイン的配慮が優先された結果であったりもする．このような

それぞれのお国の事情に配慮しつつ，また快適性を損なわず，さらに経費をかけないで耐震補強することができれば，伝統的建物の脆弱性の問題をクリヤーしたことになるが，現状はいかがなものであろうか．

1.4 地震との共存は可能か

実はいま，阪神・淡路大震災後の神戸のことを考えている．あの震災からすでに10年以上が経過したわけであるが，実際に震災を体験された方々のあの瞬間の恐怖というのは理屈で解消できるものではないと思われる．地震直後に犠牲となられた方々だけでも5500名に達するが，さらに問題なのは，時

写真34 RC枠組み工法のうち恐らく最も脆弱なモロッコの建築
（左手前は施工中，右奥は完成後）

間の経過とともに，避難所や仮設住宅で人知れず亡くなられた方々を含めると，その数は6400名以上に及ぶという現実がある．一方ではそのこととほとんど無関係に復興事業が進展して，外見上は元通りかそれ以上に立派な町並みができあがっている．一番立ち上がりが早かったのは鉄道と道路であった．公共事業という名目はもちろんあったであろうが，壊れたらただちに造り直す，ただそれだけのことであったのかもしれない．その次は商業建築の復興であった．賑々しい開店セールにお客は喜んで集まって来ただろうか．要塞のような公営の震災復興住宅もたくさん準備されたが，仮設住宅から移り住んだ被災者は本当の安らぎが得られただろうか．

このように考えてみると，災害科学というのは裾野が果てしなく広い学問分野で，どこまでが専門領域と特定することは大変難しいように思われる．どうもこれまでの地震災害の歴史を見てみると，ほとんどの労力というか学問上の関心は，地震がどうして起こるのか，そのとき地盤や建物はどのように揺れるのか，被害を受けた建物や構造物のどこがまずかったのかという理学・工学上のことに費やされてきたように思われる．被災建物の中にいた人々が地震でどうなったかということがようやく議論されるようになったのは，1978年の宮城県沖地震の頃だったであろうか．それまで地震の被害に遭った多くの人々は，天災だから仕方ないこととじっと耐えてきたのであろうか．決してそんなことはなくて，被災者は常に救済のための情報を発信し続けてきたに違いなく，おそらく問題は，それを受け取る側（政治家だけでなく研究者も含めての話であるが）にあったのではなかろうか．

ここで我々は一度原点に立ち返って，災害とは何かを基本から考え直す必要があるように思われる．その際にはただ地震災害のことだけを考えるのではなくて，火山災害や豪雨災害なども併せて，総合的な災害科学を念頭におく必要があるのではないだろうか．その指標はすでに寺田寅彦がずっと以前に与えてくれている．ただ一つだけ，現時点では「天災は忘れた頃にやって来る」などと悠長なことはいっておられないので，標語を「災害は忘れる間もなくやって来る」に置き換えたいと思う次第である．実際ある一つの地域に発生する災害は"忘れる頃"かも知れないが，この情報過多の世の中では世界各地で発生する災害情報が否応なく入ってくる．これらの情報を我がことと考えて有効に活用し，その成果をそれらの地域にも還元することができれば，少しでも前進があるに違いない．

参考文献

池田　清，額田　勲，早川和男：検証・震災10年（3氏による3編で構成されている），世界，2月号，2005．

宇佐美龍夫：資料 日本被害地震総覧，東京大学出版会，1975．

宇田道隆：科学者 寺田寅彦，NHKブックス，1975．

NHK取材班：ドキュメント有珠山大噴火，日本放送出版協会，1978．

鐘ケ江管一：普賢，鳴りやまず―ヒゲ市長の防災実記763日―，集英社，1993．

河角　広（編）：地震災害，共立出版，1973．

川瀬　博（研究代表者）：福岡県西方沖の地震の強震動と構造物被害の関係に関する調査研究，平成17年度科学研究費補助金（特別研究促進費）研究成果，2005．

桑原武夫（編）：日本の名著　近代の思想，中公新書，1962．

国土交通省国土技術政策総合研究所，独立行政法人建築研究所：平成16年新潟県中越地震建築物被害調査報告（速報），2004．

国立天文台（編）：理科年表，丸善，2005．

坂井浩和：深刻な壁被害なぜ多発，AERA，5.2-9合併増大号（No.24），pp. 96-97，2005．

信濃毎日新聞社（編）：長野県西部地震，信濃毎日新聞社，1984．

島本慈子：住宅喪失，ちくま新書，2005．

震災豫防評議會：震災豫防調査會報告，第百号，岩波書店，1926．

瀬尾和大：平成7年兵庫県南部地震（阪神大震災）の被害とその対応について，第53回工学地震学・地震工学談話会，東京工業大学工学地震学・地震工学研究グループ，pp. 25-41，1995a．

瀬尾和大：平成7年兵庫県南部地震（阪神大震災）の被害とその対応について（続報），第55回工学地震学・地震工学談話会，東京工業大学工学地震学・地震工学研究グループ，pp. 19-34，1995c．

瀬尾和大：平成7年兵庫県南部地震（阪神大震災）の被害とその対応について（第3報），第62回工学地震学・地震工学談話会，東京工業大学工学地震学・地震工学研究グループ，pp. 1-13，1997．

瀬尾和大：平成7年兵庫県南部地震（阪神大震災）の被害とその対応について（第4報），第69回工学地震学・

地震工学談話会，東京工業大学工学地震学・地震工学研究グループ，pp. 21-29, 1999.
瀬尾和大：2004年新潟県中越地震災害の時間的推移と課題―1995年兵庫県南部地震からの10年を振り返りながら―．第93回工学地震学・地震工学談話会，東京工業大学工学地震学・地震工学研究グループ，pp. 13-22, 2005a.
瀬尾和大：2005年3月20日福岡県西方沖地震の被害について．震災予防，203, 30-34, 2005b.
瀬尾和大，栗田勝実，元木健太郎，重田隆弘，村山雅成，籾井隆志，丹羽信彰：平成7年兵庫県南部地震（阪神大震災）の被害とその対応について（第6報）．第84回工学地震学・地震工学談話会，東京工業大学工学地震学・地震工学研究グループ，pp. 1-10, 2002.
瀬尾和大，元木健太郎，重田隆弘：平成7年兵庫県南部地震（阪神大震災）の被害とその対応について（第5報）．第80回工学地震学・地震工学談話会，東京工業大学工学地震学・地震工学研究グループ，pp. 11-17, 2001.
1993年鹿児島豪雨災害調査委員会（編）：1993年鹿児島豪雨災害―繰り返される災害―，土質工学会，1995b.
タイムライフブックス編集部編：ライフ地球再発見シリーズ 地震，西武タイム，1984.
高橋 裕：国土の変貌と水害，岩波新書，1971.
武村雅之：関東大震災―大東京圏の揺れを知る，鹿島出版会，2003.
武村雅之：手記で読む関東大震災，古今書院，2005.
田山 実：大日本地震史料，震災予防調査会報告，No.46（甲，乙），1904.
寺田寅彦：天災と国防，岩波新書，1938.
東奥日報社：強震・青森県を襲う―'68十勝沖地震の記録―，東奥日報社，1968.
東京工業大学都市地震工学センター：地震工学研究レポート，No.92, CUEE新潟県中越地震被害調査速報会，2004.
東京都総務局災害対策部（編）：昭和61年（1986年）伊豆大島噴火災害活動誌，東京都，1988.
長崎県：7.23長崎大水害の記録，長崎県，1984.
長崎県島原市：広報しまばら（雲仙・普賢岳噴火災害特集号），島原市，1992.
長崎県島原市：広報しまばら（雲仙・普賢岳噴火災害特集号2），島原市，1994.
長崎新聞社（編）：鳴動普賢岳―雲仙岳噴火写真・記録集，長崎新聞社，1991.
新潟県：新潟地震の記録―地震の発生と応急対策，新潟県，1965.
新潟日報社：新潟地震の記録，新潟日報社，1964.
新潟日報社：特別報道写真集 新潟県中越地震，新潟日報社，2004.
新潟日報社：「新潟日報」（中越版），2004.10.24～12.28.
西日本新聞社：「西日本新聞」2005.3.21～（朝・夕刊）．
西日本新聞社（編）：特別報道写真集 福岡沖地震，西日本新聞社，2005.
日本建築学会：新潟地震災害調査報告，日本建築学会，1964.
日本建築学会（編）：震害建物復旧の記録―新潟地震で被災した鉄筋コンクリート建物―，日本建築学会，1966.
日本建築学会（編）：地震荷重と建築構造の耐震性（1976），日本建築学会，1977.
日本建築学会（編）：1978年宮城県沖地震災害調査報告，日本建築学会，1980.
日本建築学会（編）：1980年アルジェリア地震およびイタリア南部地震災害調査報告，日本建築学会，1982.
日本建築学会：1985年メキシコ地震災害調査報告，日本建築学会，1987.
日本建築学会：1989年ロマプリータ地震災害調査報告，日本建築学会，1991.
日本建築学会：1990年フィリピン地震災害調査報告，日本建築学会，1992.
日本建築学会：1992年トルコ地震災害調査報告，日本建築学会，1993.
日本建築学会（編）：1990年イラン・マンジール地震災害調査報告・1993年グアム島地震調査報告，日本建築学会，1994.
日本建築学会：1995年兵庫県南部地震災害調査速報，日本建築学会，1995a.
日本建築学会：1993年釧路沖地震災害調査報告・1993年北海道南西沖地震災害調査報告，日本建築学会，1995b.
日本建築学会（編）：1994年ノースリッジ地震災害調査報告，日本建築学会，1996.
日本建築学会（編）：1999年台湾・集集地震災害調査報告および応急復旧技術資料，日本建築学会，2000.
日本建築学会（編）：1999年トルココジャエリ地震災害調査報告，日本建築学会，2001a.
日本建築学会：2000年鳥取県西部地震災害調査報告・2001年芸予地震災害調査報告，日本建築学会，2001b.
日本建築学会：2005年福岡県西方沖地震災害調査報告，日本建築学会，2005.
日本建築学会：2004年10月23日新潟県中越地震災害調査報告，日本建築学会，2006.
日本建築学会北海道支部：2003年十勝沖地震災害調査報告，日本建築学会，2004.
日本建築センター出版部（編）：アルメニア・スピタク地震の被害に学ぶ，日本建築センター出版部，1990.
阪神・淡路大震災調査報告編集委員会：交通施設と農業施設の被害と復旧．阪神・淡路大震災調査報告，土木学会ほか，1999a.
阪神・淡路大震災調査報告編集委員会：土木構造物の被

害　橋梁．阪神・淡路大震災調査報告，土木学会ほか，1999b．
阪神・淡路大震災調査報告編集委員会：阪神・淡路大震災調査報告 共通編-1　総集編，日本建築学会ほか，2000．
阪神高速道路公団（監修）：阪神高速道路 震災から復旧まで写真集，（財）阪神高速道路管理技術センター，1997．
福井県（編）：福井震災誌，福井県，1949．
福井市（編）：福井烈震誌，福井市，1978．
藤井陽一郎：日本の地震学，紀伊国屋新書，1967．
北羽新報社（編）：日本海中部地震 M7.7 真昼の恐怖，北羽新報社，1983．
北陸震災調査特別委員会：昭和 23 年福井地震震害調査報告．北陸地震震害調査報告出版委員会，1951．
北海道新聞社（編）：2000 年有珠山噴火，北海道新聞社，2002．
毎日新聞社：毎日グラフ別冊 関東大震災 69 年，毎日新聞社，1992．
南日本新聞社：報道写真集 '93 夏　鹿児島県風水害，南日本新聞開発センター，1993．
武者金吉：増訂　大日本地震史料，第 1〜3 巻，文部省震災予防評議会，1941-1943．
元木健太郎，瀬尾和大：1995 年兵庫県南部地震における構造物被害方向の規則性と調和する震源過程の一考察．第 79 回工学地震学・地震工学談話会，東京工業大学工学地震学・地震工学研究グループ，pp. 1-8，2001．
柳田邦男（編）：阪神・淡路大震災 10 年—新しい市民社会のために—，岩波新書，2004．
山中浩明，元木健太郎，瀬尾和大，川瀬　博：2005 年 3 月 20 日の福岡県西方沖地震の余震観測速報—警固断層周辺での地震動特性の理解を目指して—．震災予防，**203**，35-36，2005．
吉村　昭：関東大震災，文藝春秋，1973．
早稲田大学松井源吾研究室：緊急報告 十勝沖地震の建築被害—問題を投げる鉄筋コンクリート造の崩壊—，施工，23 号，彰国社，1968．
和辻哲郎：風土－人間学的考察，岩波書店，1935．

2 災害の行動科学

「敵を知り己を知れば百戦危うからず」とは孫子が教える兵法の一つである．災害に対峙することに即していえば，敵を知るとは，災害をもたらす原因および被害を拡大する要因について科学的に理解することであり，己を知るとは，まず自分たちが災害に直面した場合の心理・行動の傾向について知ること，そして私たちの社会のシステムが災害に対してハード面，ソフト面の両面でどういった準備がなされているのかを知ることである．

これらを通して，災害に関する多くの誤った"常識"を払拭して，適切な対処行動が可能となる．

知るべき対象である災害としては，地象の地震，気象の台風，海象の津波などの自然災害があり，また人間が引き起こす技術的災害があるが，それらがなぜどのようにして起きるのか，また日常のなかにどんなリスクがあり得るのかといったことを理解し，また，いったんそれらの災害が起きたとき，どういったメカニズムによって被害を拡大してしまうのか，などについての想像力を養うことが重要である．

災害の原因はさまざまであり，同じ災害因であってもそれが現象する時間や場所によって，引き起こされる事態は大きく異なる．したがって，すべての状況で誰にとっても有効な対処マニュアルを作ることは不可能である．それよりも，さまざまな事態に即して臨機応変に対処することができるように基本的な事項を理解することが重要である．

この章では，災害に見舞われたとき適切な行動がとれるように，災害のさまざまな現れ方とその特性について見直した上で，災害にかかわる人間的ファクターについて考える．

2.1 さまざまな災害の現れ方と特性

本節では災害が自然現象と人間活動の相互関係によって定義されることを述べ，国内外の災害事例を通覧してさまざまな自然災害および技術的災害の存在を再認識した上で，それらの災害の種類と特徴を明らかにして，それに対する対処方法について考える基礎を構築する．

▶2.1.1 災害の大きさを左右する要因

自然の大異変があっても，誰も住まない孤島や山奥であれば災害には結び付かない．人間の生活している地域に地震や台風などの大きな自然力が作用し，そこに住んでいる人々の構築した生活のシステムがその力を吸収しきれず支障が生じた場合にはじめて災害となる．

この生活のシステムには，ハード面とソフト面の両面がある．まず，ハード面である私たちの構築環境（built environment）の抵抗力が自然の外力に対して十分勝っていれば，物理的な変形は生じないので災害とは意識されない．ここで構築環境とは，人間が自然に手を加えて作り上げてきた物理的環境の総体をさす．それは，身近な住宅はもとより，学校や病院といった建築物，さらにそれらが集まって形作られた都市や集落のことである．それだけでなく，そこでの人間活動を支える水道・ガス・電気・通信などの物資・エネルギー・情報の供給施設，さらには道路や橋などの社会基盤（インフラストラクチャー）などが含まれる．

どんな自然の外力にも耐えられる構築環境にすれば災害が発生することはないが，千年に一度起きる

かどうかわからない異常な外力に備えて造ることは，建造物の寿命から考えてコスト面で実際的ではない．それ以上に，過剰な強度を実現するために使われる膨大な資材やエネルギーの消費がもたらす環境負荷や環境破壊を考えれば，それが災害の引き金にもなりかねないので，長期的な観点からは防災に逆行することになりかねない．頻繁に発生する弱い外力に対しては十分に耐える構築環境が必要だが，それを大きく上回る異常な外力を受けた場合には，ある程度の物理的な変形は受け入れざるを得ないのである．

構築環境が物理的な変形を受けた場合，それが大きな災害になるか否かを左右するのは，その地域の社会システムおよび社会構成員個人の行動の両面におけるソフト面の防災力である．

ここまでに述べた関係を整理してみると，まず構築環境の変形の程度 B は自然の外力 F とそれに対する物理的な抵抗力（R_h）の関数として，$B=f_1(F, R_h)$ として表され，次に災害の大きさ D は，構築環境の変形の程度 B とソフト面の防災力 R_s によって，$D=f_2(B, R_s)$ で表される．これらを併せて，災害の大きさ D は災害因の衝撃の強さ F と，社会の防災力 R（逆にいえば脆弱性）のハード面（R_h）・ソフト面（R_s）の両者によって，$D=f(F, R_h, R_s)$ と表すことができる．

▶2.1.2 諸災害の関連と連鎖

災害は英語で"disaster"といい，語源的には"dis + astrum"で星の運行が常軌を外れる不吉な相のことで，天象の異常を表している．しかし，地上で生活する私たちが実際に体験するのは，地象，気象，海象の異状による災害である．

地球内部の運動の結果としての地殻変動は地震や火山噴火を引き起こし，地盤の強振動や液状化，地すべり，土砂崩れなどの地象災害をもたらし，また津波などの海象災害をもたらす．台風による気象災害としては大雨，大風があるが，それらは直接私たちの構築環境に被害を及ぼすだけでなく，たとえば噴火によって堆積した岩屑を大雨が押し流して泥流となったり，大風，高潮，塩害といった海象災害を引き起こしたりする．

このように，地震や台風などの自然現象が引き金となって被害を及ぼす地象，気象，海象の災害事象は相互に関連している．また発災時の自然的条件や人為的条件に大きく左右され，悪条件が重なると災害の連鎖により被害が拡大する．

最も典型的な災害の連鎖は，地震に続く都市火災である．1923年の関東大震災では，炊事時という発生時刻と折からの強風という気象の悪条件が重なって大火災となった．この震災による14万人以上の犠牲者のほとんどが焼死によるものといわれている．2005年7月に中央防災会議の"首都直下地震対策専門調査会"が発表した首都直下の"東京湾北部地震"における被害想定では，火災による死者数が発生時刻とそのときの風速によって大きく異なり，昼間の12時で風速3 mの場合が約100人であるのに対して，夕方18時で風速15 m/sのケースでは約6200人とされている．

地象災害から気象災害への連鎖も深刻な事態を招く．火山が噴火すると，噴出された火山ガス（硫黄酸化物）は成層圏まで達し，それが紫外線を浴びて水蒸気と反応して硫酸エアロゾル（煙霧体）雲を形成する．この雲が太陽光を吸収し，また反射するため，地表に到達する太陽光線が減少して，日照量が減少するとともに気温が低下して農作物に悪影響を与える．1783（天明3）年の浅間山噴火とその後の"天明の大飢饉"もこの現象による災害とされている．

また地象災害から海象災害への連鎖としては1792（寛政4）年の雲仙普賢岳の噴火がある．普賢岳の噴火に伴って隣接する眉山が崩壊して大量の土砂が有明海に落ち，大津波となって対岸の熊本（当時の肥後）を襲った．これによる死者は1万5000人を上回ったといわれている．この日本の史上最悪の火山・津波災害は，島原で天変地異があって肥後に大被害が出たことから"島原大変肥後迷惑"とよばれ今日まで語り継がれている．同様の海外における災害として，1883年に発生したインドネシアのクラカトア噴火がある．この噴火により火山島の大半が崩壊し，その際発生した津波がジャワ島西部とスマトラ島南部の沿岸を襲って3万6000人以上の犠牲者を出したといわれている．

▶2.1.3 技術的災害と人為的災害

ここまでは，災害因として主に自然の現象を考えたが，災害が人間の生活・生産行為に関連して起きる場合がある．その多くは人間の過失によって大規模な事故となった場合であり，これを技術的災害とよぶ．特に人間が故意に引き起こす災害は人為的災害として区別している．

a. 化学物質による技術的災害

生産活動に伴う技術的災害は"公害"とよばれることがある．公害がわが国ではじめて公的に取り上げられたのは，足尾銅山鉱毒事件を田中正造衆議院議員が帝国会議で取り上げ質問を行った1891年のことといわれている．足尾銅山周囲の森林と河川は精錬所の煙突から排出された亜硫酸ガスによって汚染され生態系が破壊されて，近くの村落は廃村に追いやられた．足尾銅山自体も1973年に閉山している．

日本は1950年代後半から1970年代にかけて高度経済成長が続き，活発な生産活動に伴って大気汚染や水質汚濁が進み，空気中の浮遊物やガス，食物連鎖などによって人体に有害な物質が蓄積されて公害病が多発した．なかでも，水俣病，新潟水俣病，四日市ぜんそく，イタイイタイ病は多数の被害者を出し，四大公害病とよばれた．このほか，大気汚染に起因する酸性降下物（酸性雨）による森林の破壊や都市の構造物の被害が指摘されている．また，近年では廃棄物の焼却時に発生する毒性のあるダイオキシンが問題になっている．ダイオキシンで汚染された土壌や水からプランクトンや魚に食物連鎖を通して取り込まれ，私たちが口にする食物にも蓄積される危険性が指摘されている．

b. 放射線漏れによる技術的災害

原子力施設における放射線漏れ事故や故障は，軽微なものも含めれば世界各地でしばしば発生している．それらは国際原子力機関（International Atomic Energy Agency：IAEA）などが定めた国際原子力事象評価尺度（International Nuclear Event Scale：INES）により，レベル0からレベル7までの8段階に分類されることになっている（表1）．

過去の事例で最も深刻なレベル7に分類される事故がウクライナ共和国北端，ベラルーシ共和国との国境近くで1986年4月に発生した．チェルノブイリ原子力発電所の事故である．設計上の欠陥により核反応が暴走状態となった原子炉から大量の放射性物質が放出された．これによる放射線汚染の拡大を防ぐため，延べ60〜80万人が復旧作業に携わり，多量の放射線を被曝した．公式発表では急性放射線障害で死亡したのは原発職員・消防士の28名であるが，実際にこの事故の影響によってどれだけの犠牲者が出たかは不明である．

1979年3月に発生したアメリカ・ペンシルバニア州のスリーマイル島原子力発電所での事故はレベル5に分類される．一時は100万人以上に避難勧告が出されたが，事後の調査で放射線による住民への健康影響は幸い見られなかった．しかし原子力発電の先進国での事故であったため，世界に大きな衝撃と不安を与えた．

わが国においては，いずれもレベル4以下に分類される事業所内の事故にとどまり，外部への放射能汚染には至っていない．しかし，1995年12月に発生した福井県敦賀市にある高速増殖炉"もんじゅ"

表1 原子力施設等の事故・故障等に係る事象の国際原子力事象評価尺度（INES）

レベル	事故状況	参考事例
7	深刻な事故	チェルノブイリ事故（1986年）
6	大事故	
5	事業所外へリスクを伴う事故	スリーマイル島事故（1979年）
4	事業所外への大きなリスクを伴わない事故	JCO臨界事故（1999年）
3	重大な異常事象	旧動燃東海事業所火災爆発事故（1997年）
2	異常事象	美浜発電所2号機蒸気発生器伝熱管損傷（1991年）
1	逸脱	もんじゅナトリウム漏えい（1995年）
0	尺度以下（安全上重要でない）	
	評価対象外（安全性に関係しない）	

における二次冷却系のナトリウム漏出事故では，レベル1で放射性物質による人体や環境への影響はなかったものの，事故後の情報公開についての不適切な対応から，社会に大きな不信感と不安感を与えた．

c. 地球規模の大気異変

大気中の二酸化炭素やメタンは入射する太陽からの放射光は通しやすいが，宇宙空間に出ようとする赤外放射は吸収する性質をもつ温室効果気体である．したがって，二酸化炭素などが増加すると，より多くのエネルギーが地球に留まることになり，地球温暖化の原因になる．図1に示すハワイのマウナ・ロアにおける観測結果を見ると，植物の光合成による季節変動を繰り返しながらも，約50年間に二酸化炭素濃度が315 ppmから375 ppmに着実に増加していることがわかる．この温室効果気体の増加の影響については，"気候変動に関する政府間パネル"（International Panel on Climate Change：IPCC）が2001年に以下のように報告している．「地球の平均地上気温（陸域における地表付近の気温と海面水温の平均）は，1861年以降上昇していること，20世紀中の気温の上昇量は，0.6 ± 0.2℃であったこと，また地球の平均地上気温は1990年から2100年までの間に1.4〜5.8℃上昇すると予測される．」この報告をしたIPCCは，1988年11月に地球温暖化問題について国際的に議論する場として，国連環境計画（United Nations Environmental Programme：UNEP）と世界気象機関（World Meteorological Organization：WMO）の共催で発足した政府間機構である．この組織は最新の科学的・技術的・社会経済的な知見をとりまとめて評価し，それらの情報を広く提供することを目的としている．この地球温暖化は，海面上昇といった直接的な影響だけでなく，さまざまな気象現象に影響すると考えられ，これまでにない異常気象が大きな災害の原因になることが懸念されている．

1950年以降，大量に生産されたフロンが使用後に大気中に放出され，成層圏でオゾン層を破壊しオゾンホールを作ることが判明した．フロンは工業洗浄剤や冷媒物質として生産された化学的に安定かつ生物に無害な人工的化学物質だが，容易に分解しないため成層圏にまで広がる．極域の冬期にきわめて低温の成層圏雲ではフロンから塩素が分離され，それが春になって日射を受けると，これを触媒とする光化学反応によってオゾン層が破壊される．オゾン層は太陽からの有害な紫外線を吸収して地上の生物を守る大切な働きをしている．現在はフロンの生産・放出が禁止されているが，すでに放出され残留しているフロンガスによりオゾンホールは発生し続けている．

d. 交通災害

1912年4月，北大西洋を航海中の豪華客船タイタニック号（4万6000トン）が巨大氷山と衝突，沈没した．このタイタニック号は当時の技術の粋を集めて作られた絶対に沈まないはずの船で，前年1911年の5月に進水したばかりであった．この事故はイギリスのサザンプトンからアメリカのニューヨークへ向かう処女航海中に発生し，乗客乗員2208人中，1513人が死亡した．タイタニック号は，"絶対に沈まない"といったゼロリスク神話がみごとに打ち砕かれた悲惨な事故として知られている．

それにつぐ世界第2位，わが国では最大の海難事故を起こしたのは，青函連絡船・洞爺丸（3800トン）である．1954年9月，洞爺丸は台風15号（のちに洞爺丸台風と命名）のため函館港外で座礁・転覆し，その結果，乗客乗員他1314人中，死亡および行方不明1155名という大惨事となった．当時の日本の気象観測網は貧弱であり，台風の位置や進路が正確にとらえられていなかった上，本格的な台風と接する機会の少ない北海道であったことも遠因と考えられている．しかし，台風の接近を知りながら，なぜ船長は出航を決意したのだろうか．当時の青函航路

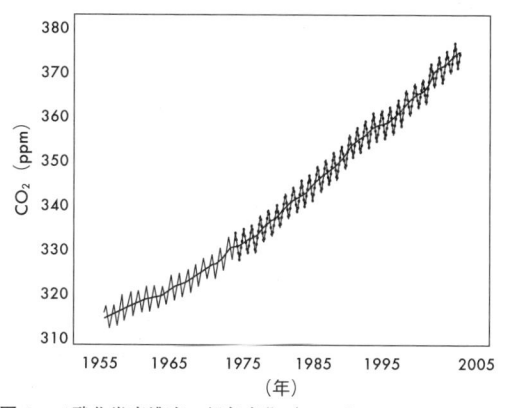

図1 二酸化炭素濃度の経年変化（ハワイのマウナ・ロアにおける観測）

は，本州と北海道の鉄道レールを結ぶ航路で，ダイヤどおり運行しなければ接続列車に影響が出てしまう．遅延の理由がたとえ悪天候のためであったとしても，5分以上の遅れは"事故報告書"提出の対象であったという．このプレッシャーが船長の判断に影響を与えなかったとはいえない．

この事情は2005年4月にJR福知山線（通称：宝塚線）での列車事故と共通した点がある．つまり，107人もの犠牲者を出した事故の背景として，過密ダイヤの中で定刻運行を運転手に要求していたことが指摘されているのである．この列車事故の後，この路線のダイヤは時間的に余裕をもてるよう改められた．

1985年8月に発生した日本航空のジャンボ機の墜落事故では乗客乗員524人中520人が犠牲となった．このような航空機事故はめったに起きないが，いったん発生すると致死率が高いため社会に大きな衝撃を与える．

過去の交通災害を概観すると，陸・海・空のいずれの公共交通機関においても，事故発生の一定のリスクが存在すること，そして利用者が求める最大のサービスは料金やスピードなどではなく，何よりも安全であることがあらためて認識させられる．

e. 人為的災害

戦争やテロのように，国家やある集団が故意に敵対する社会の秩序を乱し，大きな被害を与えるような人為的災害については，残念ながら過去の事例をいくつもあげることができる．第二次世界大戦における原爆投下や空爆による破壊，それに続く都市火災による犠牲，またベトナム戦争時の枯葉剤投下による熱帯雨林の環境破壊など，被害の大きさと深刻さは，それが意図されたものだけに，陰惨で徹底している．

冷戦時代の力のバランスが崩れた後は，世界各地で民族間の紛争やテロによる破壊が頻繁に起きるようなった．2001年9月11日にアメリカで起きた同時多発テロでは，ニューヨークの高さ400mを越えるワールドトレードセンタービルが完全に崩落するという未曾有の大惨事となった．

今後，放射性物質，生物的・化学的な汚染物質によるテロ，いわゆるNBC (nuclear, biological, chemical) 災害に対応するための対策も必要となるだろう．また今日の社会がさまざまな面で依存している情報ネットワークに対するサイバーテロも，社会的に大きな衝撃をもたらす可能性がある．グローバル化が進む今日では，人と物，そして情報の世界的な流動を押しとどめることは不可能である．それを受け入れた上で人為的災害を未然に防ぐための安全対策が必要である．

▶2.1.4 災害の諸特性

a. 予測の可能性

災害の予測では，どういった災害が，いつ，どこで，どのような状況で発生するのかをできるだけ早く正確に特定したい．災害の予測される地域があまりに広大で警戒すべき期間が長くては，それに備えるためのコストが大きくなりすぎる．東海地震について警戒宣言が出され，交通や金融などの機能停止が1日続くと，1700億円の経済損失になるという試算がある．

地震は現在のところ場所と発生時刻を精度よく予測することは困難であるが，主要な火山の活動については観測網が重点的に整備され，直前の予測がある程度可能になっている．気象に関しては，気象衛星も含めた観測網の発達によって，台風などの進路・規模や到来時刻などの予測が可能になり，準備のための時間をとることができるようになった．

こういった自然災害の原因は物理的現象であり関連する現象の観測によって精度に差はあるが予測の可能性は残されている．これに対して，技術的災害は"あってはならない"ことを前提としているため，いつ，どのような状況で，どの程度の被害を及ぼす災害が発生するかを予測することは不可能に近い．特に従来にない新しい技術を扱う施設では，過去の事故例がないだけに事故発生の予測がさらに困難である．

b. 災害の進行速度と覚知

巨大なエネルギーが一気に放出される地震のように，秒単位の外力が被害を与える災害がある一方で，地球規模の大気汚染，たとえば大気中に放出されたフロンによるオゾン層の破壊など，非常にゆっくり進行し，今後も長期にわたる影響が予想される災害

がある．また災害の予兆があってから実際に発生するまでの時間（リードタイム）にも長短がある．この長短によって，来たるべき外力に対する対応策の可能性が大きく左右される．台風に比べれば火山噴火や津波ではリードタイムが短いが，それでも地震に比べれば長く，事前に避難するなどの緊急対応が可能な場合も多い．

前述の大気汚染もそうだが，ゆっくり進行する災害には，いつ発生したという明確な時点（low point という）を特定できないので，災害が発生しつつあると認識するのが困難な場合がある．そのために災害の覚知と対応が遅れて被害を拡大してしまう危険性がある．このゆっくり進行するタイプの災害は日常の人間の生活・生産活動に由来する環境破壊である場合が多く，環境配慮行動がそのまま防災にも結び付くといえる．

c. 影響の継続時間と範囲

一般に，地震などの自然災害に比べて技術的災害に伴う有害物質の影響は長期にわたる．アスベスト，鉛，有機水銀，放射線による人体影響は有害な物質に侵された人に一生ついてまわる．特にアスベストによる病気が発症するまでに数十年もかかる場合があり，静かな時限爆弾と恐れられている．もっとも，一過性にみえる自然災害でも，生活の復旧・復興の長い期間も影響期間と考えるべきである．

影響範囲と被害規模については，自然災害を引き起こす原因である，地震，火山噴火，台風などは，いずれも地球規模の地殻や大気の運動が関与している壮大な自然現象であり，広域で被災者数も多くなり得る．これに対して放射線漏れ事故や航空機事故などの技術的災害は局所的である．ただし，大気汚染といった技術的災害では，文字どおり地球規模の広がりをもつ場合があり，世界各国の協力による対応が不可欠な課題である．

▶2.1.5 大災害による衝撃と社会の変化

人類の古代文明は，恵みと同時にしばしば洪水をもたらす大河川の治水事業によって発展したが，その営みは，自然の脅威に対して抵抗力のある構築環境を形成してきた歴史とみることもできる．

歴史的な大災害が社会に与えた衝撃とそれによる社会の変化を見ることによって，今日の構築環境やその運営のシステムが数多くの災害の教訓を基礎に形作られていることが理解できる．また，大災害は変わろうとしている社会の変化を加速する働きがある．災害を被った社会が復興できるか，それとも衰亡への道をたどるかを決めるのは社会システムがもつ活力の容赦のない評価である．復興に十分な活力があれば，それまでの弱いところを克服して，災害がなければ達成できなかった革新的な進展を遂げることができる．日本やドイツが敗戦による無からの再出発に成功したのはこの例である．

a. 大疫病による封建社会の崩壊

疫病は災害に含めない場合もあるが，ここでは人間の世界的な規模の交流が引き金となって生起する生物を媒体とした災害として考える．

14世紀の半ばに猛威をふるったペスト（黒死病）は，ヨーロッパだけで2500万人を越える犠牲者を出したといわれている．これは当時の全人口の1/4以上に相当する．ペストの流行は十字軍の遠征やモンゴル帝国の侵入などをきっかけとして盛んとなった東西物流により，元来インドなどに棲息していたペスト菌がネズミを介して急速に広まったものである．ヨーロッパの人口激減による労働者不足，貴賎の別なく死をもたらす疫病は支配階層の弱体化を招き，封建社会の崩壊の遠因となったといわれている．

今日の世界的な人的交流や物流を考えると，エイズ（acquired immunodeficiency syndrome：AIDS, 後天性免疫不全症候群）やサーズ（severe acute respiratory syndrome：SARS, 重症急性呼吸器症候群）など一地域の風土病が急激に広まり，ペストのように社会を変えてしまうような大きな災害に発展しないとはいえない．

b. 大火災による都市の近代化

1666年9月の深夜に出火したロンドン大火は4日間にわたって燃え続け，旧市街の約80％を焼失した．当時，ヨーロッパ最大の都市であったロンドンは人口50万人，死者は幸いに少なかったが，被災者は20万人にのぼったといわれている．この大火で焼失したセントポール大聖堂の再建を手がけたことで知られる建築家クリストファー・レンは，都市の防災化のための法を整備し，市内の木造建築物

の禁止，道路幅員の規定を行った．また，大火の前年には8万人以上の命を奪ったペストの大流行があったが，都市の劣悪な衛生状況を改善するため，地下の下水道網も整備している．これは災害が都市の効率化，近代化を促す契機となった典型例といえる．また，世界初の火災保険も大火の15年後にロンドンで生まれている．

一方，わが国の東京においても何度か大火に見舞われている．なかでも1923（大正12）年の関東大震災によるものと，1945（昭和20）年の第二次世界大戦末期の焼夷弾による空襲による大火では，都市部の半分ほどを焼失する惨事であった．この2度の大火後，帝都復興，あるいは戦争復興事業として焼失した下町を中心に区画整理，公園等空き地の整備が行われたが，焼け残った地域においては，木造密集地域がそのまま残されることとなった．そのような地域では，地盤が弱く，地震時の倒壊，火災発生と広域な延焼拡大が懸念されたため，東京都によって市街地再開発事業として防災拠点の整備が進められてきた．このうち，初期の事業である白鬚東地区の連続した高層建物は，近隣の木造住宅地域の中にあって，防火帯の役割を担っている．

c. 台風被害を契機とした法的整備

1959年9月に名古屋市の西方を通り濃尾平野を横断した伊勢湾台風では最大風速45 m/s，伊勢湾平均潮位で+3.9 mの高潮が発生した．名古屋市南部の広大な海抜ゼロメートル地帯（大潮時の平均潮位より低い陸地）に高潮が襲い，それに貯木場の原木が乗って市街地の住宅を破壊し，水害史上最大の5012人死亡という人的被害を出した．この大災害が"災害対策基本法"を1961年に制定するきっかけとなった．

d. 警報システムの整備

津波の広域にわたる被害がはじめて広く認識されるようになったのは，1960年5月に発生した南米チリ沖の地震による津波からである．日本沿岸にはこのマグニチュード8.5の地震発生翌日の未明から津波が押し寄せ，日本国内だけでも，死者・行方不明者142名，全壊家屋1500棟以上という大被害を生じたが，その7～8時間前にはハワイ諸島もやはり襲われ大きな被害を出していた．この経験から，国際的な太平洋津波警報組織が確立された．しかし，このシステムは太平洋沿岸地域のみを対象としていたため，2004年12月に発生したスマトラ沖大地震・津波によるインド洋沿岸諸国の被害を軽減することができなかった．この失敗を契機にインド洋沿岸にも同様の警報システム体制を整備しようとしている．

2.2 災害と情報

災害による損失を軽減する手段として，物理的なハード対策と適切な行動を促す情報の伝達によるソフト対策を比べると，前者が莫大な費用を要するのに対して後者の対策はずっと低いコストで済む．たとえば，津波対策として防潮堤を延々と築くより，迅速に危険を知らせて高台に避難を促すシステムの方が安上がりであり，人命を救うという観点からはより有効である場合も多い．今後，膨大な防災対策費をかけられない海外の発展途上国とともに実現可能な防災を考えるにあたって，情報はより有効な観点だといえる．

▶2.2.1 情報ニーズの経時的変化

災害が発生すると，平常時とは異なる行動が要求され，それを適切に行うための情報が必要になる．災害に見舞われて，いつもなら蛇口をひねれば簡単に得られた水が出ないとなれば，どこに行けば水が手に入るのか，またいつになったら給水が復旧するのかといった情報が欲しい．もっと深刻な場合は，自分が今いる場所に危険が迫っていないのか，安全でなければどこに避難すべきか，また近くにいない家族の安否が心配になる．こういった，平常の生活ではとりたてて必要としない情報に対する要求が災害の発生とともに一気に高まるのである．

災害時に必要とされる情報の内容は，災害のタイプによっても異なるが，表2に示すように，災害発生の前後にわたる時間の経過の中で変化する．

災害発生前，つまり"平常時"は，特定の災害を念頭に置けば準備期・対策期ともいえるが，自分の住んでいる地域には，どういった危険があり得るか

表2 災害に関する情報ニーズの経時的変化

時　　期	必要な情報
平　常　時 （準備・対策期）	居住地の災害リスク情報 防災対策情報
警　戒　期	災害予知情報 行動指示情報（事前避難）
災　害　発　生	
発　災　期	被害の状況・規模情報 行動指示情報（二次災害防止）
避難・救援期	安否情報 インフラ・建物の安全確認情報
復　旧　期 復　興　期	生活再建情報 復興計画情報

という災害リスク情報や，それにどう備えたらよいかといった防災対策情報が必要である．

災害の発生がある程度予測可能な場合には，警戒期がある．気象庁など国の機関から，予報や警報などの災害予知情報が出されるのはこの時期である．予報は災害因となる現象の予測であり，警報はそれによる災害の発生が予測される場合に注意を促すための通報である．これらは，地方の行政機関を通して，また公共放送などによって住民に伝えられる．市町村長は，予報や警報を受けて災害による人身の被害を防止するため，避難勧告や避難指示を行う．このうち避難指示の方がより危険が切迫している状況で出される．近年，高齢者など介護の必要な被災者が犠牲となるケースが増加していることから，移動に時間がかかる要援護者を対象として"避難準備情報"が設けられ，避難勧告に先立って発表する自治体が増えている．これらは，防災行政無線，いわゆる同報無線（写真1）や広報車などで直接住民に

写真1　同報無線（屋外に設置された例）

伝えられるとともに，テレビやラジオ放送などのメディアによっても伝えられる．

災害発生の直後の"発災期"には，一挙に多くの情報ニーズが生じる．まず，いったい何が原因で目の前の事態が起きたのか，その発生源はどこなのか，事態は緊急を要するのか，災害の規模はどの程度なのか，建物・まちの被害の概況はどうなっているのか，といった事態の把握のための情報がまずもって必要である．そして次に，二次災害を防ぐためにはどのように行動したらよいのか，という行動指示情報が求められる．

発災直後の危機が去り，身の安全が一応確保されて"避難・救援期"になると，家族や知合いの安否情報が求められる．また自分が今いる場所はそのままいても安全かといった安全確認情報が必要となる．

緊急事態がひと段落し，不便ながらも生活がある程度安定した後の"復旧・復興期"になると，ライフラインの復旧状況や，仮設住宅の申込みといった各種の行政サービスなどの生活再建情報が求められるようになる．さらに，これから自分たちの町の姿が長期的にどうなるのか，といった復興計画についての情報が求められる．

▶2.2.2　居住地の災害リスク情報

地方自治体や防災関連の行政機関には，災害発生後の情報ニーズに対するタイムリーな対応が求められるだけでなく，災害の発生前にも備えを促すための情報提供が求められる．災害発生前，つまり平常時において住民にとって必要な情報は，自分の住んでいる地域には，どういった災害に見舞われる危険性があり，それがどこにどういった形で出現するのかといった情報である．

各地方自治体では防災計画を立てるため，その地域で予測されるそれぞれの災害に対して"被害想定"を行っている．これを見れば自分が住んでいる地域の危険性についてある程度知ることができる．しかし，この被害想定は，全壊何棟，死者何人といった物的・人的被害の数値を県や市といった広域の行政単位で集計したものである．したがって，どこにどんな危険があるのかを具体的に示していないので，

個々の住民に対して事前の準備を促すのに効果があるどうかは疑問である．

これに対して，地域の危険性が一目でわかる，地点ごとに災害の発生可能性を地図上に示したハザードマップが近年よく用いられるようになった．一般に"ハザードマップ"といわれるものには，さまざまなものが含まれる．最も基本的なものとして，その場所のもつ災害の潜在的な危険性，つまり本来の"ハザード"を示して，事前の防災への取組みを促すものがある．また発災後の二次的被害を軽減するための防災資源を示した，"防災マップ"というべきものもある．これらは，地方自治体から印刷物として各戸に配布されたり，ホームページで公開されている．

前述のように，災害リスクの大きさは，ある場所に加えられる外力と，その場所のもっている物理的・社会的防災力との二つの条件によって左右される．特定の地域の災害に関する情報も，その二つの側面について示される．地震を例に，災害因である地震の発生確率と構築環境の防災力の評価を示したハザードマップを見てみよう．

国の地震調査推進本部は，日本の各地域で将来予測される地震動の大きさや発生確率を全国地震動予測図として発表している（図2）．これによって，自分の住む所は地震がよく発生する地域かどうかがおおよそわかる．しかし，この地震動予測から実際の被害を予測するためには，地震に対するその地域の防災力を評価する必要がある．東京都は構築環境の脆弱性について調査結果をもとに，"建物倒壊危険度"，"火災危険度"，"避難危険度"の三つの項目で評価しマップで示して，ホームページで公開している．

ここで，建物倒壊危険度は，地震動によって建物が壊れたり傾いたりする危険性の度合いを評価したもので，地盤と地域にある建物の種類などによって判定されている．火災危険度は，地震による出火の起こりやすさと，それによる延焼の危険性を調べて，火災の危険性の度合いを評価したもので，木造建物が密集している地域で高くなっている．避難危険度は，避難場所に到達するまでに要する時間と，避難する人の数を組み合わせて評価したもので，避難場

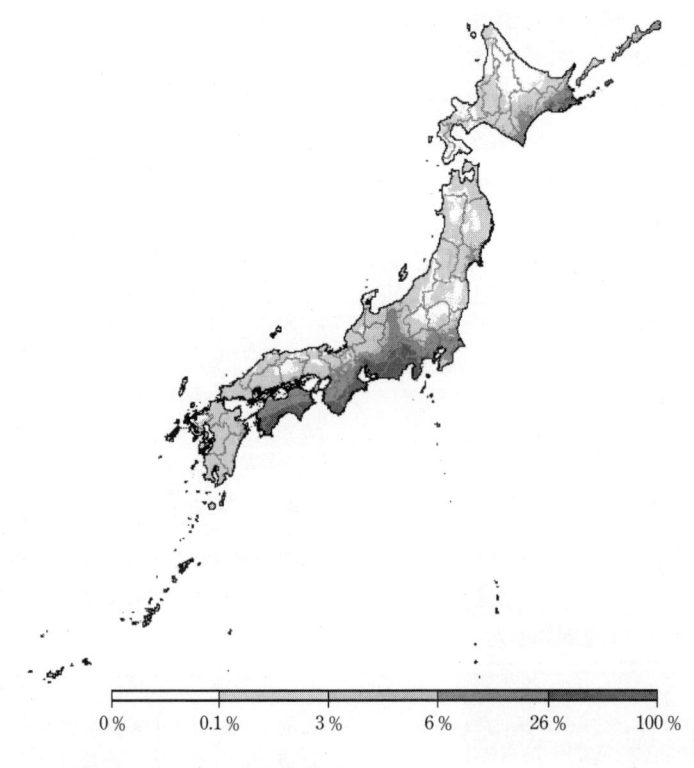

図2 全国地震動予測図（防災科学技術研究所ホームページ（http://www.J-map.bosai.go.jp/）より）
今後30年以内に震度6弱以上の揺れに見舞われる確率の分布図．

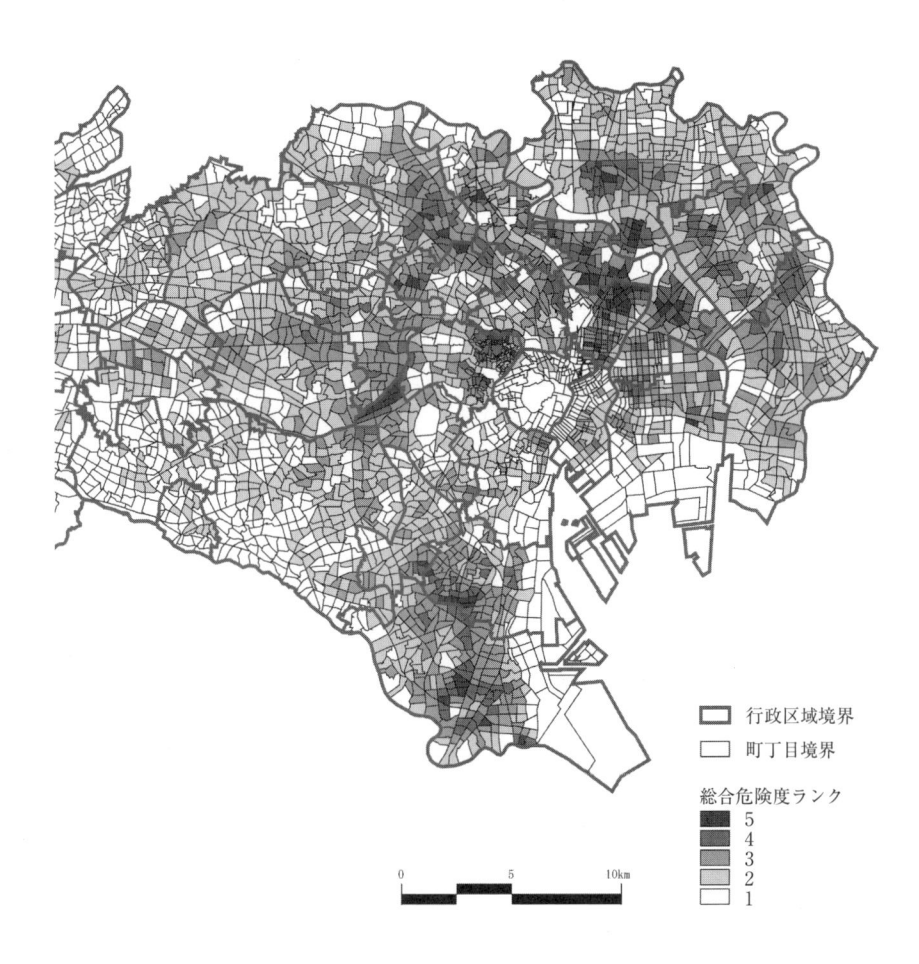

図3 東京都地域危険度調査結果（東京都都市整備局ホームページ（http://www.toshiseibi.metro.tokyo.jp）より）

所までの距離が長く，避難道路沿いに避難の障害となる要因が存在し，避難する人の数が多いほど高くなる．これらの評価を合わせて5ランクに分け"総合危険度"として，図3のように表している．都内5000あまりの全町丁目ごとに脆弱性が示されているので，同じ震度の地震に見舞われても予測される被害が場所によってそれぞれ違うことが示されている．

地震による危険のように広域にわたる場合ではなく，災害因となり得る海や河川，火山に隣接する場合のハザードマップも作られている．火山の噴火に備えたハザードマップを見ると，地震の場合と違って，比較的狭い範囲で過去の災害履歴をもとに作られているため，火砕流や噴石・降灰の範囲や土石流の予測される谷筋などが示されていて具体的でわかりやすい．しかし，想定したシナリオどおりに災害が発生するとは限らないし，時間的に変化する状況を1枚の地図に表現する難しさもある．

以上のような地方自治体など公的機関が作成したハザードマップとは別に，地元の住民たちがきめ細かな防災マップを作る動きがある．それには，危険な箇所が明記されているだけでなく，たとえば一人住まいの高齢者など災害時に手助けが必要な人たちの所在などが描かれるなど，防災上必要な情報が描き込まれている．

それらは，危険な箇所が明記されているだけでな

く，食堂など目印になる建物も描かれていて，非常時の防災にだけではなく，平常時にも利用できるコミュニティマップにもなっている．

地域で作成する防災マップの利点としては，地元の住民以外ではわからないような非常に細かな情報が書き込まれているという点がある．大まかなマップでは自分の住んでいるエリア全体の危険度しか判別できないが，このような細かな情報が書き込まれたマップであると災害が起きたときにどう行動するべきかを具体的に導いてくれる．神戸市のひよどり台団地では，防災福祉コミュニティという組織があり，その活動の一環として中学生の防災ジュニアチームが自分たちの地域の防災マップを作成している（写真2）．

また，こうしてできあがった防災マップそのものの有用性だけでなく，それを住民たちが作る過程で自分たちの居住環境を再点検するという行為そのものにも価値があるといえる．

しかし，一方で問題もある．それは，防災マップに含まれる救援に役立つ情報は悪用する人にとっても役立つ情報となることである．たとえば，一人暮らしの老人の住所が公開されると災害時に救援に行きやすいが，防犯の面からみれば逆に危険になってしまう．作られた防災マップの内容のうちどういった情報をどの範囲で公開するのか，といった慎重な検討が必要である．

▶2.2.3 直前通報のシステム

災害因となる事象が起きることが高い精度で事前にわかれば，それが直前の通報であっても，危険な場所から避難したり，走行中の列車や自動車を止めたり，水門を閉鎖したり，工場の操業を停止したりといった緊急対応が可能である．近年，ナウキャストとよばれる直前通報のシステムが，異常気象，地震，津波の対策に活用されつつある．ナウキャスト（nowcast）は予報（forecast）から作られた造語で，現在起こりつつある現象を報ずるといった意味である．

降水ナウキャストは，全国のレーダー網のデータとアメダスから得られる降水域の移動状況を合成して10分ごとに最新の降水量予測を1 km四方の範囲ごとに60分先まで予測するシステムである．急速に発達する雨雲の変化や移動をとらえて，局所的な豪雨による洪水や浸水などの被害を軽減する．この情報は気象庁のホームページから誰でも容易に入手できる．

地震については，「緊急地震速報」とよばれ，2006年から一部運用が開始された．

▶2.2.4 安否情報

日常の生活ではほとんど気にされないが，災害時に求められる重要な情報として，安否情報がある．安否情報は被災した地域の人々にとってだけでなく，被災地域外の人々にとっても重要な情報である．

大災害発生時は，安否確認，見舞，問合せなどの電話需要が爆発的に増加し，固定電話がつながりにくい状況が数日間続く．これは被災地の中継交換機に処理できる能力を越える通信が集中することにより発生する状態で，輻輳（ふくそう）という．この状態が続くと電話交換機自体が停止してしまう恐れがあるので，全国の交換機に対して"被災地の市外局番への接続量を制限する"トラフィック制御を働かせる．これにより警察や消防などの重要な通信が確保される．公衆電話は優先電話とされているので制御されず，私たちにも使用可能である．

伝言ダイアルサービスとIAAシステム

NTTグループでは，被災地への電話の集中を避けるため，災害時に限定してご利用可能な"災害用伝言ダイヤル"を提供している．被災地内と全国から被災地への電話回線は混雑するが，被災地から全国への発信回線は比較的余裕がある．安否等の情報はまず全国約50か所に分散配置した伝言蓄積装置

写真2 神戸防災ジュニアの活動風景

Ten rules to remember in an earthquake	地震の心得10ヶ条
Remember the following ten rules to keep a cool head and be calm in the event of an earthquake:	災害時に冷静に行動するための「地震の心得10ヶ条」を覚えてください．
Rule 1: Protect yourself and your family! The initial strong shakes of an earthquake last only for one minute or so. Get yourself under a sturdy table, desk, etc. to protect your head from falling objects.	**第1条　わが身と家族の身の安全！** 大きな揺れは，1分程度です．丈夫なテーブルや机などの下に身をかくし，頭を保護するようにしましょう．
Rule 2: Turn off gas, oil heaters, etc. the second you feel the earthquake, and should a fire break out, put it out quickly! Your quick action in putting out a fire will prevent a serious disaster. Make it a habit to switch off the gas, even in a minor earthquake.	**第2条　グラッときたら火の始末　火が出たらすばやく消火！** 火の始末が大きな災害を防ぎます．小さな地震でも火を消す習慣をつけましょう．

図4　英文による地震サバイバルマニュアル（東京都ホームページより）

に録音し，それを確認するには，電話でこの録音先にアクセスし，自分あての用件を再生する．

また，パソコンや携帯電話を利用したインターネットによる災害時安否確認システムとして，IAA（I am alive）システムがある．これは大きな災害が発生するたびに国際的なサイトが作られ，安否情報の登録と検索確認ができるシステムである．

▶**2.2.5　外国人に対する情報保障**

日本で災害が起きた場合，日本語の理解できない外国人は，災害情報が十分に伝えられないという意味で災害弱者といえる．

1995年の阪神淡路大震災では，多くの外国人居住者が被災したが，発災2週間後にはボランティアが韓国学園にミニFM局"FMヨボセヨ"を開局し，韓国・朝鮮語および日本語による震災情報と韓国音楽を放送して在日同胞を励ました．さらにベトナム人も，その多くが震災で公園や学校での避難生活を余儀なくされ，言葉の壁により大きな不安を抱えていた．そのベトナム人に必要な情報を伝え励まそうと，カトリック鷹取教会ボランティア救援基地の中にミニFM局"FMユーメン"が震災の約3か月後に立ち上げられた．このFMユーメンはベトナム語だけでなく，その後フィリピン人に向けたタガログ語・英語，南米人に向けたスペイン語，そして日本語の5言語で放送が行われた．震災半年後の7月には，ヨボセヨとユーメンは"FMわぃわぃ"として一つになり，震災1年後の96年1月，郵政省の認可を得てコミュニティFM局として正式に開局したのである．現在では中国語，ポルトガル語を加えた8言語で，生活・地域・行政情報などを地域在住の日本人，外国人に放送している．

また東京都などの自治体では，多言語ホームページで外国人の居住者に防災情報を伝えている．図4は，日本人ならば誰でも知っている地震防災の知恵などを英語によって伝えようとしたページである．英語のほか，中国語，韓国・朝鮮語によるページもある．

外国人に対する多言語での情報伝達などの場合，自治体などにいろいろな国の言葉を使える人がいるとは限らない．したがって，災害が起きた後の対応には，外国語のできるボランティアの役割が重要になる．2004年の新潟中越地震のときも，ボランティアと自治体とが協力して，外国人に情報発信活動を行った．こういった情報流通を支援する活動は，活動内容によっては，被災現地に赴かなくても，自宅からでも行うことができる．このような情報流通を支援する活動は，"情報ボランティア活動"とよばれている．

スマトラ沖地震津波では多くの海外からの旅行者が犠牲となったが，事情のわからないまま被害に遭った人も多かったと推測される．これを受けてわが

2.2　災害と情報

国では外国人にも理解可能な"津波注意","津波避難場所","津波避難ビル"の3種の図記号（ピクトグラム）が制定された．

2.3 災害と人間行動

私たちが災害に見舞われたとき，適切な行動をとり得るかどうかによって被害の大きさが左右される．技術的災害はその発生の原因自体が人間の行為に由来するのでその関連は明らかであるが，自然災害においても，行動の適不適が被害の大小にかかわってくる．

ここでは，災害の発生前における心理的・物理的備えの差異を生む要因，災害発生前後の事態の受止め方および避難時の行動特性，さらに災害からの復興期の活動について考える．

▶2.3.1 対策行動

「こうすればよいということはわかっていても，なかなか実行できない」．人間行動における一般的な傾向として，知ることと行動することの不一致がしばしばあげられる．地球環境を守るための環境調整行動について知識を得ることだけでは実際の行動に結び付かないことが，繰り返し示されてきた．では災害に備える対策行動についてはどうであろうか．災害に対する不安感が大きければ，それだけ災害に対する関心は高まるが，それがはたして実際に災害に備える行動に結び付くのだろうか．

これは"恐怖コミュニケーションによる説得"の有効性に関する研究と共通の課題である．たとえば，子どもに虫歯になるとどんなに痛いのかを親が教えたり，ヘビースモーカーに対して医師が肺がん発病の危険性を伝える，といった恐怖コミュニケーションと歯磨きや禁煙などの危険回避行動との関係を求める研究が行われている．その結果は図5に示すように，恐怖が増大すればそれだけ危険回避行動が増すという予想に反して，ある程度までの恐怖コミュニケーションは危険回避行動を増加させるが，恐怖があまり大きすぎると逆に行動をとらなくなる傾向があることを示している（池田，1986）．これを災害に対する行動に援用して考えると，強い恐怖感を与えて防災意識を高めても対策応行動を促す効果は望めないことを示唆している．テレビの災害関連番組やパニック映画の映像などメディアによる誇張された災害イメージは，特に子どもに対するマイナスの影響が懸念される．恐怖を感じながらも自分自身ではそれに対する対策を実行できないことによるストレスを与えかねないからである．

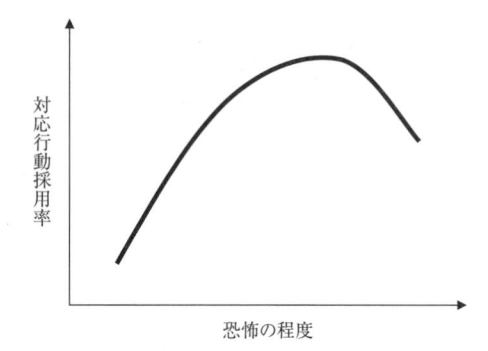

図5 恐怖コミュニケーションによる説得（逆U字型仮説，池田（1986）をもとに作成）

▶2.3.2 避難を遅らせる要因

住民が災害の危険性についての警告を受け取ってから避難実行に至るまでの判断プロセスには，(1) 情報の信憑性の確認, (2) 被害の重大性の予想, (3) 対応行動としての避難の実行可能性や有効性の評価，の3段階がある．これらがすべて肯定的に判断されてはじめて避難が行われる．

まず人は警報に接すると，その真偽をテレビやラジオなど，最初に受け取ったのとは別のルートで確認し，家族・知人と話し合って危険性について合意し認識を共有する．

次に，警報で伝えられるような被害に自分が本当に巻き込まれるかどうか，といった脅威の近接性，確実性，重大性について判断する．過去の被災経験がない場合には，後で述べる正常性バイアスによって被害を過小評価する傾向がある．ただし，災害の先行経験があっても，それによる被害が軽微であった場合は逆に被害を過小評価してしまう傾向もみられる．

そして最後の段階として，避難が実行可能かどうか，また避難することで危険が回避できるどうかについて評価する．台風や大雨など風水害ではなかな

か避難しないのは，避難途中での危険性への心配があり，とりわけ高齢者や病気の家族をもつ場合は避難所までの移動とそこでの滞在に対して大きな懸念を抱くためである．また，家族が一緒に行動できることが避難の重要な必要条件である．

a. 誤報効果

予知情報や警報が空振りに終わった場合，人々の信頼感が低下して，次の警報が無視されがちになる．警報が"おおかみ少年"の扱いをされてしまう誤報効果である．

この誤報効果に関してブレズニッツは，まず予防的対策として，警報の種類をより細分化することを提案している．警報が重大な内容で高い確率で災害が発生するとして発表されればされるほど人々に対応行動を促すのには効果的だが，それが誤報であった場合には，それだけ誤報効果が大きくなる．より低い確率から段階的に警報を発するようにしておけば，誤報であったことが早い段階でわかり早く発表できれば悪影響を小さくとどめることができる．

次に警報が空振りに終わった場合の信頼回復対策として，空振りに終わったある災害事象と将来警報が出されるかもしれない災害事象の区別が付けやすいよう，それぞれに名前を付けて細かく分類すること，さらに，警報が誤った原因やそれに至る経過について詳しく説明し，警報システムに対する人々の不信感を払拭することを提案している．

b. 正常性バイアス

私たちは身のまわりの環境に起きた急激な変化に対して，それを即座に異常だと判断して，危険を回避すべく速やかに行動できるかといえば必ずしもそうではない．むしろ過去の災害例を見ると，災害現場の多くの人たちが何らかの異変に気付づいていながら"異常な緊急事態である"と判断できなかった場合が多い．これは"正常性バイアス（normalcy bias）"または"正常化バイアス"とよばれるが，災害時に広く見られる人間行動の傾向である．

たとえば，突然鳴り出した火災報知器のベルを聞いて，実際にどれほどの人たちがすぐ避難行動を開始するだろうか．また，津波警報を聞いてもそれに反応して実際に避難する人の割合が非常に少ないことが問題になっている．2003年2月に韓国の大邱（テグ）市で起きた地下鉄火災では200人近い犠牲者を出したが，その事故の様子がVTRに記録されていた．それを見ると，駅で立ち往生した車内に煙が侵入しているにもかかわらず，そこでじっと動かず平常にもどることを待つ乗客の姿が映されていた．事故の全容がわかったあとからみれば，危機的な状況の縁に立っていたわけだが，その異常の重大さに気付かず，日常の生活の慣性力に引きずられた行動から抜け出せない傾向を如実に示した事例である．

c. 状況の再定義

私たちの日常行動を振り返ってみると，身のまわりの環境や出来事にすべて注意を払っているわけではない．環境からの情報の多くは，注意を払っている対象の背景として意識から後退して安定した行動の場を形成している．平常時においても，環境は一定ではなく常にある幅で変化しているが，それに対してはあまり意識することなく行動を調整して生活している．また時折やや大きな変化も経験する．たとえば強い雨が降り続いて家の前の道が一時冠水したり，がたがたと引き戸を揺らす小さな地震を感じたり，乗り合わせた電車が何かの故障で止まったりする．こういった事態は，過去に経験したことであり，今までもそうであったようにいずれ解消して平常にもどると考えてしまう．

目の前に現れた異変を日常的な変動の範囲内と解釈するこの傾向は，私たちの環境知覚の一般的な仕組みで説明可能である．U. ナイサーは，人が対象を認識する際には，人がもつ"予期図式"と対象から受け取る情報（接近したり見る角度を変えたりして得られるさまざまな情報）とを照合しているとした．この過程を意識することなく繰り返し，最終的に対象の正しい認知に至るとし，これを知覚循環と呼んだ．このモデルを援用すれば，目の前の状況がいかに異常であろうと，それを解釈するのにまず持ち出す予期図式は平常時のものであり，それによって認識しようとする．知覚循環の不整合を繰り返したあげく，最後に平常時の予期図式を放棄して危機的な状況を直視するに至る．こういった状況の中で支障なく行動するためには，平常時の予期図式をいったん放棄して"状況の再定義"をしなくてはならない．そして災害時の状況に合わせた行動を可能に

する新たな"創発規範（emergent norm）"を受け入れなくてはならない．

▶2.3.3 創発規範

"緊急事態だ"との認識に至ることを妨げている理由の一つは，それによって日常の規範から逸脱した行動をとることになることである．阪神淡路大震災に被災しながら，会社に定刻に出勤しようとした人が少なからずいたという．日常的な行動とは異なるルールに従う災害時の対応行動への切替えにはかなりの心理的抵抗がある．

日常の規範（ルール）では適応できない事態に対応する創発規範の一つにトリアージ（triage）という考え方がある．これは野戦病院で，緊急度によって傷病兵を治療する順序を決めたことから生まれたといわれ，一般に食料や援助などの限られた資源を分配する優先選別の意味で用いられる．災害時には平常時に比べてさまざまなサービスや資源が要求に応じられない事態となる．なかでも医療サービスは，多くの負傷者に対して医療施設の損傷や医療スタッフの確保困難による治療能力の低下により需給のバランスがくずれる．こういった事態のもとでは，平常時のように到着順に治療が受けられるというルールではなく，病院の入り口で医師が患者の緊急度によって振り分けを行い，一人でも多くの人命を救おうとするのである．

▶2.3.4 集合行動

ここで集合行動（collective behavior）とは，多人数の組織化されていない集団が相互に刺激し合うことによって生じる行動で，流行や社会運動なども含むが，災害発生時においては逃走的な群衆行動であるパニックや流言などがこれにあたる．

a．パニック

パニック（panic）は，危機に直面した各個人が，自分自身の安全のために他者の安全を無視する非合理的かつ無秩序な反社会的行動として，従来から災害時に被害を拡大する集合行動としてしばしば語られてきた．災害時にパニックが起きる条件として，(1) その場の多くの人が自分自身の生命に対する切迫した脅威の認識を共有していること，(2) 迫ってくる危険に対して自分の力では対抗できないとの無力感と恐怖感から逃走に駆り立てられること，(3) 脱出できる可能性はあるが，その脱出路が限られ絶たれつつあるとの認識から強い不安感を抱いていること，(4) 集団の社会的結び付きが希薄で，人々の間で正常なコミュニケーションが行われないこと，などがあげられている．

しかし，パニックのような極端な自己中心化への集合的退行は実際には非常にまれにしか起きない．近年の災害時の人間行動に関する調査研究によって，人々は上述のような条件下においてもパニックに陥ることなく，整然と退避行動を行うことの方がむしろ一般的な傾向であることが繰り返し示されている．そこでは，集団を導くリーダーが出現したり，臨時の暗黙のルールが作り出されて，婦女子，老人，障害者を優先的に非難させるなど整然とした退避行動がとられることが多いことが報告されている．

したがって，いたずらにパニックを恐れ，適切な情報の伝達を躊躇することこそ，問題である．1977年5月にアメリカ・シンシナティー市のサパークラブで発生した火災では，パニックを恐れた従業員が場内アナウンスで事態を過小に報知したため避難が遅れ，164人もの犠牲者を出す大惨事を招いてしまった．

では，なぜ災害時にはパニックが発生するといったパニック神話が一般に流布しているのだろうか．これに関して三上（1984）は，1981年10月に平塚市で発生した東海地震"警戒宣言発令"の誤放送の際に，「市内はパニック状態に陥った」と報じた大手新聞社の報道に対して，実際はそのような事実はまったく起きていないとの調査結果を示して，ジャーナリストが抱きがちな誤った"パニック"イメージの存在を指摘している．

b．流言

流言は真偽の明らかでない情報が主に口コミによって広く伝播してゆく現象で，誤った情報を意図的に流布させる"デマ"とは区別される．関東大震災のときに朝鮮人に関する流言が多発し，いわれのない迫害に発展したことはよく知られている．災害のたびに流言が発生するのは，情報ニーズに対して十分な情報が与えられないため，心理的な不安に起因

する憶測や，それに対する確認作業が連鎖することによって発生すると考えられる．

流言の流布を止めるには，信頼できる情報源（消防，警察，市役所，新聞社，マスメディア）から責任者が打消し情報を速やかに繰り返し伝達することが有効である．ただし，その際の表現が曖昧であると，誤解や曲解を生み新たな流言を流布させることになりかねない．流言の予防としては，日頃から災害についての正しい理解と，それに関する情報の理解力（リテラシー）を高めておくことが重要である．

c. 援助行動

災害時の悲惨な状況の中で，いつの時代でもまた世界中どこでも広く見られるのが援助行動である．災害発生直後には被災地に居合わせた人同士が運命共同体意識で強く結び合わされ，被害の軽い者が自分より重い人に手を差し伸べる．時間が経つにつれこういった個人的な援助は組織だった消防，警察，自衛隊などにその主体を移行する．そのなかで注目されるのが，多くの人命を救う初期段階での愛他的援助行動である．

日常の生活ではまれにしか見られない愛他的行動はどのようにして起きるのだろうか．バータルは，その過程を，(1) 異常事態で助けを求めている人に気付き，(2) 助けなければという心理的な緊張・興奮が高まり，(3) 自分が援助行動をとるべきかどうかの判断過程を経て，(4) 援助するか無視するか逃げ出すかといった行動が選択される，としている．この判断過程には，(a) 事態を把握するための定義づけ（いったい何が起きたのか），(b) その事態を招いた責任の帰属（本人の責任かどうか），(c) その事態に自分が介入した場合の利害（コストと報酬）の計算がかかわっているとした（宮田，1988）．この愛他的行動のモデルで災害時の援助行動を考えると，その判断過程において(a)は災害という原因が明白であり，(b)は被災者本人に責任がないのも明らかであるので，考慮すべきは(c)の介入した場合の利害（コストと報酬）のみとなる．災害時には，人的資源が限られているので，"誰か他の人が助けるだろう"などと無視したり，助けをよびに行くといった間接的な介入は困難な場合が多い．したがって，自分の傷害が軽いなど状況が許せば，直接援助行動をすることが多いと考えられる．

▶ **2.3.5 復旧・復興期における行動**

災害症候群とPTSD

災害時に大きな負傷もしないで危機的な状況を生き延びた被災者は，直後に安堵感からくるつかの間の喜び（災害後のユートピア）を感じるという．しかし，しばらくすると，恐ろしい体験の記憶や，災害で失ったものへの喪失感，そしてこれからの生活への不安，そしてより直接的に今までとは違う不便な生活から心身の不調を訴えるようになる．疲労感，頭痛，不眠や集中力の低下といった災害症候群は，数日から数週間続くが，やがてほとんどの被災者は回復する．

しかし，なかにはそのような症状が回復しないで，"心的外傷後ストレス障害（post-traumatic stress disorder：PTSD）"とよばれる精神障害に移行する場合がある．過酷で痛ましい体験が精神的外傷（トラウマ）となって，その後の生活にさまざまな障害を引き起こす．PTSDの主な症状としては，意識が過度に敏感になっている状態の"過覚醒"，心的外傷を受けた瞬間の情景がありありと再現（フラッシュバック）されて想起されてしまう"侵入"，そして過酷な体験の状況を思い出したくないために自分自身の興味や関心を無意識的に狭めてしまう"狭窄"がある（広瀬，2004）．災害後の物理的な構築環境の復旧・復興の進み具合は目に見える形で示されるが，被災者の心の傷は表面に現れないだけに，より注意深いケアが時間をかけて忍耐強く継続される必要がある．

▶ **2.3.6 災害経験の伝承と災害文化**

自然災害は，それに見舞われた個人からすると，たまたま不幸にして遭遇したものと受け止められるが，長期かつ広域にわたって見直してみると，決して偶然ではない統計的な必然性が明らかになってくる．

過去のさまざまな自然災害の事例を世界地図の上にプロットしてみると，特定の災害の発生しやすい地域がわかる．前述のように，技術的災害に比べて自然災害は広域に及ぶが，大きな災害が頻繁に発生

写真3　長崎県対馬厳原の防火壁

写真4　沖縄県石垣島の民家

する地域は限られている．そのような地域では，人々はそれがもたらす災害の経験を積み重ねることによって，社会の仕組みや暗黙のルール，ものの見方や行動規範，生活環境の整備技術など，災害による影響を最小限にするための知恵を長年にわたって集積してきた．この知恵の体系を"災害文化（disaster culture）"という．

災害文化の働きは，ハード面とソフト面から考えることができる．ハード面としては，防災的な建築およびまちづくりの技術や工夫，災害発生の予知・観測のための技術や施設の整備などがある．一方のソフト面としては，前兆を読む感性，的確な状況判断のための知恵，そしてそれに基づく迅速な対応行動などといった個人レベルと，防災意識を共有することによる社会的連帯，警報伝達，応急・復旧体制の整備などといったコミュニティレベルがある．

災害文化として継承された技術による建築やまちづくりの例を見てみよう．写真3は長崎県対馬の厳原町の防火壁である．度重なる市街地火災の経験から都市のインフラとして防火壁を設置し，区画することによって街を大火から守っている．この多大な努力の結晶は，今日まで貴重な歴史的建造物として残され，独特の町並みを形成している．この例のように，長年にわたる災害文化の技術伝承によって，それぞれの地域に特色のある豊かな表情をもつ景観が形作られ，今日ではそれがその街の財産になっている．

もう一つの例として，台風の常襲地帯である沖縄地方の耐風構造の家屋を見てみよう．写真4は，石垣島にある伝統的な住居で，屋敷のまわりを石垣とフク木の屋敷林で守り，低くおさえられた寄棟屋根の赤瓦は漆喰で固められている．門の内側にはヒンプンとよばれる自立壁がプライバシーを守ると同時に風除けにもなっている．家屋の南側は雨端（あまはじ）とよばれる深い土庇のある開放的空間である．庇の先端には雨端の柱があり，強風による吹き上げを押さえている（福島，1993）．

沖縄では家屋の構造といったハード面だけでなく，気象・海象に対する敏感な感覚や先人の知恵といった災害文化のソフト面も継承されてきた．雲の異常な見え方から台風の接近を予知し，海鳴りの方向によって台風のコースを予測して，住宅の風を強く受ける側を知って，そこを補強するなどの対策を行ってきた．また，海人（うみんちゅう）とよばれる漁師たちは，海の潮の満ち干などと密接に連動している陰暦を今日もなお使うなど，自然の動きを読むための先人の知恵を受け継いできた．

災害についての科学的な理解だけではカバーできない実際的な知恵の集積である災害文化は単に継承されるだけではなく，今日の環境と社会の急速な変化に対応して新たに育成する必要がある．

2.4　まとめ

大きな災害が発生した直後は，一時的に防災に対する関心は高まるものの，しばらくするとまた忘れられてしまう．いわゆる"災害経験の風化"である．構築環境の整備のおかげであまり災害を経験し

なくなったが，それだけに，災害の経験を風化させないためには努力がいる．災害の記憶と経験を継承するために慰霊碑や防災教育施設が各地に作られている．そういった場所で被害にあった日を記念して行われる慰霊祭などは，直接それに参加する人々はもちろんのこと，それについての報道を通して多くの人々の記憶を更新する大切な取組みである．

しかし，"災害は進化する"という言葉があるように，過去の同じ災害が繰り返されるばかりではない．災害の原因である自然現象そのものは変化しなくても，わたしたちの人間社会が変化し，多くの人々が集まって住むためにさまざまな技術によって支えられているので，発生する災害も進化し，新たなタイプの災害が発生する可能性がある．我々は常に災害の一定のリスクを背負って生活していることを認識して物心ともにそれに対して備えなくてはならない．

謝　辞

本章の「災害と情報」に関する部分については，神戸大学教授　大月一弘氏のご助言をいただき，また札幌市立大学助手　片山めぐみ氏には資料収集など本章の執筆に協力していただきました．ここに感謝の意を表します．

参考文献

安倍北夫ほか（編）：自然災害の行動科学，福村出版，1988.
池田謙一：緊急時の情報処理，東京大学出版会，1986.
石井一郎（編著）：防災工学，森北出版，1996.
鈴木康弘：ハザードマップの基礎知識．地理，**49**-9, 26-31, 2004.
林　春夫：いのちを守る地震防災学，岩波書店，2003.
廣井　脩：災害情報と社会心理，北樹出版，2004.
広瀬弘忠：人はなぜにげおくれるか―災害の心理学，集英社新書，2004.
福島駿介：琉球の住まい，丸善，1993.
防災まちづくり研究会編：防災まちづくりハンドブック，ぎょうせい，1988.
三上俊治：パニックおよび擬似パニックに関する実証的研究．東洋大学社会学部紀要，**21**, 155-202, 1984.
宮田加久子：災害時の援助行動．自然災害の行動科学，福村出版，1988.

3 リスク認知とコミュニケーション

3.1 地震災害問題における社会的・心理的側面

▶ 3.1.1 地震災害の確定性と不確実性

　地震による被害を最小化するためには，さまざまな方途が必要とされていることは論を待たない．構造物の耐震性を確保することはいうに及ばず，それぞれの地点で想定される地震動をあらかじめ把握し，それに対する構造的対策を講ずることも不可欠である．

　しかし，地震の被害を最小化するための技術がいくら前進したとしても，その被害を"消滅"させるほどに技術が進歩するとも考えられない．たとえば，いかに技術が進歩したとしても，いかなる地震にも対処しうる設計をすべての構造物に現実的な予算の下で施すことは不可能といって差し支えなかろう．そうである以上，我々は，地震の被害の可能性，つまり"災害リスク"を想定した社会を構築せざるを得ない．つまり，地震による被害を技術的に対処する術を探るばかりではなく，"社会的"に対処していく術を，我々は所持せねばならないのである．

　このことはすなわち，一定規模の構造物の被害や一定数の人命の損失があるということを"常時"想定しなければならない，ということを意味する．換言するなら，地震によって構造物が破壊し，社会の一部の人々が人命を落とすことを前提としつつ，各種の防災対策を検討していかなければならない，ということである．

　ここで，ある短期的な期間のみに着目すれば，地震が生ずるという事象は，"危険の可能性"すなわち"リスク"といえよう．しかし，一定期間以上の年数を想定するなら，それはすでに社会的な"リスク"ではない．例えば，平均的な地震の周期よりも十分に長い期間を想定するなら，その期間の間に地震が生ずることは"リスク"でも"不確実な事象"でも何でもない．それは**確実**な事象である．つまり，社会的，かつ，長期的な視点から考えるのなら，地震災害は，リスクというよりはむしろ，**確定的事象**なのである．

　以上の議論は，確率論を持ち出すまでもなく，当然の議論だといえよう．それ故，長期的・社会的な問題を取り扱う政府や行政においては，地震災害はリスクというよりもむしろ確定事象ととらえ，対策を講じていかなければならないのである．

　しかし，一般の国民・住民と，政府の防災担当者や災害リスクに関わる研究者（一般に，リスク専門家とよばれることが多い）との間には，災害リスクに対する認識に大きな乖離が存在する．この乖離は，これまでのリスクに関わる心理学（以下，リスク心理学）の研究の中で，繰り返し指摘されてきたところである (cf. 吉川, 1999；岡本, 1992)．すなわち，リスク専門家が重大な危機感を持って地震災害をとらえている一方で，一般の国民は必ずしもそのような危機感をもっているわけではない．こうしたリスクを孕んださまざまな事象に対する認識の相違についてはこれまでにもさまざまな議論がなされ，そして，その相違についてもさまざまなものが提示されてきているところである (cf. 吉川, 1999；岡本, 1992)．しかしながら，その相違の最も根元的な原因は，次に述べる"視点の相違"に求められよう．

　確かに，"社会的かつ長期的な観点"からは，地震災害は，確実な事象であるかもしれない．しかし，この確実な事象たる地震災害は，一人一人の"私的，

かつ，短期的な視点"から眺めた瞬間に"不確実"なものとなって立ち現れる．ある一人の個人が特定の場所に居住する期間のみを考えれば，その個人がその場所にて地震災害に遭遇するという事象は，"確実"な事象ではなく"不確実"な事象である．彼は，地震に遭遇して命を落とすかもしれないし，地震とは無縁に暮らし続けることができるかもしれない．すなわち，リスク専門家にとっては地震災害という事象は確定的事象である一方，一人一人の生活者の視点から見ればそれは"リスク"なのである．

▶ 3.1.2　人々の精神的構えと地震災害の大きさ

仮に，地震災害が"不確実"な事象であったとしても，万人がそうした事象を明確に意識し，それなりの対応を図るのなら，地震災害の問題は，それほど大きなものとはならないだろう．なぜなら，万人が地震災害のリスクを明確に意識している社会では，技術では対処しきれない地震災害の被害を，社会的に対処することが可能となるものと期待できるからである．

たとえば，我が家が崩壊してしまうような地震があるかもしれない，という精神的構えがあるなら，保険に加入するという対策を講ずることもできるし，住まいに耐震補強を施すこともできる．場合によっては，引越しすることもあるかもしれない．さらに，地震があるかもしれないという"覚悟"（あらかじめ起こりうることを悟り覚えておくということ）があるのなら，仮に事実そうなったとしても，精神的な被害，すなわち，心的外傷も一定水準以下に押さえられることであろう．つまり，地震に対する心的構えがあるなら，精神的にも，そして，物理的にも，被害は最小化され得るのである．

ところが，地震のことをまったく想像していなかった人々は，保険に加入することも，耐震補強を行うことも，ましてや地震のリスクのために引越しをすることも考えられないだろう．そして，地震の被害によってたとえば家が崩壊してしまえば，その心的外傷は，心的な構えをもった人に比べて何倍もの大きさとなるだろう．ましてや，肉親を亡くした人々においては，その心的外傷は甚大なものとなるだろう．そして，地震によって我が家が崩壊したという事実を，あるいは，肉親を亡くしたという事実を，長期にわたって受け入れられないという事態が引き起こされる傾向が強くなろう．

かくして，地震に対して心的な構えが十分にある人々と，ない人々においては，物理的にも，精神的にも，地震が及ぼす被害には大きな差が生ずることとなるのである．

何度も繰り返すように，技術をもってしても消滅しかねる地震の被害は，社会的に吸収していかざるを得ない．そして，社会的に地震災害の被害を吸収する術(すべ)の中でも最も重要とされるのは，社会を構成する一人一人が地震があるかもしれぬと構える精神を携えることにほかならないのである．一人一人にそうした精神的構えがあることで，地震によって引き起こされる被害を，物理的にも精神的にも最小化することが可能となるのである．その一方で，そうした精神的構えが人々に備わっていない状況では，地震災害はきわめて甚大なものとならざるを得ないのである．

▶ 3.1.3　地震災害問題における社会的ジレンマ

以上に論じたことを，もう少し論理的な枠組みを援用しつつ説明することとしよう．

すでに繰り返し指摘したように，地震災害は"長期的・広域的"な観点から見れば確定的事象であり，"短期的・私的"な観点から見れば不確実事象である．いうまでもなく，確定的事象に対しては，人々は適切に対処する．たとえば，"明日必ず泥棒がやって来る"ということがわかっている人々は，"明日泥棒が来るかもしれないし来ないかもしれない"と考えている人々よりは，十分な対策を講ずることは間違いない．

こうした自明の前提を踏襲すると，"長期的・広域的"な視点から，地震災害を確定事象ととらえている人々は，地震災害に対して何らかの対策を講ずる一方で，"短期的・私的"な観点から地震災害を不確実事象ととらえている人々は地震災害に対して十分な対策を行わない，ということとなる．

ここで，もし社会の中の全員が，"長期的・広域的"な視点から地震災害をとらえているのなら，その社会においては，人々は，自らの収入や時間の幾ばく

かをさまざまな地震災害対策にあてがうこととなろう．そしてその結果，その社会は"地震災害に強い社会"となろう．ところが，社会の中の全員が"短期的・私的"な視点から地震災害をとらえているのなら，人々はたいした地震災害対策を行わないだろう．換言するなら，防災対策には時間も費用も投資しないであろう．それ故，その社会は災害に対して非常に"脆弱な社会"となろう．

しかしいうまでもなく，実際に地震が生ずるか否かという事象は，人々がどのような視点をもっているかということとは無縁に生ずる．地震災害に脆弱な社会であろうと，地震が生ずるときは容赦なく生ずる．そして，社会が地震災害に脆弱である以上，その被害はきわめて甚大なものとなる．すなわち，地震災害が生ずる以前に，幾ばくかの投資によって地震に対する備えをきちんとしておけば，トータルとしての"出費額"は大きく抑えることができる．ところが，地震以前に地震災害対策に投資をすることを惜しんだ結果，トータルとしての"出費額"は甚大なものとなってしまうのである．いわば，地震対策への投資を惜しんだ"ツケ"が，後々回ってくるのである[1]．

このような地震災害を巡る問題は，一般に"社会的ジレンマ（social dilemma）"といわれる問題の一種としてとらえることができる（藤井，2003）．社会的ジレンマとは，現代のほぼすべての社会問題の根底に潜んでいる問題構造を指すものであり，次のように定義されている（藤井，2003）．

社会的ジレンマ：長期的には公共的な利益を低下させてしまうものの短期的な私的利益の増進に寄与する行為（非協力行動）か，短期的な私的利益は低下してしまうものの長期的には公共的な利益の増進に寄与する行為（協力行動）のいずれかを選択しなければならない社会状況．

すなわち，図1に示した"原点付近"の利得にしか配慮しない行動が非協力行動であり，原点以外の全領域の利得に配慮する行動が協力行動であり，それらの行動のいずれかを選択しなければならない社会状況が社会的ジレンマなのである．

たとえば，地球環境問題においては，人々が生活の利便を追求して自動車ばかりを使い，エアコンを無節操に使用するならば，結局は地球環境問題が生じ，結果的に万人が大きな被害を被ることとなる，という社会的ジレンマ問題が潜んでいる．あるいは，人々が無節操に限りある資源を消費し続ければ，そのうち資源が枯渇し，結局は社会全体が大きな損害を被るが故に，その問題は社会的ジレンマである．そして，地震災害問題においては，人々が地震災害のリスクを忘却し，地震災害に対する備えに一定の収入と時間を費やさなければ，"いつか，どこか"で"確実"に生ずる地震災害の被害は甚大となってしまう．ここに，平常時から一定の資源を防災対策に費やす行動が"協力行動"であり，そうした防災対策を何らしないという行動が"非協力行動"であるような社会的ジレンマが潜んでいるのである[2]．

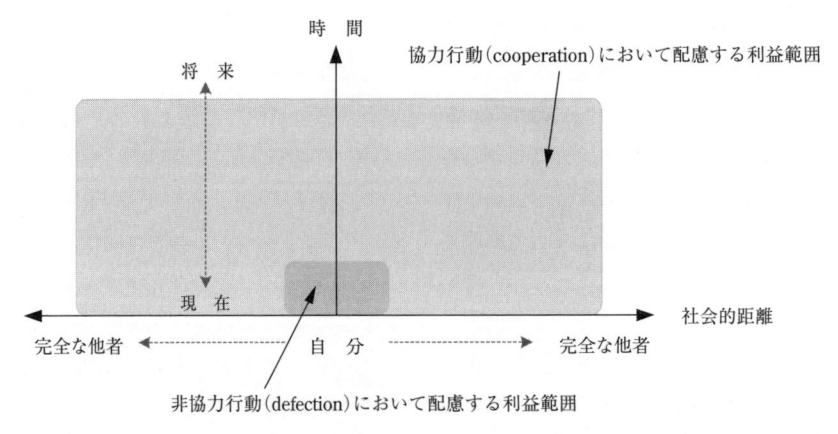

図1 協力行動と非協力行動で配慮される利益範囲（藤井，2003 より）

▶ 3.1.4　防災対策とリスク認知

さて，以上に述べた社会的ジレンマが問題であるのは，人々が"非協力的な行動"をとってしまうが故に，社会的・長期的な利得が大きく減退し，それによって，結局は一人一人の利得が減退してしまうからにほかならない．それ故，社会的ジレンマの問題を解消するには，非協力的な行動をとる人々が協力的に振る舞うようになる，という事態を期待することが不可欠である．

地震災害の社会的ジレンマに関していうならば，その問題を解消するには，一人一人が，地震災害に対しても備えを怠らないようになることを期待することではじめて，その問題の解消が期待できることとなる[3]．

さて，地震災害に対して備えるか否かを分ける決定的要因，それはいうまでもなく，人々の地震災害に対する認識である．すなわち，一般に，さまざまな"リスク"に対する主観的な表象は"リスク認知" (risk perception；楠見，2000；吉川，1999) といわれるが[4]，このリスク認知こそが，地震災害の問題において，人々が協力的に振る舞うか非協力的に振る舞うかを決定付けているのである．

ここに，"リスク認知"という概念は，たとえば楠見 (2000) によれば次のように定義されている．

リスク認知の定義：不確実な事象に対する主観的確率や損失の大きさの推定，不安や恐怖，楽観，便益，受入れ可能性などの統合された認識．

すなわち，リスク認知とは，人々がリスクを主観的にどのようにとらえているかを意味するものである．なお，一般に，"リスク認知が高い／低い"という表現が用いられることもある．例えば，"リスク認知が高い"とは，対象とするリスクに対する恐怖や不安などの程度が強いという事態を意味する言葉として使用されている．すなわち，リスク認知は，リスクに対する心的反応の"強度"を意味する概念としても用いられている．

さて，楠見 (2000) は，人々のリスク認知は"個人行動"に大きな影響を及ぼすことを指摘している．たとえば，人々が地震災害リスクを的確に理解していれば，保険加入や家の耐震設計などを行うこととなる．このような個人行動に及ぼす影響は，"市場"にも間接的な影響を及ぼすこととなる (楠見，2000)．たとえば，地震災害リスク認知を的確に理解する人々が増えると地震災害保険に加入する人々が増え，その結果，地震災害保険市場は大きな影響を受ける．また，多くの人々が耐震設計を志向するようになれば，住宅市場は大きな影響を受けることとなる．

さらに，リスク認知は，公共政策にも影響を及ぼすことが指摘されている (楠見，2000)．地震災害リスクを的確に把握している人々は，行政が行う各種の防災対策に対して肯定的な意見を形成することとなる．ところが，地震災害リスクを認知していない人々においては，防災対策の各種行政に反対の意見を形成するだろう．たとえば，技術的には実施可能だが，公共財源の制約の問題から施すことができないさまざまな構造的な防災対策を考えた場合，もしも，世論が防災に対して非常に肯定的な意見を形成しているのならば，防災対策により多くの財源を割くことができるだろう．その一方で，世論が防災対策に否定的なら，そのための財源も限定的なものとなる傾向が強くなるだろう．

こう考えるなら，地震災害を巡る社会的ジレンマを解消し，"災害に強い社会"を構築することを目指す場合において，人々の"リスク認知"の問題はきわめて重大な問題であるということができよう．

3.2　リスク認知の一般的性質と地震災害リスクについての一般的特徴

リスク認知に関しては，これまでのリスク心理学の中でさまざまな知見が積み重ねられてきている．すでに定義したように，リスク認知にはさまざまな側面が含まれている．ここでは，それらの中でもとりわけ中心的な側面として取り扱われてきた"恐ろしさ""未知性"ならびに"起こりやすさ"の三つについて論ずる．またそれとともに，地震災害リスク認知におけるそれら三つの側面における特徴を述べる．

▶ 3.2.1 リスク認知の2要因："恐ろしさ"と"未知性"

いうまでもなく，我々の社会の中のリスクには，地震災害以外にもさまざまなものが存在する．飛行機や自動車には事故のリスクが潜んでいるし，喫煙や食品，あるいは，携帯電話の利用にも健康上のリスクが潜んでいる．原子力発電には事故のリスクが潜んでいるし，さまざまな家電製品や医療品にもリスクが潜んでいる．これまでのリスク心理学研究では，これらの各種リスクに対して，人々がどのようなリスク認知を形成するのかについてさまざまな研究が進められてきている（岡本，1992）．

これまでの多くの研究では，それぞれのリスクに対して，"怖い－怖くない"，"制御できる－制御できない"，"観測可能－観測不可能"といったさまざまな形容詞の対を提示して，それぞれのリスクに対するイメージを測定するという実証研究が進められてきた．なお，測定に際しては，

怖くない ├──┼──┼──┼──┤ 怖い

という形で提示した目盛りのいずれかに○を付けることを要請する方法が一般的に用いられている[5]．このような形でさまざまなリスクに対して研究を進めた結果，人々のリスク認知は，

- 恐ろしさ因子
- 未知性因子

の二つの因子で構成されることが明らかにされてきている（Slovic，1987）．

ここに，"恐ろしさ因子"とは，"恐ろしくない－恐ろしい"，"制御可能である－制御不可能である"，"結末が致命的でない－結末が致命的である"，"リスク軽減が容易である－リスク軽減が容易でない"等の形容詞対の尺度から構成される因子である．一方，未知性因子とは"観察可能－観察不可能"，"接触している人が知っている－接触している人が知らない"，"科学的に不明－科学的に解明されている"といった形容詞対の尺度から構成されるものである．すなわち，恐ろしさ因子とは，"結末が致命的で，簡単にそのリスクを軽減することも制御することもできず，恐ろしい"と考える程度を意味するものであり，未知性因子とは，"観察できず，人々に知られておらず，かつ，科学的に解明されていない"と考える程度を意味するものである．

人々のリスク認知がこれら2因子から構成されるという考え方は，米国や日本，ハンガリー，ノルウェーといったさまざまな国と地域に適用され，その妥当性が確認されてきており，現在では，一般にこれらの2因子は，"スロヴィックの2因子"あるいは"リスク認知の2因子"とよばれている．

ただし，リスク認知に2要因が存在するということ自体は各国共通であるが，それぞれのリスク事象（すなわち，ハザード）に対するリスク認知は，国によってさまざまである．たとえば，"橋"に対するリスク認知については，日本では"未知性"は低いが米国では高い．あるいは，"遺伝子研究"に対するリスク認知については，日本では"恐ろしさ"は高いが米国では低い，等が報告されている（Kleinhesselink & Rosa, 1991）．

表1は，Kleinhesselink & Rosa（1991）が日本で得たデータから得られた結果に基づいて，特徴的な傾向が見られたリスクを改めてまとめ直したものである．表1に示すように，"恐ろしく，かつ，未知性の高いもの"としては，遺伝子研究やオゾン層破壊などが挙げられている．"未知性は低いものの，恐ろしいもの"としては，核関連のリスクが挙げられている．一方，"恐ろしくないものの，未知性が高いもの"には，家電製品が挙げられている．そして，"恐ろしくもなく，未知性もないもの"としては，喫煙やアルコール，オートバイが挙げられている．

Kleinhesselink & Rosa（1991）の研究では，地震災害リスクは考慮されていなかったが，藤井・吉川・竹村（2003）では，地震災害リスクを考慮した上で，また，複数の"事故"のリスクを対象として類似の調査が，日本の東京において行われている．なお，この調査では，未知性の中でも特に"科学的理解がなされているか否か"という側面のみが測定されている点が，Kleinhesselink & Rosaの研究との相違である．藤井・吉川・竹村（2003）の報告値を，表1と同様の形式でまとめなおしたものを，表2に掲載する．表1と表2においてともに掲載されているリスク事象（ハザード）は，原子力と家電製品（電化製品）である．原子力については，いずれにおいて

表1 "未知性"と"恐ろしさ"による日本におけるハザードの分類（Kleinhesselink & Rosa, 1991より）

	恐ろしさ 低	恐ろしさ 高
未知性 高	電子レンジ 家電製品 等	遺伝子研究 オゾン層破壊 等
未知性 低	喫 煙 アルコール疾患 オートバイ 等	核兵器実験 原子炉事故 放射性廃棄物処理 核廃棄物 等

表2 "科学的未知性"と"恐ろしさ"による日本におけるハザードの分類（藤井・吉川・竹村, 2003より）

	恐ろしさ 低	恐ろしさ 高
科学的未知性 高	交通事故	地 震 テ ロ
科学的未知性 低	食品事故 電化製品事故	医療事故 原子力発電事故

表3 日本における各ハザードの"科学的未知性"と"恐ろしさ"の順位（藤井・吉川・竹村, 2003より）

	恐ろしさ	科学的未知性
原発事故	1位	6位
テ ロ	2位	1位
地 震	3位	3位
医療事故	4位	5位
交通事故	5位	2位
食品事故	6位	4位
電化製品事故	7位	7位

も未知性が低いが恐ろしさが高いリスク事象として分類されている．一方，家電（電化）製品については，表1，表2のいずれにおいても恐ろしさが低いリスク事象として分類されているが，未知性については相違が見られている．ただし，先述のように未知性の測定尺度が相違することから，この相違はそれに基づくものであるとも考えられる．

さて，表2より，食品や電化製品といった日常的に触れているリスクについて科学的未知性も，恐ろしさも低いものと認識されていることがわかる．ただし，交通事故については，恐ろしさは低いものの，科学的未知性は高いものとして認識されている．一方，医療と原子力発電の事故は，科学的未知性は低いものの，恐ろしいものとして認識されていることがわかる．そして，地震は，テロと同様に，恐ろしく，かつ，科学的にも未知なるリスクとして認識されていることが示されている．

ここでさらに，表3に，表2と同じデータを用いて得られた，各リスクの科学的未知性と恐ろしさの順位を示す（すなわち，表3は表2と同様の情報を，より詳細に提示したものである）．この表によると，地震は恐ろしさも科学的未知性も3位という結果となっている．ここで，恐ろしさで地震より上位であるテロと原子力発電に着目すると，テロについては恐ろしさも科学的未知性も非常に高い水準となっている．ところが，原子力発電については，恐ろしさは最高水準であるが，科学的未知性は非常に低い水準となっている．

以上より，

(1) 分類上，地震災害リスクは恐ろしく，かつ，未知なるものと見なされている
(2) ただし，恐ろしさについても未知性についても，その水準は最高水準に高いというものとはいいがたく，"どちらかといえば，恐ろしく，未知なるものと思われる"という程度に認識されている

ということがわかる．すなわち，人々は，地震災害リスクに対して，最高水準とはいえないものの，"ある程度の水準のリスク認知"を形成している，ということがわかる．

▶ 3.2.2 起こりやすさ

"リスク"に関するさまざまな研究の中でも，人々の"認知的側面"を取り扱う認知心理学では特に，"主観的な起こりやすさの程度"についてさまざまな研究がなされてきた．人々が不確実な事象に対して，どのような心的表象（mental representation）をもつのかに関しては，これまでにもさまざまな理論が提案されており，最も一般的なものは"主観確率"である．ただし，主観確率以外にも，ファジー理論や可能性理論など，不確実性についての心的表象についてはさまざまな理論が提案されている．ただし，"主観確率"を想定した場合，"客観的な確率"との対応関係を把握することが容易であることから，リスク研究では"主観確率"が用いられることが多い．

さて，ここでは不確実性についての心的表象の数理的理論の詳細については他著（Beyth-Marom,

1982；Zadeh, 1965；Walley, 1991) に譲り，被験者に直接"起こりやすいか否か"を尋ねた結果に関して述べる．

表4に，藤井ほか（2003）の調査で報告されている，種々のリスクの"起こりやすさ"の順位を示す．表4に示した種々のリスクの中で，最も起こりやすいと考えられているリスクは"交通事故"であり，それに"食品事故"，"医療事故"と続いている．一方，最も生じにくいと考えられているリスクは"テロ"であり，次いで"原発"，"電化製品事故"と続いている．そして，地震災害リスクは，これらのちょうど真ん中の順位となっている．

すなわち，地震災害の主観的な起こりやすさは，少なくとも日本においては，種々のリスクの中でも中程度のものと見なされているようである．

表4 日本における各ハザードの"起こりやすさ"の順位（藤井・吉川・竹村，2003より）

	起こりやすさ
交通事故	1位
食品事故	2位
医療事故	3位
地　震	**4位**
電化製品事故	5位
原発事故	6位
テ　ロ	7位

▶ 3.2.3　リスク認知の規定要因

以上のデータより，地震災害は，どちらかといえば"恐ろしく，かつ，未知なるリスク"に分類されるものではあるが，あくまでもそれらは"どちらかといえば"という水準に留まるものであることが示された．そして，"起こりやすさ"についても，さまざまなリスクの中で"中程度"の水準のリスク認知が形成されているということがわかった．具体的には，地震災害に対しては，電化製品の事故や交通事故に比べると高いリスク認知が形成されているものの，食品，医療や原発といったリスクよりは低い水準のリスク認知しか形成されていないようである．

このようなリスク認知の高低は，どのような要因によって規定されているのであろうか．ここでは，以上に述べた"恐ろしさ"，"未知性"，"起こりやすさ"のそれぞれの規定要因に関して，既往の心理学研究で明らかにされている知見をとりまとめることとする．なお，表5には，それぞれのリスク認知の要因をとりまとめる．それとともに，地震災害リスクの特徴も，同じく表5にとりまとめた．

a. 生起確率に関するさまざまなバイアス

まず，リスク認知の中でも，とりわけ生起確率（起こりやすさ）の認知については，さまざまな研究がなされている．いうまでもなく，生起確率の認知は，客観的な生起確率に依存している．しかしながら，一般の人々は，客観的な生起確率を的確に理解しているとは考えがたい．すなわち，主観的な生起確率の推定値には，客観的な確率からの乖離，あるいは"バイアス"が存在するのである．その"バイアス"の要因には，次のようなものがあることが知られている．

（1）微小確率の過大推計と高確率の過小推計

滅多に生ずることのないリスク，たとえば，1%のさらに1/100といった小さな確率を推定する場合，人々が一般に実際以上に"過大"に確率を推定する傾向をもつ．その一方で，比較的確率の高いリスクに対しては，確率を過小に評価する傾向を持つ (Kahneman & Tversky, 1979；Lichtenstein, et al., 1978)．たとえば，がんや心臓疾患，あるいは，自動車事故といったリスクの生起確率は過小評価され，ボツリヌス菌中毒や飛行機事故などの滅多にないリスクの生起確率は過大評価される．なお，このバイアスは，確率推定バイアスの中でも最も基本的なものとして特に"一次バイアス"とよばれており，以下の（2）以降に述べる"二次バイアス"と区別して呼称されている (Lichtenstein, et al., 1978)．

（2）対象事象との接触

当該のリスクに何らかの形で接触した経験があった場合，生起確率が過大に評価される (Lichtenstein, et al., 1978；Tversky & Kahneman, 1974)．たとえば，自らが地震の被害にあった経験がある人や，知合いが地震の被害にあった経験をもつ人は，そうでない人々よりも地震の生起確率を過大に評価する．なお，間接的な接触よりも直接的な接触（すなわち，自らの経験）の方が一般に過大評価の程度は強い．

（3）マスコミ情報量

当該リスクに関するマスコミ情報に接触する

表5 リスク認知の規定要因と各リスク事象の特徴

リスク認知項目	リスク認知の要因	概要	地震災害	狂牛病	自動車	原発
生起確率（起こりやすさ）	確率の微小さ	微小確率は過大推計を導く．なお高確率の場合は過小推計をもたらす（一次バイアス）．	○	◎	△	◎
	対象事象との接触	個人的な経験があれば過大推計．経験した知人がいても過大推計の傾向あり．	○	×	◎	×
	カタストロフィー性	対象事象が生起したときの被害が甚大だと，過大推計．	○	△	×	◎
	マスコミ情報量	マスコミにて提供されている情報量が多いと，過大推計．	◎	◎	×	◎
恐ろしさ	非便益性	そのリスクに接触することで得られる便益が大きい場合，あるいは，そのリスクから回避することの費用が大きい場合，恐ろしさが小さくなる．	×	○	×	△
	制御不可能性	人為によって制御できないリスクの場合，恐ろしさが上昇．	◎	○	○	◎
	受動性	自ら進んで接触するリスクは恐ろしさが小さくなるが，受動的なリスクは恐ろしさが高くなる．	◎	○	×	◎
	カタストロフィー性	上に同じ．	○	△	×	◎
未知性	科学的無理解性	科学的に解明されていると感じると，未知性は軽減される．	△	○	△	×
	新規性	新しいと未知性は向上．	×	◎	×	◎
	観測不可能性	被害が及ぶ過程が観測しづらいものほど，未知性が高い．	◎	◎	×	○
	接触者非認知性	そのリスクにさらされている人々が，そのリスクの存在を知覚していない，と感じると，未知性が向上する．	×	◎	×	×

◎強く該当する，○該当する，△少し該当する，×あまり該当しない．

頻度が高いほど，生起確率が過大に評価される（Lichtenstein, *et al.*, 1978；Tversky & Kahneman, 1974）．すなわち，マスコミで頻繁に取り上げられるリスクについては，人々が高い生起確率を推測することとなるのである．例えば，狂牛病やエイズなど，頻繁にマスコミ報道がなされたリスクについては，生起確率を過大に評価する傾向にある．

(4) カタストロフィー性

当該リスクが実際に生じた場合に生ずる被害（カタストロフィー性）が大きいほど，生起確率が過大に評価される（Lichtenstein, *et al.*, 1978）．例えば自動車事故のように1回あたりの死亡者数が限られているリスクよりは，飛行機事故のように一回あたりの死亡者数が多いリスクの方が，過大に確率を評価されることとなる．

b. "恐ろしさ"因子の規定要因

あるリスクを"恐ろしい"と感ずる要因には，さまざまなものが挙げられる．その代表的な要因をいくつか以下に示す．

(1) 便益性

当該リスクを受け入れる（受容する）ことで得られる利益が大きい場合，そのリスクの恐ろしさが軽減される．例えば，自動車は便利な乗り物と認識され，使用されていると，自動車事故のリスクがたいして怖くなくなる．一方，核関連施設や遺伝子研究などのように，一見して便益がわかりにくいリスクに対する"恐ろしさ"は大きなものとなる．なお，地震災害のような自然災害を"受容しない"ためには，災害のない地域に引っ越す以外にほぼ方途はなく，かつ，そのための費用は大きい．このことは，自然災害を受容するための"便益"が大きいことを意味している．それ故，概して，地震災害を含めた自然災害のリスクに対する"恐ろしさ"はさして大きくない．地震災害のカタストロフィー性（被害の甚大さ）が大きく，制御不可能性が高い割に，原発事故やテロよりは恐ろしさが低い（表3参照）主たる理由は，この点に求められるものと考えられる．

(2) 制御不可能性

当該リスクを制御できると認知すれば恐ろしさは軽減される一方，制御できないものと見なされれば，恐ろしいリスクと認識される傾向が強くなる．電子機器や食品のリスクは，人為によって制御可能である一方，地震災害は人為によって制御不可能である．それ故，電子機器や食品等よりも地震災害の方が"恐ろしい"と認識される傾向にある．

(3) 受動性（非能動性）

当該リスクの被害が受動的である方が能動的である場合よりも"恐ろしさ"が大きくなる．例えば，自動車の事故のリスクは，わざわざ自分から進んで"能動的"に接触するリスクであるため恐ろしさは小さい．しかし，原発事故やテロや医療事故，あるいは地震は，自動車事故リスクのように自ら進んで触れるリスクではなく，受動的なものである．それ故，それらのリスクは恐ろしいと感じられる傾向が強い．

(4) カタストロフィー性

恐ろしさは，被害の"期待値"に比例するのではない．むしろ，そのカタストロフィー性，つまり"リスク事象が実際に生じた場合の，実際の被害の大きさ"に比例する．例えば，自動車事故による死者数は，年間1万人弱程度であり，航空事故による死者数よりも桁違いに多い．そして，事故に遭遇する確率を乗じた期待値の観点からも自動車の方が"より危険"なリスクである．ところが（すでに，前項で指摘したように），自動車の場合には1回あたりの死亡者数は限定的である一方で，航空事故では場合によっては死者数が数百人にも及ぶため，航空事故の方がより"恐ろしく"感じられることとなる．なお，この要因は，前項に述べたように，確率推定においても過大評価を導く要因である．

c. "未知性"因子の規定要因

次に，"未知性"の代表的な要因を述べる．

(1) 非科学的理解性

対象リスクが科学的に理解されている場合（たとえ，自らがそれを科学的に理解していなくても），"未知性"は軽減する．表2に示したように，電化製品，原発，医療など，人間が管理するリスクの方が，科学的理解が高いと認識される傾向が強い．

(2) 新規性

新しいタイプのリスクの方が，未知なるリスクとして認識される傾向が強い．その点，地震は昔から知られるリスクであり，その意味における新規性は低い．一方で，狂牛病や環境ホルモンなど，現代になって突如として社会的に認知されるようになったリスクに対しては，高い新規性が知覚される．

(3) 観測不可能性

交通事故や火災などのリスクは，危険事象を目視し，観測することができる．しかし，携帯電話における電波，電子レンジからの電磁波のリスクは容易に観測することができず，それ故，高い未知性が知覚される傾向にある．

(4) 接触者非認知性

接触しているおおよその人が，そのリスクの存在を知っている（と思っている）場合，未知性は低くなる．しかし，リスクの存在を知らずにその対象に接触していることを知った場合，高い未知性が知覚されることとなる．たとえば，狂牛病や環境ホルモンがマスコミ等で社会的に大きく騒がれた一つの原因が，この接触者非認知性に求められる．すなわち，通常触れている牛肉やプラスチックには，実は危険な要素が含まれていたのだと知ることによって，高い未知性を知覚することとなったのである．

d. 地震災害リスクの特徴

表5には，地震災害リスク，ならびに狂牛病，自動車，ならびに原発のそれぞれのリスクの特徴を示した．この表の見方は，例えば，生起確率の過大推定を導く"確率の微小さ"に最も該当する（◎）のが狂牛病と原発で，地震災害もそれに該当する（◯）が，自動車はあまり該当しない（△），というものである．

さて，この表より，生起確率については，いずれのリスクもある程度過大に推計される要因が存在することがわかる．ただし，恐ろしさについては，自動車事故はあまり高い水準とはならないだろうことがわかる．その一方で，地震災害，原発や狂牛病はいずれも，人に恐ろしいと感じられる理由を強くもっていることがわかる．この結果は，表2，表3に示した藤井ほか（2003）の知見と共通するものといえる．

未知性に関しては，自動車事故が高い水準となる

理由はあまりないものの，狂牛病は人々に強烈に未知なるものと認識される可能性が高いリスクであることがわかる．一方，地震災害リスクは自動車よりは未知性は高いが，その水準はあまり高くないであろうことが予想される．なお，表2，表3に示した藤井ほか（2003）の結果は，未知性の中でも特に"科学的無理解性"のみを測定した結果であったことから，それ以外の未知性の要因を想定すると，地震災害リスクの未知性はさして高くないものと考えられる．

以上より，地震災害はやはり，"恐ろしい"もののあまり"未知性"は高くないリスクであると人々に認識されているであろうと考えられる．

3.3 安全対策に対する意識

以上，リスク認知の中でも特に基本的な因子である"恐ろしさ"，"未知性"ならびに，主観確率に対応する"起こりやすさ"に関して述べたが，ここでは，個々のリスクに対処するための"安全対策"に関する意識について述べる．ここで特に取り上げるのは，安全対策に対する"信頼"と"重要性"である．

▶ 3.3.1 安全対策についての信頼

リスク認知研究の中でも，近年においてとりわけ重視されるに至った因子が，"リスク専門家"に対する"信頼"である．ここに，リスク専門家とは，たとえば原子力発電のリスクの場合には，原発に関する科学的研究者や原発を管理する職員，あるいは，それに関連した行政などを指し，地震災害リスクの場合には，地震に関する研究者，防災に関わる行政官等を意味する．たとえば，地震災害リスクの"専門家"がさまざまな情報を提供しても，その情報を人々が"信頼"していなければ，その情報は人々のリスク認知やリスクについての知識に何ら影響を及ぼすことはないであろう．あるいは，耐震設計に対する信頼や，防災行政全般に対する信頼など，さまざまな次元において"信頼"は重要な役割を担う．特に，後に詳しく述べる"リスクコミュニケーション"において，専門家に対する人々の信頼はきわめて重要な役割を担う．

ここで，図2に，近年の社会心理学を含めた社会科学における信頼研究の中で標準的に受け入れられている信頼の分類図を示す（山岸，1998）．この分類は，一口に"信頼"とよばれるものの中には多様な要素が含まれていること，そして，その要素は階層構造をなしていることを示している．以下，この図で示したさまざまな要素を一つずつ述べていくこととしよう．

a. 広義の信頼

まず，広義の信頼とは，我々の日常会話でいうところの信頼，すなわち"信じて頼ること（広辞苑）"を意味するものである．例えば，地震災害リスクの場合には，専門家が提供する情報が正しいと認識したり，あるいは，人々が専門家の耐震設計が十分であると認識したりする傾向を意味する．

b. 能力についての信頼／意図についての信頼

こうした広義の信頼は，能力についての信頼と意図についての信頼の二つから構成される．ここに意

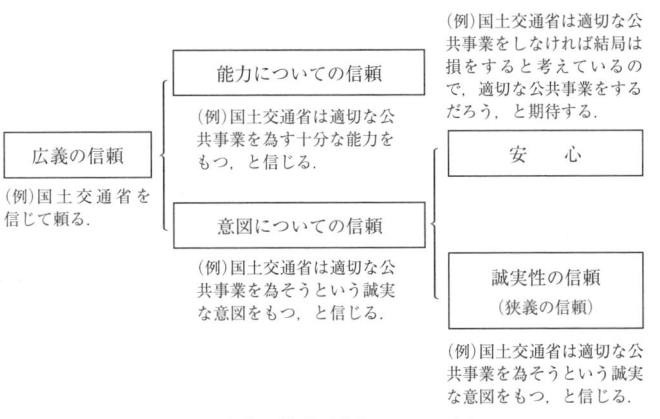

図2 信頼の構造（藤井，2005より）

図についての信頼とは，"私が相手を信じて頼れば，相手はそれに応えようとする意図をもつであろう"と信ずることを意味し，能力についての信頼とは"私が相手を信じて頼れば，相手はそれに応えるほどの能力を持つであろう"と信ずることを意味している．たとえば，専門家は十分な耐震設計を施す"能力"を持っているだろうと考える傾向が"能力についての信頼"である一方で，専門家は耐震施工を十分に施そうという"意志"を持つだろうと考える傾向が"意図についての信頼"である．この両者が独立な変数であるのは，たとえば，次のような状況を想像すればよいであろう．すなわち，"耐震施工を行おうとする（意志）があるにもかかわらずその（能力）はないだろう"と考えることも，"耐震施工を行う（能力）をもっているにも関わらず，その（意志）はないだろう"と考えることもいずれも可能であろう．すなわち，"広義の信頼"を獲得するには，"意志"と"能力"の双方についての信頼を獲得することが必要なのである．

c. 安心と誠実性の信頼

さて，意図についての信頼は，さらに"誠実性の信頼"と"安心"とに分類される．ここに，誠実性の信頼とは，

「この人は誠実であり，それ故，私の信頼に応える行為を為すであろう」

と信ずることを意味する．しかし，我々は，相手の意図を信頼するとき，その原因を相手の"誠実性"のみに帰着させるわけではない．次のような場合においても，我々は，その他者の意図を信頼することができるだろう．

「この人は，私の信頼に応えなければどういう不利益が自らに降りかかるかを知っている．そうであるからこそ，私の信頼に応える行為を為すであろう」

これが"安心"と定義される心的要因である．

ここで述べている"安心"を理解するには，いわゆる"もちつもたれつ"の関係を想定するのがわかりやすいだろう．たとえば，ビジネスにおいて"もちつもたれつ"の関係がある業者同士であるなら，一方が一方を裏切れば，両者の間の共栄関係が崩壊し，結局は裏切った方も損をしてしまうこととなる．

そういう間柄がある場合には，相手の"誠実性"など一切信じてはいない場合ですら，"裏切ることはない"と信ずることができる．なぜなら，裏切ればお互い損をするということを相手は知っているだろう，それ故に裏切ることはないだろう，と予期できるからである．このような，利得に関する構造的関係性の中から立ち現れるものが，"安心"である．

このように，誠実性の信頼と安心の違いは，相手の協力的な振舞いの原因が何であるかの認識の違いである．誠実性の信頼とは，相手の"内面的な誠実性"こそが，その原因であると信ずることである．そして，安心とは，他者の行動を規定する"外部的な利得構造"こそが，その原因であると信ずることである．

ここで，"安心"を獲得するためには，例えば，信頼を裏切るようなことがあるか否かを"監視"することも必要であるし，また，監視によって"裏切り行為"が発覚すればそれを処罰するためのシステムを整備しておくことが必要となる．無論，監視するにも処罰するにも一定の"コスト"が必要とされる．ところが，"誠実性の信頼"の場合には，そうしたコストは一切不要となる．その意味で，"誠実性の信頼"が存在する場合には，社会的な費用が大幅に縮減されることとなる．ところが，"誠実性の信頼"が不在の状況では，"意図についての信頼"を獲得するためには，監視と制裁のためのシステムを構築し，それを維持することが必要であり，結果的に，大きな社会的費用が必要とされるのである（藤井，2006）．

d. 安全対策に対する信頼の水準

表6に，藤井ほか（2003）で報告されている日本国内での調査における，いくつかのリスク事象における"安全対策"に対する信頼の水準についての結果を示す．

この表6に示されるように，日本国内では，テロ対策に対する信頼度が最も低いようである．それについで低いのが，食品事故と医療事故である．ここに，このデータが得られた2002年当時には，海外における大規模なテロ事件，乳製品企業の食品偽装事件や，医療ミス事件などが，新聞やテレビにおいて幾度となく取り上げられており（藤井ほか，2003

表6 日本における各ハザードの"重要度"と"信頼度"の順位（藤井・吉川・竹村，2003より）

	重要度	信頼度
原発事故	2位	2位
テロ	6位	7位
地震	**4位**	**4位**
医療事故	1位	5位
交通事故	5位	3位
食品事故	3位	6位
電化製品事故	7位	1位

参照），そうした報道が，これらのリスク事象の安全対策についての信頼度に影響を及ぼしている可能性も考えられる．逆に，安全対策で高い信頼を得ているのが，電化製品と原発，そして交通事故であった．そして，地震災害リスクに対する安全対策は，これらのリスク事象の中でもちょうど中位程度の信頼を得ていることがわかる．

e. 信頼の非対象性の原理

すでに先に示唆したように，マスコミ報道は，"信頼"に重大な影響を及ぼすことが知られている（Slovic, 1993）．たとえば，藤井ほか（2003, 2004）の研究では，原子力発電所の信頼の水準に，"ネガティブイベント"が及ぼす影響を及ぼしていることを明らかにしている．ここに，ネガティブイベントとは，リスクの信頼性を傷つけるような事件を意味する．藤井ほか（2003, 2004）では，2002年の9月に報道された東京電力の"炉心シュラウドひび割れ隠蔽事件"によって，原子力発電の安全対策に対する信頼度が有意に低下し，しかも，1年が経過した後にも，その水準は回復していないことを明らかにしている．

このように，"信頼"には，それを構築するのに長い時間が必要とされる一方で，たった一つの事件で容易に崩壊してしまう，という性質がある．この性質は，一般に"信頼の非対象性の原理"（Slovic, 1993）とよばれている．

こうした非対象性が存在する根元的な理由は，ポジティブな事象とネガティブな事象に対する人々の心理的なインパクトの相違に求められる．従来の認知的心理学的研究より，人々は一般にネガティブな事象の方が，ポジティブな事象よりもより大きな影響を受けることが知られている（Kahneman & Tversky, 1979）．したがって，ネガティブな事象について報道があれば，ポジティブな事象についての報道よりも，人々はより注意を向け，そして，より長く，強く記憶することとなる．そして，そうした心理的機構をもつ人々を対象に新聞やテレビプログラムを提供する（あるいは売りさばく）報道機関も，人々があまり関心を示さないポジティブな側面よりも，人々がより大きな関心を向けるネガティブな側面を強調した，いわば"センセーショナル"な報道を繰り返すこととなる（Covello, Slovic & Winterfeldt, 1988）．それによって，一般の人々は，さらにネガティブなイベントにより強い関心を向け，より長く，強く記憶することとなる．こうした一般の人々とマスコミとの間の循環の存在故に，いったんネガティブイベントが生ずると，信頼は一瞬で崩壊する一方，すぐには回復しないという事態が招かれるのである．

▶ 3.3.2 安全対策の重要度

"リスクに強い社会"を築くためには，それぞれのリスクに対する安全対策を，人々が"重要である"と認識することが前提条件であろう．安全対策をあまり重要視していない社会においては，社会の誰もが個人的な安全対策をとろうとはしないだろうし，公共政策としての安全対策の必要性を感じず，そのために税金を投入することを支持することはないだろう．すなわち，人々が，安全対策を重要視しなければ，3.1.3項で述べたような，リスクを巡る"社会的ジレンマ"の問題が生じてしまうこととなるのである．

a. 各リスクの安全対策についての重要度

表6に，藤井（2003）の調査で得られた種々のリスク事象に対する安全対策の「重要度」の順位付けデータを示した．表6より，医療事故や原発事故，食品事故の安全対策の重要度が高い一方，電化製品事故，テロや交通事故，については重要度は低いことがわかる．そして，地震に着目すると，同じく表6に示した信頼度と同様，7項目中4位と，中程度の水準であることがわかる．すなわち，信頼度と同じく，重要度もいずれも"そこそこ"の水準であるのが，地震災害に対する意識のようである．

b. 安全対策の重要度の一般的な規定要因

各々のリスクの安全対策の重要度は，どのような要因で規定されているのだろうか．

この点についてはまず，すでに楠見（2000）の指摘として3.1.4項にて論じたように，安全対策の重要度の重要な規定因は，前節で述べた"リスク認知"をあげることができる．もし，人々が当該のリスクを"恐ろしく"かつ"未知なるもの"と認識しているのなら，その安全対策を求める傾向は強くなることが予想される．

また，"起こりやすさ"も，安全対策の重要度を上昇させる重要な要因であると予想される．頻繁に生ずるリスクであるのなら，安全対策を施しても，無駄とはならない可能性が高くなる．一方で，滅多に生じないリスクであるのなら，仮にそれが恐ろしく未知なるものと認識されていたとしても，その安全対策を求める傾向は小さくなることが予想される．

さらに，安全対策に対する"信頼"も，重要な要因となるものと考えられる．人々が安全対策を信頼していなければ，それをより適切なものとするための努力が必要だと感ずるようになると思われる．

以上をとりまとめると，図3となる．

以上の因果仮説を検定するために，藤井ほか（2003）で得られているデータを用いて重回帰分析を行った結果を表7に示す．なお，この重回帰分析では，それぞれの"リスク事象"の固有性を考慮するために，最も重要度が低かった電化製品事故を基準とした，ダミー変数を導入した．

表7より，恐ろしさ，起こりやすさ，信頼はいずれも重要度の有意な要因であることが示唆された．

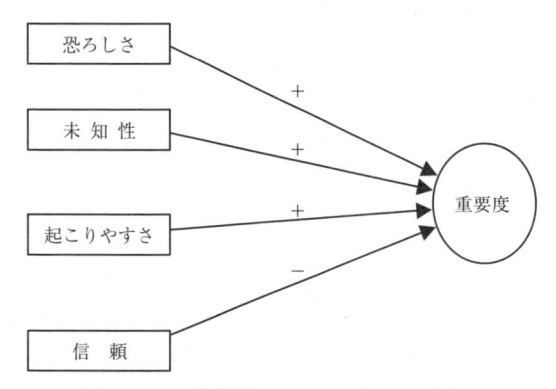

図3 リスク安全対策についての重要度の規定因

表7 安全対策についての重要度を従属変数とした重回帰分析結果

	標準化係数	t 値
恐ろしさ	0.34	12.72***
科学的未知性	−0.05	−1.77
起こりやすさ	0.18	5.76***
信 頼	−0.12	−4.48***
医療事故ダミー	−0.28	−8.20***
原発事故ダミー	−0.21	−6.33***
交通事故ダミー	−0.01	−0.28
地震災害ダミー	−0.06	−1.63
食品事故ダミー	−0.11	−3.28***
テロダミー	0.05	1.23
(電化製品事故ダミー)	(0)	(0)

サンプル数＝1400，決定係数＝0.32，*** p 値<0.001．

(注1) 重要度，恐ろしさ，科学的未知性，起こりやすさ，信頼度はいずれも，七つのリスク事象（医療事故，原発，交通事故，地震災害，食品事故，テロ，電化製品事故）における順位付けデータである．

(注2) 従属変数である重要度は"順位付けデータ"であるため，"その数値が小さいほどより重要度が高い"という方向をもつものであるため，各ダミー変数の符号が負の場合には，そのリスクの場合にはより重要度の順位が高い，つまり，より重要であると認識されているということを意味する．

すなわち，図3に示した因果仮説に示したとおり，あるリスクを"恐ろしい"と感じ，そして，それが"起こりやすいリスクだ"と考えている場合，そのリスクに対する安全対策が重要であると考える傾向が統計的に示唆された．また，"現状のリスクの安全対策が信頼できない"と考えている場合には，そのリスクの安全対策が重要であると考えることも示された．

ただし，"科学的未知性"については，仮説に反して，重要度に及ぼす有意な影響は確認されなかった．こうした結果が得られた理由は，この分析に用いたデータは，未知性の中でも"科学的"な側面のみを測定したためとも考えられる．実際，後に改めて示すように，種々の側面を考慮した上で未知性を測定した場合，仮説どおり，未知性が重要度に有意な影響を与えていることを統計的に示す研究結果も報告されている（梯上ほか，2003）．

さてここで，有意な係数をもった心理的要因の"標準化係数"に着目する（ここに標準化係数は，その説明変数の影響の強さの程度を表すものであり，その絶対値が大きいほど，より大きな影響を従属変数に及ぼしているということが示唆されることとなる）．表7より，"恐ろしさ"が重要度に対して

最も大きな影響を及ぼしていることがわかる．その影響の程度は，"起こりやすさ"の約2倍程度，"信頼"の約3倍程度であることがわかる．つまり，重要度を規定する最も主要な要因は，スロヴィックのリスク認知の二要因のうちの"恐ろしさ"因子であることがわかる．

さて，次にそれぞれのリスク事象の固有の効果を現す，それぞれのダミー変数に着目する．これらダミー変数は，"電化製品事故"を基準とした場合の，相対的な重要度の高低を表している．なお，ダミー変数の符号の解釈については，表7中の注2を参照されたい．

さて，これらダミー変数より，医療事故や原発事故の安全対策は，特に重要であると人々にとらえられていることがわかる．また，それについで，食品事故ダミーも重要であることが示されている．こうした結果は，この重回帰モデルで導入した説明変数，すなわち"恐ろしさ"，"科学的未知性"，"起こりやすさ"，"信頼"といった要因では説明することができない"その他の要因"によって，医療事故，原発事故，食品事故の安全対策が重要であると認識しているということを意味している．

そうした"その他の要因"として何が挙げられるであろうか．

その一つの可能性として，"マスコミでの取上げられ方"が可能性として考えられる．藤井ほか(2003)では，この調査データが得られた2002年時点で，どのようなマスコミ報道が為されていたかも併せて報告されている．その報告によると，"医療事故"については"有名大学病院における医療ミス改ざん事件"が調査時点の直前に頻繁に報道されていたようである．また，"食品事故"に関しても，調査年の1月に"乳製品企業の食品偽装事件"，8月に"食肉企業の食品偽装事件"が頻繁に報道されていた．さらに，"原発事故"に関しては，(藤井ほか(2003)では報告されていないものの)調査の約10か月前と4か月前のそれぞれの時点で，報道がなされていた．一方，それ以外の"交通事故"，"地震災害"，"テロ"，"電化製品事故"については，少なくとも調査の直前にはとりたてて大きな報道はなされていないようであった(藤井ほか，2003)．

このように考えると，表7において，とりたてて"安全対策が重要である"とみなされていた原発・医療・食品のリスクはいずれも，それに関する"事件"がマスコミ報道で"センセーショナル"に大きく取り上げられていた一方，それ以外の地震を含めたリスクについては，そうした報道がなされていなかったという事実が浮かびあがる．

そしてさらに興味深いことに，原発・医療・食品の三つに共通していえることは，その事故・事件はいずれも"事故・事件の責任の所在が，日本国内の特定の組織や個人にある"ということである．原発の場合には電力会社，医療事故の場合には病院(あるいは医者)，食品事故の場合には食品会社，にそれぞれ事故の責任がある，という点である．すなわち，マスコミ報道は，これら組織の"責任を追求する"という側面をもっていたものと考えられる．この点が，"テロ"のような犯罪性を帯びたリスクや，自己で制御可能なリスクである"交通事故"，そして"地震"のような天災とは，本質的に異なる部分であり，それ故に，原発・病院・食品の三つのリスクに関しては，とりわけ大きな報道が為されていた可能性が考えられる[6]．

いずれにしても，マスコミによって繰り返し報道されることで，リスク認知が変化するという効果が存在するだけでなく，"重要度の認識"が上昇するという効果が存在するものと考えられる．こうした現象は，マスメディアの効果に関する心理学研究の中でいわれる"議題設定効果"として説明することができる(McCombs & Shaw, 1972)．議題設定効果とは，マスメディアが特定の話題を取り上げることで，人々の意識がその話題に集中するという結果を導く効果を意味する．この場合では，特定のリスク事象についてのマスコミ報道が繰り返し流されることで，人々の注意がその議題に集まり，それを通じて，そのリスク対策が重要であると考えるようになる，という効果が想定される．

c. 地震災害の安全対策における重要度規定要因

以上，"リスク事象一般"についての重要度の要因について述べたが，ここでは，特に，"地震災害リスク"のみを取り上げ，その安全対策の重要度の規定要因について述べることとしよう．

3.3 安全対策に対する意識

表8 "地震災害"に関する安全対策についての"重要度"を従属変数とした重回帰分析結果

	標準化係数	t 値
恐ろしさ	0.35	−5.36[***]
科学的未知性	0.01	0.18
起こりやすさ	0.22	3.47[***]
信 頼	−0.07	−1.00

サンプル数=200, 決定係数=0.18, *** p 値<0.001.

（注1）重要度, 恐ろしさ, 科学的未知性, 起こりやすさ, 信頼度はいずれも, 七つのリスク事象（医療事故, 原発, 交通事故, 地震災害, 食品事故, テロ, 電化製品事故）における順位付けデータである.

表8に, 表7の分析で使用したデータのうち, 地震災害に関するデータのみを抜き出して, 改めて行った重回帰分析の結果を掲載する. この表より, 一般的なリスク事象と同様, 地震災害においても, "恐ろしさ", "起こりやすさ"が重要な要因であることが示唆された. また, それらの中でも "恐ろしさ"が特に主要な要因であることが示された. また, "科学的未知性"も, 他のリスク事象同様, 有意な要因ではなかった. ただし, "信頼"については, その標準化係数に着目すると, 一般的なリスク全般に及ぼす影響よりは, 地震災害リスクにおいては小さな影響しか与えていないことが示された. これはおそらく, 先にも指摘したように, 原発・医療・食品については, 安全対策の "責任者"が明確である一方で, 地震災害のような天災においては, 安全対策全般についての "責任者"が明確ではないことが原因ではないかと考えられる.

ただし, ここでは, "安全対策"についての信頼を取り扱っているが, 地震災害リスクにおいても, 専門家が提供する情報や, 津波警報に対する "信頼"は, やはり重要な問題であろうことは, ここで付記しておきたい. この点は, 後ほどリスクコミュニケーションを論ずる際に, あらためて触れる.

▶ 3.3.3 "防災行政"と"自主防災"の重要度

以上, "安全対策"についての重要度について述べた. ただし, 地震災害だけに着目して論ずるなら, その安全対策には, 公共的な安全対策と, 個人的な安全対策がある, ということができる. 前者は, "防災行政"であり, 後者は "自主防災"である. 防災行政とは, 道路や橋などの社会基盤や, 警報システムの構築, 避難所の確保など, 行政側が実施する,

地震災害を最小化する努力の総称である. 一方, 自主防災とは, 最寄りの避難所を把握しておく, 地震保険に加入する, 耐震施工を自宅に施す, 地震災害時のための水や食料を準備しておく, 等によって, 地震災害時の個人的な被害を最小化するための努力の総称である.

a. 防災行政と自主防災の重要度規定要因の仮説

地震災害リスクに対する安全対策のこの二つの側面, "防災行政"と"自主防災"の重要度に関しては, 梯上ほか（2003）の研究がある.

この研究は, 自主防災と防災行政の重要度が, 図4に示した要因によって規定されるとの仮説を措定し, その妥当性を検証するものであった.

さて, この図4が示しているのは, 第一に, 図3と同様に自主防災にしても防災行政にしても, その重要度の認識は "恐ろしさ", "未知性"のリスク認知の二要因によって規定されているであろうということである. また, それに加えて, "地震に関する知識"は, リスク認知にも, 安全対策の重要度の認識にも影響を与えるであろうことも想定されている.

ここで, "地震に関する知識"の影響については少なくとも二つの異なる方向の因果仮説が考えられる. 一つは, 地震についての知識を十分もたないと地震など誰も恐れないものの, 地震について深く理解すればするほど, ますます "恐ろしいものだ"という認識が強くなり, 安全対策の重要度を強く認識する, という可能性である. その一方で, あまり地

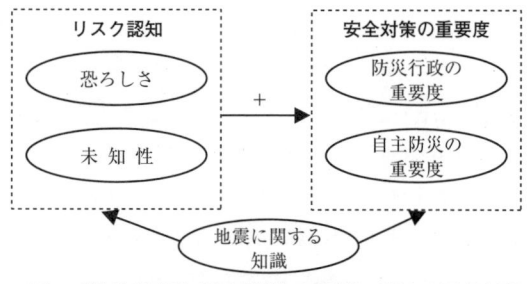

図4 "防災行政"と"自主防災"の重要度に関する因果仮説（梯上ほか, 2003 より）

この図のモデルは, 図3に示した因果モデルと類似するものであるが, 表8の分析で, とりたてて地震災害の安全対策において重要な要因とはならなかった "信頼"を考慮していない一方, 安全対策として防災行政と自主防災を考慮し, かつ, "地震に関する知識"を新たな要因として考慮していることから, 図3のモデルを拡張したものということができる. なお, 図4のモデルでは, "起こりやすさ"はモデルの中には含まれていないが, "恐ろしさ"に含まれる一要因として取り扱われている[7].

震のことを知らないと地震と聞くだけで恐れあがり，その対策が是非とも必要だと考えてしまうものの，地震のことをより深く知れば，冷静に地震のリスクをとらえることができるようになり，結果的に恐怖感が低下する，という可能性も考えられる．つまり，地震に対して十分な知識をもたない人々が，地震に対してどのような恐ろしさのイメージを抱いているのかに依存して，"地震に関する知識"が，リスク認知や安全対策の重要度にどのような影響を及ぼすかが規定されるのである．例えば，飛行機事故のリスクは，客観的な確率計算をすると，自動車事故のリスクよりも十分に小さいものだと考え，恐れなくなるという可能性が考えられる．その一方で，自動車事故のリスクについて十分に考えていないと，自動車は安全だと考えてしまいがちだが，よくよく計算してみると，かなりの確率で死亡事故に巻き込まれるリスクがある，ということに気が付く，というケースも考えられる．つまり，"自動車リスク"のように知識がリスク認知を高めることもある一方で，"飛行機事故リスク"のように知識がリスク認知を低めることもあるのである．地震災害リスクは，自動車リスク型なのか，飛行機事故リスク型なのか，いずれなのだろうか．

b. 防災行政と自主防災の重要度規定要因の検証

梯上ほか（2003）は，京都市の住民を対象にアンケート調査を行い，図4に示した心理要因をそれぞれ測定した．そして，図4のモデルが，そのデータにどれだけ適合するかを統計的に検定したところ，表9のような結果が得られた．以下にその表から読み取れる知見をまとめる．

まず，リスク認知と安全対策の重要度との関連については，仮説どおり"リスク認知"が高いと"安全対策の重要性"が高くなる，という効果が存在することが示された．すなわち，地震災害を恐ろしく，かつ，未知なるものと考えるほど，人々は防災行政も自主防災も必要であると考えるようになることが示された．なお，表8の結果と同様，"恐ろしさ"の効果の方がより強かった．

次に，"地震に関する知識"については，リスク認知と安全対策の重要度の双方を高める効果をもつことが示された．すなわち，"京都にも断層が存在し，大きな地震が生ずる可能性がある"という知識をもつ人々は，地震災害の"恐ろしさ"が向上する一方"未知性"が低下することが示された．また，"地震についての科学的知識（震度，マグニチュード，活断層とはそれぞれ何かを知っている傾向）"が高いほど，自主防災も防災行政も必要だと考え，かつ，未知性が低下することが示された．

以上より，地震災害の場合には，地震に関する的確な知識は，"未知性"を下げる効果があるものの，"恐ろしさ"，そして，"安全対策の重要度"のそれぞれを上昇させる効果をもつことが示された．これは，地震災害のリスクは，"飛行機事故のリスク"のように"知れば知るほど怖くなくなる"という種類のリスクではなく，"自動車事故のリスク"のように"知れば知るほど，怖くなり，何とか対策しなければと考えるようになる"というタイプのリスクであることがわかる．

このことはすなわち，地震防災において人々が的確に自主防災を行い，かつ，世論の支持の下，円滑に防災行政を進めるためには，"地震についての科学的理解"が一般の人々の中にも広まることが重要であることを含意している．この結果は，"リスクコミュニケーション"の重要性を示唆するものでもあり，この点については改めて後ほど触れる．

表9 自主防災と防災行政の重要度に関する因果構造モデルの推定結果（梯上ほか，2003より）

説明変数	防災行政の重要度		自主防災の重要度		恐ろしさ		未知性	
	標準化係数	t値	標準化係数	t値	標準化係数	t値	標準化係数	t値
恐ろしさ	0.22	5.88***	0.34	9.39***	—	—	—	—
未知性	0.1	2.67***	0.091	2.51**	—	—	—	—
科学的な知識	0.16	4.19***	0.12	3.39***	0.0024	0.064	−0.093	−2.46***
京都でも地震があり得るという知識	−0.0055	−0.14	0.038	1.04	0.19	5.04***	−0.17	−4.54***
京都の活動層についての知識	−0.043	−1.16	−0.026	−0.71	0.033	0.88	0.055	1.45

* $p<0.05$, ** $p<0.01$, *** $p<0.001$.

c. まとめ

以上の地震防災に関する議論を，図5にとりまとめる．この図に示すように，防災行政と自主防災の重要度の認識はリスク認知と信頼に影響を受け，そして，リスク認知と信頼は，知識やカタストロフィー性やマスコミ報道量など，多様な要因に影響を受けて規定される．

このように，人々の地震災害リスクやその安全対策に対する意識は，単に"地震の生起確率×被害の大きさ"，すなわち，地震被害の大きさの期待値として定義される"客観的リスク量"(National Research Council, 1989)のみに規定されているわけではなく，さまざまな心理的要因によって規定されているのである．したがって，"防災に強い社会を築く"ためには，構造物の耐震性を高めていく努力を重ねていくと同時に，図5にとりまとめたさまざまな心理要因に配慮したさまざまなコミュニケーション，すなわち，"リスクコミュニケーション"(吉川，1999)を図っていくことが，不可欠なのである．

3.4 リスクについてのマスコミ報道の影響

▶ 3.4.1 "マスコミ報道"と"リスクコミュニケーション"

リスクに関わるコミュニケーションとしてはさまざまな種類のものが考えられるが，大まかに分けて，次の2つに分類することができる．

- 報道機関と一般の住民・国民とのコミュニケーション
- 行政機関やリスク研究者と一般の住民・国民との間のコミュニケーション

これらはいずれもリスクに関わるコミュニケーションであり，リスクコミュニケーションとよぶことができるが，本書では特に断りがない限り，後者を"リスクコミュニケーション"と呼称し，前者を"マスコミ報道"と呼称することとする．

ここで，図6に両者の特徴をまとめる．報道機関が実施するマスコミ報道は，国家や政府などの公的機関の適正さを監視する社会的な機能をもつ一方，報道機関が私企業であることから，市場やマーケットのニーズに大きく左右されるという特徴がある．したがって，必ずしも，"公共的目的"(たとえば，災害に強い社会をつくる等)に資するコミュニケー

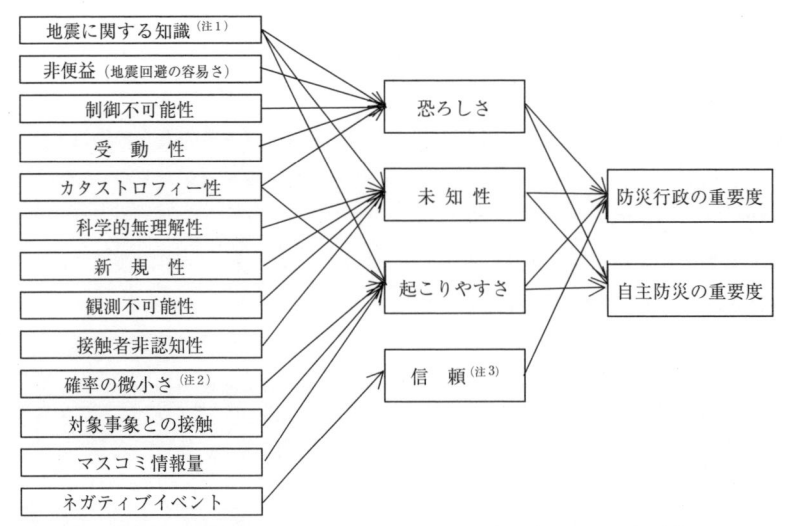

(注1) 図中の→はすべて正の影響を示すが，"地震に関する知識"から"未知性"に関しては負の影響を示す．
(注2) "確率の微小さ"から"起こりやすさ"の→は，"過大推計バイアスが大きくなる"という関係を示す．
(注3) 表8の結果では，信頼は有意な変数となっていなかったが，"防災行政"に限っては有意な要因と考えられる．

図5 地震災害におけるリスク認知の規定要因，リスク認知，防災行政・自主防災の重要度の間の関連

```
┌─ リスクにかかわるコミュニケーション
│  • しいていえば"広義のリスクコミュニケーション"
│    ということもできる.
├─ マスコミ報道
│  • 私企業である報道機関と一般住民・国民との間のコ
│    ミュニケーション.国家や政府などの公的権力の問
│    題点を指摘する機能がある.
│  • ただし,報道機関は私企業にすぎないことから,提
│    供情報の内容が"市場の論理","マーケットのニー
│    ズ"に大きく左右される.
└─ リスクコミュニケーション
   • "狭義"の"リスクコミュニケーション"と定義す
     ることができるが,本書では,"リスクコミュニケ
     ーション"といえば,マスコミ報道を除いた,リス
     クにかかわるコミュニケーションを意味することとす
     る.
   • 地震災害の場合は,公共主体である行政,あるいは,
     中立的立場たるリスク研究者から構成される"リス
     ク専門家"と一般の住民・国民との間のコミュニケ
     ーション.
     一般に,マスコミ報道のように"市場の論理","マー
     ケットのニーズ"に左右されることはなく,"公共
     的目的"を志向した適正なコミュニケーションを実
     施することが可能.
   • ただし,"リスク専門家"の誠実性に問題がある場合,
     提供情報の内容がゆがむ可能性がある.
```

図6 リスクにかかわるコミュニケーションの2分類と
その特徴

ションが為されるとは限らず,消費者の購買意欲やテレビ視聴者の視聴意欲を駆り立てるセンセーショナルでニュース性の高い内容を報道する傾向を色濃くもつ可能性がある.この点については,後ほど詳しく述べる.

一方,リスク専門家が実施するリスクコミュニケーションは,リスク専門家の"誠実性"に問題がある場合には,専門家側からのコミュニケーション内容にひずみが生ずる問題がある.ただし,リスク専門家は市場やマーケットから自由であることから,リスク専門家としての誠実性が担保されている限りは,"公共的目的"(たとえば,災害に強い社会をつくる等)を志向したコミュニケーションが可能である,という特徴をもつ.

以下,本節では,"マスコミ報道"に関して述べることとし,以上に定義した(狭義の)"リスクコミュニケーション"について次節で述べることとする.

▶ 3.4.2 マスコミ報道の影響

図5に示した安全対策の重要度やリスク認知の因果構造を踏まえたとき,リスク認知や安全対策の重要度にマスコミ報道がさまざまな心理的影響を及ぼす可能性が浮かび上がる.

まず,マスコミ報道が"リスクについての科学的理解"が伝えることによってリスク認知が変容する可能性が考えられる.たとえば,自らの居住する地域の活断層の知識がマスメディアから与えられることで,不当に安心するのではなく,適切な危機感をもつようになることも考えられる.

しかし,その一方で,リスク被害を過度に強調して"カタストロフィック"に報道することで"生起確率の推定値"も"恐ろしさ"も上昇することも考えられる.

また,"狂牛病","環境ホルモン"等,これまであまり人々が知らなかったリスクを強調することで,"新規性"が刺激され,"未知性"が上昇する効果も考えられる.あるいは,例えば,原子力発電等の"便益性"があまりないと喧伝すれば,そのリスク事象の"恐ろしさ"が上昇するという効果が得られることも考えられる.

さらには,本章の表7に示した分析結果によって示唆されたように,マスコミによって繰り返し報道されるだけで("恐ろしさ"や"未知性"等のリスク認知に対する影響を媒介することなしに),直接的に,"安全対策の重要度"が上昇する可能性も考えられる.これは,先にも指摘したように,マスメディア研究の中でいわれる"議題設定効果"の一種である(McCombs & Shaw, 1972).

そして何より,原発事故や食品事故などをセンセーショナルに報道することで,それらのリスク管理者や組織,個人に対する"信頼"を大きく低下させることも考えられる.そして,すでに"信頼の非対称性の原理"として紹介したように,いったん崩壊した信頼は,一朝一夕ではもとの水準には戻らない.

そして最後に,マスコミ報道は直接的に"起こりやすさ"に影響を及ぼすことは,すでに図5にも示したとおりである.

この最後の起こりやすさ(生起確率)とマスコミ報道の関係については,Combs & Slovic (1979) が実証的な検討を加えている.彼らは,さまざまなリスク事象についての"生起確率の推定値"を調査する一方,その地での"客観的な生起頻度"と"新聞

で報道された頻度"をそれぞれ調べた．そして，生起確率の推定値が，客観的な生起頻度と新聞報道での頻度のいずれと関係が深いかを（相関）分析したところ，人々の生起確率の推定値は，客観的な生起頻度よりはむしろ，新聞での報道での頻度によって強く規定されていることが明らかにされた．つまり，人々は，"客観的な確率"というよりはむしろ，新聞報道でどれだけ取り上げられたかによって生起確率の推定値を形成する傾向が強いことが明らかにされたのである．たとえば"狂牛病"のリスクが"がん"等で死亡するリスクよりもはるかに小さいものであったとしても，マスコミで頻繁に取り上げられると，そのリスクに冒される確率を過大に推計してしまうこととなる．

▶ 3.4.3 マスコミ報道の特徴

以上のように，マスコミ報道は，リスク認知やリスク安全対策の重要度に多様な影響を及ぼしていることは間違いない．それでは，そのマスコミでは，さまざまなリスク事象をどのような基準で報道したり／しなかったりしているのだろうか．

この点に関して，興味深い実態報告がなされている．岡本（1992）は，"いわゆる4大新聞のうちの一つに勤務する，30代半ばの現役の記者"（p. 126）が，1990年に開催されたリスクに関するあるシンポジウムでの発言を掲載している．そこでは，その記者がリスクを取材する場合の一般的な"基準"（岡本はそれを"リスク取材マニュアル"と呼称している）に関する発言がそのまま掲載されている．ここでは，その発言の中からいくつかを抜粋し，以下に掲載する．

「まず原則としては，報道においては人の命には軽重がありまして，日本人の命というのは外国人より必ず重いんです．それから巻き込まれた一般人の命というのは，専門家の命，事故に関連する業務に関わっていた人のより，はるかに重いです．それからこれは当たり前ですが，有名人の命は無名人の人より重いです．」(p.126)

「自動車事故についてどういう報道のされ方をしているかといいますと，死亡事故，1人でも死亡すれば少なくとも県版，都内版とか，そういうところには必ず出稿します．新聞というのは日々どれだけニュースがあるかでつくられていくので，場合によっては出稿しても載らない，ということは当然あるわけですけれども，原則として『死ねば出す』となっています．」(p.126)

「それから，子供が絡むと大きなニュースになりやすい．大人が死んでも，顔写真は，自動車事故の場合はめったに載らないのですが，子供が死ぬと顔写真は必須となります．…特に入学式の当日とか，卒業目前とか，そういうのがつくと扱いが大きくなります．」(pp. 126-127)

「飛行機事故の場合は，死んだ日本人については大人，子供を問わず，全員の顔写真を載せるというのが，何となく原則になっております．」(p. 127)

「原発事故については1つ小さな事故でも必ず載せるという原則のようなものがあります．」(p. 127)

「医薬品の副作用について，最近は報道自体が減っているといっていいかと思います．昔は副作用があることによって，医薬品を全否定するような論調の記事も散見されたようですが，その手の記事は最近はほとんどないです．いつごろか調べてこられなかったんですが，厚生省が副作用モニターというのをはじめて，年に一回か何回かわすれましたけれども，『こういう薬の副作用で何人死にました』というのを記者クラブで発表するようになったんです．…結局これは厚生省が副作用モニターをはじめたことで，副作用による死亡がニュースではなくなった，ということになると思います．」(pp.128-129)

あるいは，少し古い報道記録（1980年前後）ではあるが，"東海地震"のマスコミ報道を分析した研究結果からも，マスコミ報道の特性をうかがい知ることができる（岡本，1992）．1976年に東海地震が遠からず静岡を中心に生ずるであろうという発表がなされて以来，マスコミ各社は，こぞって東海地震関連のニュースを取り上げた．岡本（1992）では，その発表があった1年前から合計5年間の東海地震関連のマスコミ報道を対象とした実態分析が報告されている．その分析によると，東海地震の発表があった1976年以降，通常であればほとんどマスコミで取り上げられないようなレベルの地震であっても，それが東海地方で生じたならば，おおよそのテレビ局で報道されていたという実態が明らかにされている．先に引用した新聞記者が「原発事故であ

れば，どんなに小さいものでも報道するという原則のようなものがある」という趣旨の発言をしていたが，おそらくは，それと同様に，当時は"東海地震であれば，どんなに小さいものでも優先的に報道する"という原則のようなものがあった可能性が示唆される．また，この報告では，地震報道一般は，概して他の大事件や緊急な記事が少ないときに集まる傾向があることを指摘している．これに関連して，岡本（1992）もまた，マスコミ関係者へのインタビューから，この時期においては地震関連の記事が"埋め草"記事として用いられていた可能性があったことを指摘している．

以上，既往文献にて報告されているマスコミのリスクの取上げ方について述べた．もちろん，"東海地震"の報道傾向に関する記録は，一つの例にしかすぎず，したがって，すべての地震記事がそのように扱われていると断定することはできない．そして，その前に引用した"発言"が特定の（4大新聞のうちの一つの）新聞社の特定の一記者の発言にしかすぎない以上，必ずしも，この発言がすべての新聞社における一般的なリスクの取扱いを代表するものであるともいえない．しかしながら，その"発言"は，公式の場では通常表明されないような，新聞におけるリスクの問題の取扱い基準に関する発言記録であり，新聞社における一般的なリスクの取扱い方を類推するにあたって，貴重な情報を含んでいることもまた間違いないだろう．

以上のように考えるなら，新聞におけるリスクの取扱いは，客観的な基準に基づくというよりはむしろ，消費者の購買意欲を駆り立てる，いわゆる"ニュース性"に基づいていると考えても良さそうである．すなわち，図6において指摘したように，マスコミ報道の内容が"マーケットのニーズ"に大きく左右される傾向をもつという実態が，換言するなら，マスメディアには"商売になる記事や番組を報道する"という傾向があるという実態が，上記に引用した文献より浮かび上がってくるのである．

先にも述べたように，主観的なリスクの生起確率はマスコミ報道に大きく依存している一方，客観的なリスクの生起確率からは乖離している．こうしたバイアス傾向がリスク認知に見られる一つの主要な原因は，以上に指摘したようなある種の"偏向した傾向"が，マスコミ報道に含まれているためといっても差し支えないであろう．

▶ 3.4.4 メディアリテラシー

さて，以上のように，マスメディアは，人々のリスク認知等に重大な影響を及ぼすものである一方で，必ずしも"公正"にリスク情報を報道しているというよりはむしろ，"商売として売れる記事や番組"を提供しようとする傾向性を秘めている．こうした実情を踏まえたとき，一般の人々に求められる能力は，マスメディアの情報をすべて"鵜呑み"にするのではなく，半ば信頼しつつ，半ば不信の目で眺める，といういわば"批判的態度"をマスコミ報道に対してもつことであるといえよう．このような，"メディアを社会的文脈で批判的に読み解き，主体的に使いこなすことのできる力"（p. 165）は，一般に"メディアリテラシー（media literacy）"といわれている（吉川，1999）．

メディアリテラシーの向上を期待するためには，3.4.3項にて述べたような実態を理解することが有効であろう．たとえば，Austin & Johnson（1997）は，メディアリテラシーの訓練を小学校3年生に行うことで，テレビで接するアルコール飲料の広告に対する態度が変容することを報告している．この訓練を受けた小学生は，テレビのアルコール広告が，"商売を目的とした説得的なメッセージにしかすぎない"と指摘する傾向が向上したとのことである．同様の訓練を，たとえば，リスクに関するマスコミ報道に関しても行えば，仮に新規のリスクが現れたとしても，過剰に未知なるものと恐れたりすることも低減することも考えられるであろう．

3.5 リスクコミュニケーションの分類

以上，広義のリスクコミュニケーションを考えた場合の，重要な一要素である"マスコミ報道"に関して述べたが，ここでは，"狭義"のリスクコミュニケーションについて述べる．"狭義"のリスクコミュニケーションは，図7に示したように，いくつ

かのものに分類できる．ここでは，その分類の概略について述べる．

▶ 3.5.1 リスクコミュニケーションが目指すもの

すでに3.4節で定義したように，（狭義の）リスクコミュニケーションは，"リスクの専門家"と"一般の国民・住民"との間の，リスクに関するコミュニケーションを意味する．その目的は，リスクとどのように共生していくのかを社会全体で考え，"リスクに強い社会"を築き上げるところにある．3.1.3項で述べた，リスクに関する"社会的ジレンマ"の枠組みを踏まえるなら，個人的な選択の局面（自主防災）においても，社会的な選択の局面（防災行政）においても，人々が"協力的"に振る舞うようになることを期待して執り行われるコミュニケーションが"リスクコミュニケーション"である．

そうした目標を持つリスクコミュニケーションにおいては，いうまでもなく"リスク専門家からのコミュニケーション"が重要な役割を担う．たとえば，通常に暮らしている人々は，どこに活断層があるのか，そして，地震の危険性はどの程度あるのか，等を自ら測定し，予測するだけの能力をもたない．それらの情報はいずれも，他者，あるいは，出版を含めたマスメディアから伝え聞く以外には入手できない．そして，それら情報の大半が地震の専門家から提供されたものである．そうである以上，災害に強い社会を築くためのリスクコミュニケーションにおいて，"専門家から一般の人々に向けてのコミュニケーション"がきわめて重大な役割を担うことは論を待たない．

しかしながら，"専門家からの一方的なコミュニケーション"を実施するだけでは，その社会は"リスクに強い社会"になるとも考え難い．なぜなら，社会には，"特定のリスクの削減"以外にも，さまざまな制約や目標があるためである．もしも仮に，行政の目的が"防災"だけなのなら，その財源のすべてを，防災行政に投入することができよう．しかし，いうまでもなく，行政は地震のリスクだけではなく，それ以外のさまざまなリスクを管理しなければならない．そして，リスク管理だけではなく，教育も福祉も交通管理も経済政策もいずれについても

行政施策を展開し続けていかなければならない．すなわち，防災行政を考える場合，行政全体，社会全体を見据えつつ，どの程度の予算と人材を防災行政に投入することが適正であるかを考えなければならないのである．このトレードオフを考えるためには，リスクに関して十分な知識を共有した上で，政治家，行政，リスクの研究者，そして一般の住民が，それぞれの立場の"役割"を踏まえつつ，共に考えていかざるを得ない．いうまでもなく，その"共考"（木下，1997）は，コミュニケーションが不在では成立し得ない．しかも，そのコミュニケーションは，先述のような，リスクの専門家からの一方的なコミュニケーションではなく，各自の役割を十全に踏まえた上での"双方向"のコミュニケーションでなければならない．

すなわち，"地震災害に強い社会"を築くためには，その目標の達成を明確に意図した，

- 専門家からのリスクコミュニケーション
- "共考"のためのリスクコミュニケーション

の二つが不可欠なのである（図7参照）．前者の専門家からのリスクコミュニケーションによって，地震災害リスクについての知識を社会的に共有し，その上で，後者の双方向のリスクコミュニケーションを通じて，厳然と存在するリスクと我々がどのようにつきあっていくのか，共生していくのかを，共に考えていくことが，必要となるのである．

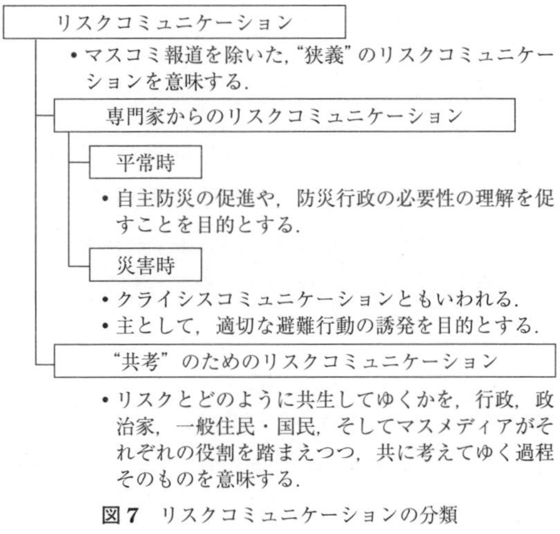

```
リスクコミュニケーション
 ・マスコミ報道を除いた，"狭義"のリスクコミュニ
  ケーションを意味する．
 専門家からのリスクコミュニケーション
   平常時
    ・自主防災の促進や，防災行政の必要性の理解を促
     すことを目的とする．
   災害時
    ・クライシスコミュニケーションともいわれる．
    ・主として，適切な避難行動の誘発を目的とする．
 "共考"のためのリスクコミュニケーション
   ・リスクとどのように共生してゆくかを，行政，政
    治家，一般住民・国民，そしてマスメディアがそ
    れぞれの役割を踏まえつつ，共に考えてゆく過程
    そのものを意味する．
```

図7 リスクコミュニケーションの分類

▶ 3.5.2 平常時と災害時のリスクコミュニケーション

さて，専門家から一般の住民・国民に向けた一方向のリスクコミュニケーションは，図7に示したように，さらに次の2種類に分類することができる．

- "平常時"のリスクコミュニケーション
- "災害時"のリスクコミュニケーション（クライシスコミュニケーション）

前者の平常時のリスクコミュニケーションは，万一の大地震に対する自主防災の必要性や防災行政の必要性を平常時において伝達し，それを通じて，人々が個人的な防災対策を促したり，防災行政の必要性の理解を促すことを目的としたものである．一方，"災害時"におけるコミュニケーションは，災害が生じてしまった場合に行うコミュニケーションであり，一般に"クライシスコミュニケーション"とよばれることもある．たとえば，地震に伴う津波に関する警報の出し方などは，クライシスコミュニケーションである．

以下，本書では，3.6節にて"平常時における専門家からのリスクコミュニケーション"を述べ，3.7節にて"災害時におけるリスクコミュニケーション"（すなわち，クライシスコミュニケーション）について述べる．そして，最後に3.8節にて"共考"のためのリスクコミュニケーションについて述べる．

3.6 平常時における専門家からのリスクコミュニケーション

すでに述べたように，平常時における地震や防災の専門家から一般の国民・住民に対するリスクコミュニケーションの目標は，地震災害に対する自主的な防災行動を促すとともに，防災行政の必要性の理解を過不足なく得ることである．いうまでもなく，こうした目標を達成するためには，いくつかの段階を経ることが必要となる．そうした目標の段階に関して，Rowan (1994) はリスクコミュニケーションの段階に関する次のようなモデルを提案している（図8参照）．

step 1 信頼の確立　　　　　　　　（<u>C</u>redibility）
step 2 リスクに気付かせる　　　　（<u>A</u>wareness）
step 3 リスクについての理解を深める
　　　　　　　　　　　　　　　　（<u>U</u>nderstanding）
step 4 解決策（対処行動）の理解を得る
　　　　　　　　　　　　　　　　（<u>S</u>olutions）
step 5 対処行動を引き起こさせる
　　　　　　　　　　　　　　　　（<u>E</u>nactment）

このモデルは，各段階の英単語名称の頭文字を取って"CAUSEモデル"ともよばれている（吉川，1999）．まず，その最終目的は，リスクに事前に対処するための行動が何であるか（Solution）の理解を得，その上で，その解決策を具体的に実行してもらうことを促すこと（Enactment）である．

そしてそのために，最も重要なのは，リスク専門家が"信頼"を得ることである．専門家からのコミュニケーションを図る際，すでに3.3節にて述べたように，"信頼の確立"は最も重要な問題である．いかに正確でわかりやすい情報を専門家から発した

リスクコミュニケーションの段階的な目標

Crediblity	Awareness	Understanding	Solution	Enactment
信頼の確立	リスクの存在に気付くことを促す	リスクの理解を深める	対処行動の理解を得る	対処行動の誘発
送り手（専門家）を信頼する	リスクの存在に気付く	リスクを深く理解する	対処行動を理解する	対処行動を実行する

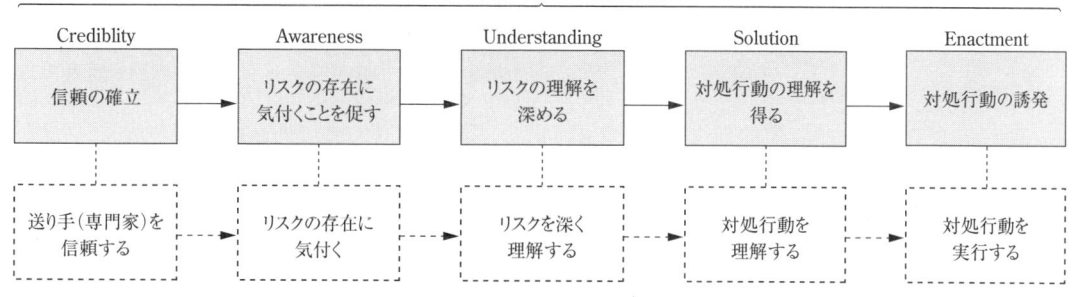

それぞれの段階の目標に対応するリスク対処行動の誘発プロセス

図8 リスクコミュニケーションの目標についてのCAUSEモデル

としても，専門家が一般の人々から"信頼"されていなければ，すべてのコミュニケーションは，何の影響も人々に与えることはない．そして，リスクコミュニケーションの次の段階の目的は，専門家が認識しているものの一般の人々が理解していないようなリスクの存在に気付いてもらうこと（Awareness）である．そして，そのリスクがどのようなものなのかの理解を深めることが，コミュニケーションの次の段階の目標である（Understanding）．そしてその上で，上述のように，リスクの解決策，あるいは，対処策についての合意を得て（Solution），具体的にそれを実施すること（Enactment）を促すのである．

さて，このCAUSEモデルは，図8の下側に示したような，リスク対処行動の実行に至るまでの心理プロセス（すなわち，対処行動実行プロセス）に対応している．すなわち，リスクコミュニケーションの送り手である専門家を信頼し，リスクの存在に気付き，そのリスクについての理解を深め，そのリスクに対処するための行動を理解し，最終的に，その対処行動を実行する，というプロセスである．

さて，このCAUSEモデルがリスクコミュニケーションにおいて有用であるのは，対象者が対処行動誘発プロセスのいずれの段階にいるのかを見極めて，適切なコミュニケーションを図ることが可能であるためである．たとえば，リスクの存在には気付いているが，そのリスクについての的確な理解が不足している場合には，"リスクの理解を求める"ことを目標としたリスクコミュニケーションを設計することが必要であることが，図8よりわかる．あるいは，リスク専門家に対する信頼が存在していない場合には，いかなるコミュニケーションを実施しても無駄であり，まず信頼の確立に配慮することが必要であることがわかる．

以下，地震防災におけるCAUSEモデルで想定される各段階のコミュニケーションについて述べることとしよう．

▶ 3.6.1 信頼の確保：Credibility
a. 地震災害リスクにおける信頼の一般的性質

信頼の確保（確立）はリスクコミュニケーションの成否を分ける最も重要な条件の一つであるが，それと同時に最も難しい目標であるともいえる．たとえば，すでに3.3節でも述べたが，リスクの問題においては，いったん"不祥事"等の何らかのネガティブイベントがあると，その不祥事に関連した組織や管理者は，一瞬にして，信頼を大きく落としかねない一方で，低下した信頼が一朝一夕に醸成されることは期待できないのである（藤井ほか，2003，2004）．

ただし，さまざまなリスク事象の中でも，地震災害リスクの専門家は，比較的，信頼の水準は確保されている可能性が考えられる．たとえば，食品事故や原子力発電事故，医療事故などの"人災"の傾向が強いリスクについては，概して信頼が乏しい可能性が考えられる一方，地震災害のような"天災"の場合には，その危険事象そのものが特定のリスク管理者の"落ち度"によってもたらされるものではない以上，専門家に対する信頼が一定水準は確保されているものと期待される．それ故，以下に述べるような各種のリスクコミュニケーションに対する信頼は一定水準確保できるものと期待できる．

b. 一定の信頼を保持する

しかし，地震災害リスクの専門家に対する信頼の水準は，一定以上のものが保証されているとはいうものの，それはあくまでも一般的な傾向にしかすぎない点に注意が必要である．信頼は一つのネガティブイベントで，たとえば，たった一度の防災対策上の不祥事によって，崩壊してしまう危険性が常に存在するのである．

そうした危険性に配慮しつつ，現状において一定の信頼性が確保できている状況を持続させるためにも，少なくとも"誠実"な態度が，常日頃から求められていることは間違いない．たとえば，CAUSEモデルを提唱するRowan（1994）は，信頼の確保のためには，次のような常日頃からの言動が重要であることを指摘している．

- 言動を一致させること
- 誠実で正直であること
- 一般の人々の関心や考え方に配慮すること

また，この指摘とは微妙に異なるが，この指摘とほぼ同様のことが，Peters et al.（1997）による実証的知見からも得られている．彼らは，米国における

リスクに関わる種々の主体に対する信頼についての実証分析を行い，その結果，

- 地域住民に対する関心とケアの水準
- 情報の公開性と正直さ
- 知識と専門能力の水準

の三つが，この順番の強さで，有意に信頼に影響を及ぼしていることを示している．これら，RowanやPetersらの指摘する信頼の規定要因はいずれも常識的に，了解できるものであろう．

このことはたとえば，次のような可能性を暗示している．すなわち，たとえば，人々に防災の重要性を理解してもらい，危機感をもって自主防災に取り組んで欲しいと思うあまり，過剰にその危険性を大きく表現するような，一定の科学的根拠を欠くようなメッセージを伝えれば，短期的には人々の危機感を喚起することに効果的であるかもしれないが，長期的には，公衆からの地震専門家に対する信頼を失うこととなりかねない．すなわち，信頼を確保することの基本は"正直"であることなのである．そして，信頼の崩壊は，たった一度の不正直でもたらされてしまうのである．

c. 信頼の確立に向けた基本的態度

さて，上記の議論では"信頼を確保する"ための基本的な条件を述べたが，信頼が存在していない状況で，どのように信頼を"確立"あるいは"醸成"することができるだろうか．

この点について，最も重要な点は，先に述べたような"信頼を保持するための条件"を常に念頭におくことである．すなわち，一言でいうなら，先に指摘したような，いわゆる"誠実"な態度を忘れないことである．

しかし，信頼が崩壊している場合には，持続的に"誠実"な態度と行動を持続させていたとしても，人々は常に不信の目で眺めることとなる．それ故，誠実な態度と行動への接触は，信頼の回復を劇的にもたらすようなものではない．

しかしながら，それでもやはり，信頼の回復において最も重要な点は先に述べた誠実な態度を保持することの一点である．

そしてその上で，誠実であると同時に，その誠実さに基づく"コミュニケーション"を図ることがきわめて重要となる．

ここで，コミュニケーションの重要性を述べるために，あえて，まったくコミュニケーションがない状況を考えてみよう．その場合，仮に，リスクの専門家が誠実に日々の仕事をこなしていたとしても，それとは無関係に，いったん崩壊してしまった信頼の水準が回復する機会はなく，そのままの水準に止まることとなる．ところが，コミュニケーションが存在すれば，その過程において，人々がリスクの専門家の誠実性を吟味する機会が生ずることとなる．無論，信頼が存在していない以上，繰り返し指摘しているように，毎回毎回の接触において，リスク専門家の発する情報・メッセージは不信の目にさらされることとなるため，必ずしも，信頼が向上するとは限らない．それどころか，専門家が発するメッセージが，思いもよらぬ方向で解釈され，その"誤解"を通じてさらに信頼が低下してしまうという事態も生じかねない．しかしながら，専門家側が真に誠実であるのなら，そうした誤解が生じないケースも存在しうるだろう．そうであればこそ，やはり，不信の目にさらされていながらも，いかなるときも誠実に対応し，ねばり強くコミュニケーションを図り続けることではじめて，信頼が醸成される可能性が生ずるのである．

実際，木下・吉川（1989）は，"一般の人々の関心や考え方に配慮"するようなリスクコミュニケーションを図ることで，リスクを受け入れる可能性が向上すると同時に，それまでは不信の目で見られていたメッセージの発信者に対する信頼が上昇するという効果が存在することを，心理実験より明らかにしている．

d. 信頼されていない理由の検討

さて，信頼の確立を目指す場合，上述のような基本的態度が必須であるが，それを前提とした場合でも，コミュニケーションの方法には，いくつかのあり方が考えられる．そうしたあり方を考えるにあたり，まず検討すべきである点（あるいは，反省すべき点）は，"どのような理由で，信頼されていないのだろう"という点を考慮することである．図2に示したように，信頼は"能力についての信頼"と"意図についての信頼"の二つの信頼の混合した概

念である．それ故，信頼が存在していないとするなら，それは，"能力についての不信"が存在する場合と，"意図についての不信"が存在する場合が考えられることとなる．

Rowan (1994) によれば，"能力についての不信"が存在する場合には，これまでの実績を伝えたり，専門家の判断がどのような経緯でなされたのかを説明することが有効であることを指摘している．たとえば，"地震が生ずる確率"をメッセージとして伝える場合には，その確率だけではなく，その根拠を明示することで，専門家の"能力"にかかわる信頼の確保が，一定水準期待できる．

一方，"意図についての不信"が存在する場合には，その回復は，能力についての不信を回復するよりもさらに難しい．これは，リスクについての"専門家"は，その専門能力については文字どおり専門家であるが，人々が自分自身を信頼しているか不信の目で眺めているかについての"心理的"な問題についてはとりたてて専門家ではないからである．その場合には，やはり，先に引用した Rowan (1994) が指摘したように，"言動を一致"させることを心がけ，"一般の人々の関心や考え方に配慮"することが必要となる．すなわち，"誠実で正直である"ことが何よりも重要となる．繰り返すように，それだけでは劇的な信頼向上の効果は期待できないが，誠実さと正直さに基づく地道なリスクコミュニケーションを続けていく以外に，信頼醸成を期待する近道はないといって過言ではない（藤井，2006）．

e．信頼確保／確立のための基本的留意点

以上，信頼の確保や確立に関する一般的な議論であったが，ここでは，もう少し，信頼を確保／確立するための具体的な条件を，従来の社会心理学のコミュニケーションに関する研究より明らかにされている知見（アロンソン，1994 参照）に基づいて，いくつか指摘することとしたい．

（1）　研究機関＞行政機関＞私企業

一般に，種々の社会問題においては，その問題を科学的・学術的に取り扱う"研究者・研究機関"の方が，その問題を行政的・政治的に取り扱う"行政官・行政機関"よりも信頼を得やすいことが知られている．さらに，行政官・行政機関よりも，"私企業"の方が，信頼を得にくい存在でもある（大沼・中谷内，2003）．

（2）　コミュニケーションによる"利益"の程度

以上の傾向は"それぞれのメッセージの送り手がそのコミュニケーションによってどの程度利益を得るのか"という点から説明することができる．たとえば，地震保険の保険会社からのコミュニケーションを考えてみよう．この場合，メッセージの受け手は，"このメッセージは，保険販売という意図の下に出されたものだ．つまり，自らの利益をあげるためのメッセージなのだ"ということを推察（一般に心理学では"原因帰属"という）する可能性がある．その場合，メッセージの信憑性は，著しく低下してしまう．一方，まったく同じメッセージであったとしても，その送り手が研究機関の場合には，そのような類推はないであろう．それ故，私企業よりも，利益や儲けについて"中立"な立場の研究機関の方が信頼されやすいのである．なお，行政機関の場合，私企業よりは信頼を得やすいが，一般国民の間に，"行政は自らの組織の利益を優先する"という認識が広まっているとも考えられることから，研究機関よりは信頼を得にくい組織であると考えられる．

（3）　一面提示と二面提示

この条件は，何らかの"対処行動"を推奨するような場合に重要となる条件である．例えば，行政側から家の耐震補強を補助する制度を作り，人々に耐震補強を推進しようとする場合を考えよう．この場合，耐震補強をすることのメリットのみを強調するのが"一面提示"である．一方で，耐震補強をすることのメリットとデメリットの双方を伝えるのが"二面提示"である．

一般に，そのコミュニケーションの内容に基本的に合意している人々に対しては，すなわち，すでに"信頼"を獲得している場合においては，シンプルな"一面提示"が効果的である．しかしながら，コミュニケーション内容についての基本的合意が存在しない場合，すなわち，基本的な"信頼"を十分に獲得していない場合には，"二面提示"の方が効果的であることが知られている．これは，コミュニケーション内容についての基本的な合意が得られていない場合には，受け手がそのメッセージの信憑性を

積極的に吟味する（すなわち，"疑ってかかる"）傾向が強いためである．推奨行動（この場合には耐震補強）のデメリットに言及しない一面提示の場合には，信憑性の吟味の過程において，メッセージの受け手は，言及されていなかったデメリットに思い至る可能性がある．その場合，メッセージの受け手は，"送り手側は，推奨しようとしている行動のデメリットを隠しているのではないか？"という疑念を抱き，その結果，メッセージの送り手に対する信頼が低下してしまう可能性がある．それ故，一面提示の場合には，メッセージの信憑性が低下してしまう．その一方で，二面提示の場合には，推奨行動のデメリットを，送り手側があらかじめ言及しているため，受け手側に上述のような疑念が生ずる可能性が低下し，それ故に，メッセージの信憑性が一定水準に保たれるのである．

(4) 送り手／メッセージの"感じの良さ"

メッセージの"感じの良さ"は，信頼感に影響を及ぼす要因の一つである．たとえば，同じ送り手からの，同じ内容のメッセージであっても，その"デザイン"が感じの悪いものであれば，その信頼性が低下してしまうこととなる．あるいは，顔が見える状況（対面やテレビなど）でコミュニケーションをする場合，身なりや表情や態度が"感じが良くない"と認識されれば，メッセージの信頼度は低下する．無論，ここで"感じの良さ"，"感じの悪さ"を，定量的に，的確に説明することはできないが，コミュニケーションを発する場合には，実績のあるデザイナーに依頼したり，それができない場合でも，できるだけ関係者の間で"感じの悪さがないかどうか"をチェックする等の対応を図ることが賢明である．

以上に述べた4点は，適切なリスクコミュニケーションを行うにおいて，受け手側の信頼を確保するための基本的な注意事項である．それ故，これらは，最初の段階で注意することが必要である諸点であると同時に，以下に述べるいずれの段階においても配慮することが必要な事項といえよう．

▶ 3.6.2 リスクに気付く：Awareness

地震災害リスクに"気づく"ためのコミュニケーションにおける，最も典型的なツールは，地図上に，種々の災害リスクの情報を表示する"ハザードマップ"（災害危険予測図）である（地域によっては，"地図"を用いなくても，リスク情報をいくつかの文章だけで記述することができる場合も考えられるが，ここではこうした情報もハザードマップの一種と考え，以下の議論を進める）．

ハザードマップは，通常，各地方自治体が作成することが多く，自治体のホームページ上で公開されたり，役所等，あるいは，自治会等を通じて配布されることが多い．

ただし，平成14年に実施された内閣府の"防災に関する世論調査"（以下，H14防災調査と略称）によると，全国平均で，"持っている"と回答した割合は，1割強（13%）に止まっている（内閣府大臣官房政府広報室，2003）．また，"持ってはいないが見たことがある"が約16%であった．すなわち，**約7割の人々がハザードマップを見たことがないのである．さらに，"ハザードマップ"なるものが存在することすら知らない人の割合は，実に5割**となっている．すなわち，"ハザードマップ"は，その存在すら十分に認知されていないのが実情である．

さらに，同調査では"危険な場所がどこにあるか知っている"と回答した割合が約2.5割であった．先ほど述べたように，ハザードマップに触れたことがある割合が約3割であったことを考えると，ハザードマップに触れてもらう（無論，所持してもらうにこしたことはないが）ことで，危険な場所がどこかを周知する効果は十分にあるものと考えられる．ただし，大半の国民（実に75%）が，居住地域における"危険な場所"がどこかを把握していないのであり，その背景には，ハザードマップが十分に全国民に周知されていないという実態があるものと考えられる．

その一方で，ハザードマップなどで，災害リスク一般についての情報を詳細に提供してほしいか否か，という問いに対しては，実に9割の人々が"提供してほしい"と回答している．このことを考え合わせると，大半の人々（約7割）がハザードマップに触れたことがないという状況にあるのは，人々がハザードマップが不要であると考えているからでは

ない，ということを意味している．

一般に，このような現象は，心理学では"行動-意図の不一致"の問題といわれている（藤井，2003参照）．一般に，人々は，"～がほしい"，"～しよう"と思っても，そういう態度（意識）や意図と実際の行動とは乖離することが多い．そうした乖離が生ずるのは，態度や意図が実際の行動につながるためには，さまざまな段階を経なければならないからである．たとえば，"ハザードマップを入手する"という，一見単純に見える行動でも，たとえば次のような段階を経なければ，実現されることはない．

(1) ハザードマップがどのようにすれば入手できるかの情報を取得しようと思う（情報取得のための"実行意図"の形成）．
(2) その気持ち（実行意図）を実現する．たとえば，インターネットで検索したり，知人に尋ねる．それを通じて，どのようにすれば，ハザードマップを入手できるかの情報を取得する．
(3) その情報に基づいて，実際にハザードマップを入手しようと考える（ハザードマップ入手のための実行意図の形成）．
(4) その気持ち（実行意図）を実現する．たとえば，自治体の防災課に連絡して送付するよう依頼したり，直接訪れたりして入手する．

無論，ハザードマップがどのように開示されているか，人々がインターネットを利用できる環境にあるのか等の条件によって，その入手手続きは異なるものである．しかしながら，いずれの状況でも，行政側から直接配られるようなことでもない限り，人々がハザードマップを入手するという行為は，その個人にとってはいくつかのステップを経ることが必要とされる，いわば"煩わしい"行為なのである．それ故，仮にハザードマップが欲しいと感じたとしても，実際に入手する人々は必ずしも多くはないのである．

以上の議論に基づくなら，次のような対策が，専門家からのリスクコミュニケーションにおいて重要であることが示唆される．

まず，人々に"地震災害リスクに気づいてもらう"ためには，ハザードマップ等の，リスクの存在に関する基礎的情報を，

- チラシやパンフレットを作成して，市役所などで配布する．
- ホームページを開設する．

等の対策を講ずることは，不可欠である．しかし，それだけでは，多くの人々に的確に情報を提供することは困難である．それ故，たとえば，次のような対策を講ずることが適切であろう．

- ハザードマップを，何らかの方法で，全世帯に配布する．
- 転居世帯，一軒一軒にもハザードマップを配布する．

これらの配布方法については，リスクコミュニケーションプログラムについて述べる次節にて，改めて述べる．

▶ 3.6.3 リスクの理解を深める：Understanding

さて，仮にハザードマップ等のリスク情報に人々が接触したとしても，それによって，"恐ろしさ"，"未知性"，"起こりやすさ"等の"リスク認知"が変化しなければ，そのリスクコミュニケーションの意味はないといわねばならないだろう．この"リスクの理解を深める"という段階は，先の"気づく"だけの段階からさらに一歩踏み込み，適切な水準の"リスク認知"が形成されることを目指す段階である．

地震災害リスクの理解における代表的な次元は，
(1) 起こりやすさ
(2) 被害の程度

の2点であろう．

a. "起こりやすさ"の理解

まず，"起こりやすさ"の理解を深めるためのコミュニケーションについて述べることとしよう．

いかなるコミュニケーションにおいても"わかりやすさ"は最も重要な条件の一つであるが，"起こりやすさ"の説明においては，とりわけ，"わかりやすさ"は重要である．なぜなら，"不確実の程度"は，それこそ不確実で，曖昧な概念だからであり，かつ，地震災害は"滅多に"起こるようなリスクではないため，実感しにくいからである．たとえば，震度7以上の地震が，ある特定の地域にて今年中に起こる確率は，きわめて小さく，あえて確率表現するなら，

10のマイナス何乗という水準のものとなろう。日常生活では、このような低い水準の確率は、ほとんど"誤差"と見なされる。それ故、地震の起こりやすさを表現するにあたっては、いかにすれば"わかりやすいか"を十分に検討する必要がある。

通常、科学技術的には、不確実性は"確率"で表現されることが多い。特に、リスク専門家は、"確率"がほぼ唯一の的確な不確実性の表現方法であると強固に信じているケースも少なからずあるようである（吉川、1999）。しかし、専門家という立場を離れ、日常生活での会話を想起するなら、我々は不確実性を表現するにあたって確率を用いることは、むしろまれであるといえるだろう。普段我々は、"確率○％で"というよりは"たぶん、大丈夫だ"、"絶対に、大丈夫だ"、"かなり、危険だ"等という言語表現を用いているのが実態である。それ故、通常の言語表現とは異なる確率表現だけでは、十分にメッセージが伝わりにくい可能性がある。それ故、言語表現も併せたメッセージを検討することが望ましい。

さて、確率表現だけでは、表現しようとする不確実性の程度を伝えにくい最も根源的な理由は、次のような点に求められる。すなわち、普通の人々は、実世界の不確実性が、"確率"という尺度で表現することが必ずしも適切ではない、ということを、統計的訓練を経ずとも（あるいはむしろ、そうした訓練を経ないからこそ）、直感的に理解しているであろう、という点である。確率という概念はあくまでも、確率構造が一定であるという条件の下で、繰り返し試行が可能である場合に限り、正当性をもつ概念である。すなわち、そうした繰り返し試行を"十分に大きい数"だけ実施し、しかるのちに、特定の事象が生じた試行の回数の全体の試行数に対する割合を求めるのが確率である。ところが、日常生活で、そのような事態はまれである。確率構造が一定であるという条件が、成立しているか否かは定かではなく、"昨日までは毎日大丈夫だったが、明日からはどうなっているかわからない"という事態が一般的である。そして、"生命の危険"が関与するリスクにおいては、人々が繰り返し試行を行うことは原理的に不可能であり、それ故、確率という概念を

適用することが、ある種の違和感を生むことも考えられる。そして何より、仮に、いかなる不確実性に対しても理論的には（あるいは、神の視座からならば）確率を想定することができるとしても、限られた情報しか得られないままに将来の事象の生起確率を正確に推定することは著しく困難なのが実情であろう。おそらくは、専門家によって、あるいは、同じ専門家であっても、確率推定方法によって、地震の生起確率が異なるのが実情であろう。

こうした事情を、通常の人々は、いわば"何となく"理解しているのであり、それ故、"確率表現"を完全に信頼しているとは考えがたいのである。したがって、確率表現は、人々の直観的な理解を引き出す、"わかりやすい"表現であるとは考えにくいのである。事実、18歳以上の成人を対象とした日本国内の調査からは、"確率"の基礎的な概念を理解している割合は、3〜4割程度にしか過ぎないことが明らかにされている（科学技術庁科学技術政策研究所、1992）。すなわち、6〜7割程度の日本の成人は、確率表現を直感的に理解することができないのが、実情なのである。

無論、言語表現だけでは曖昧性が強く、したがって、その曖昧性を軽減するためにも、定量的な表現を併せて用いることは有効であることは間違いない。そして、さまざまな定量的な不確実性の表現方法［不正確確率（imprecise probability）やファジー尺度（fuzzy measure）等］の中でも、他に比べれば確率尺度は比較的シンプルであり、相対的に理解しやすい概念であるともいえる。それ故、上述のように、半数以上（6〜7割）の人々が正確に確率の基礎概念を理解していないという事実を踏まえた上であるのなら、確率尺度を、"補足的"に使用することは効果的でありえよう。

その場合、確率の数値を提示するにあたっては一般的には、"ある程度まとまった表現"をすることが望ましい。たとえば、"1年以内に大きな地震が生ずる確率が1.5％"という表現よりは、"50年以内に大きな地震が生ずる確率が75％"と表現する方が、わかりやすい。なぜなら、前者の表現は"すぐに大きな地震が起こる可能性は、あまりない"という形で解釈され得る一方で、後者の表現は"長期

的に考えれば，大きな地震が起こることはほぼ間違いないようだ"という形で解釈され得るからである．すでに繰り返し述べたように，地震災害に強い社会を築くためには，"長期的な視野"に基づく人々の判断を醸成することが必要なのであり，その視点から考えれば，長期的な表現の方が望ましいのである．

同様に，"〇〇断層で50年以内に大きな地震が生ずる可能性は5％"と表現するよりは，"〇〇地域で50年以内に大きな地震が生ずる可能性は60％"という表現の方が，より印象的な表現となる．前者の表現の場合は"私の家で大きな地震があるかもしれないが，たぶん大丈夫だろう"と解釈され得る一方で，後者の表現の場合は"〇〇地域では，長期的に見れば，大きな地震があることは十分あり得るようだ．だとしたら，我が家もその地震に見舞われる可能性が十分あるだろう"と解釈されうるからである．

なお，時間的にも，地域的にも限定した上でも，なおかつ，十分な地震の確率が見込める場合には（すなわち，地震予知がある程度可能であるのならば），"1年以内に，〇〇市において震度6以上の地震が生ずる確率は，70％です"というような，ある程度限定した上で確率を定義する表現の方が，長期的・広域的な確率の数値よりも，人々により大きなインパクトを与えることもあろう．

いずれにしても，確率表現を用いてリスクコミュニケーションを図る場合，時間と地域の広がりの定義によって，確率の数値は変化するという点は，重大な意味をもつのである．そのリスクコミュニケーションにて，何を伝えたいかという点を明確化し，そのメッセージを"言語"で十分に検討することが先決である．そして，その言語表現をサポートするような確率表現を検討することが望ましいものと考えられる．

一方，提供する確率の"正当性"や"根拠"についての情報を提供することも有用である．なぜなら，もしも，"地震がプレートの移動によって生ずるものであり，しかも，時間の経過と共に地殻のひずみが蓄積されるが故に，いつか，どこかで地震が起こることは間違いない"という科学的な理解をしているならば，地震が周期的に生ずるであろうこと

を容易に理解するであろうし，かつ，これまでに，周期的に大地震に見舞われてきた特定の地域において，何十年間か大地震が生じていないという事実は，その地域において近い将来に大きな地震が生ずるであろうことのほぼ間違いない証拠であると理解することもあり得よう．そうした理解がある個人においてなら，専門家が発する"〇〇大地震が今後30年間の間に生ずる確率は70％"というような情報は，十分なリアリティをもって受け取ることであろう．そして，その確率情報が深くその人の精神に刻み込まれることもあり得よう．しかし，上述のような科学的な理解がない個人ならば，そうしたリアリティは十分なく，一時的には一定の影響が存在していたとしても，長期的には忘れ去られる情報であるだろう．実際，梯上ほか（2003）は，地震に関する科学的理解が存在すると，地震を"未知なるもの"として恐れる傾向が低下するばかりではなく，防災行政や自主防災の重要性を強く感ずるようになるという実証的結果を報告している．

しかし，ここで最大限に注意しなければならないのは，たとえば，上述のように，確率の基礎概念を理解する日本の成人は，全体の3～4割程度にしかすぎない，という点である．ましてや，地震の専門的知識は"確率"よりも十分に教育課程で教えられてはいないのであり，その点を踏まえるなら，上記のような最も基礎的な地震発生メカニズムですら，大半の人々が理解していない可能性が十分に考えられるのである．その点を前提とするなら，リスクコミュニケーションにおいて，あまりに煩雑な情報を一挙に提供することは避け，シンプルな情報とシンプルなメッセージだけを提供する方が，概して効果的である，ということを忘れてはならない．それ故，そのコミュニケーションの対象はどういった層の人々であるのかを十分見極めることが得策であろう．また，たとえばチラシやコマーシャル等の，接触時間が限られているコミュニケーションの場合には，十分な"科学的説明"が困難であると考えられる一方，小中学校の授業や，ある程度の時間がとれるテレビ番組，あるいは，講演会などの場においては，ある程度の"科学的説明"の方がより効果的である可能性が十分に考えられる．

b. "被害の程度"の理解

"被害の程度"は，"起こりやすさ"よりは，より具体的にイメージしやすいものである．しかしながら，ある特定の場所と特定のタイプの地震を想定したとしても，その被害の大きさは，マグニチュード，震源地の位置，時間帯，風向き等によって大きく左右される．それ故，厳密に表記すると，非常に複雑な表現とならざるを得ない．しかしながら，厳密性を追求しすぎることは，わかりにくさを助長し，結局は，"被害の程度"の深い理解を妨げることとなる．

については，たとえば"関東大震災と同様の地震が起これば"等の，既存事例を引用するような形で被害を表現する方法が考えられる．あるいは，そういう事例が過去に存在しない場合でも，"〇〇地震と同程度"等の他地域の有名な例示を用いる方法があり得る．そして，その詳細な条件については，"脚注"的な扱いとする方法が考えられる．すなわち，"詳しく調べれば詳細条件が記載してあるが，ざっと目を通すだけでは，そうした情報には目がとまらない"という形式にしておくことが得策である．こうしておくと，時間がない人や，あまり関心のない人にもメッセージが届けられる可能性が向上する一方，時間や関心のある人には豊富な情報を提供することが可能となるからである．ところが，並列的に，すべての情報を羅列しているだけだと，時間がない人や，あまり関心のない人には，メッセージが届かないこととなってしまうのである．

さて，被害の規模を表現する場合，数値として，例えば，"死者1万1000人，負傷者21万人，建造物約85万棟が全壊・焼失"等の表現が用いられることが多い．こうした統計的数値を公表することは，被害推定の客観性や科学性を表現するという点においては望ましい表現である．さらには，先ほど述べたような"脚注"的な形で，その推定値を得た科学的経緯を公表することは，その信憑性を増すためにも，得策である．

しかしながら，"被害の統計的数値"を提供するだけでは，人々が"被害の規模"を実感するとは限らない．一般に，"統計的な数値"よりも，"一つの実例"の方が，より大きな心理的影響を及ぼすことが，既存の心理学研究より明らかにされている（アロンソン，1994）．それ故，統計的な数値と同時に，被害者の体験等をメッセージとして提供することは，被害の大きさを的確に理解してもらうためには効果的となろう．

あるいは，もしも技術的に可能ならば，一人一人の状況に応じて，どのような地震被害が生ずるかを具体的に（たとえば，地震のシミュレーションモデルなどを用いて）計算し，提供するようなシステムがあると，具体的な被害の理解を大きく助けることとなろう．たとえば，一人一人の自宅の住所や構造に関する基礎的な情報を入力することで，被害の程度を幾ばくかは想定することも可能となろう．あるいは，そうした個別的な計算が難しかったとしても，平均的な家屋の倒壊についての具体的なシミュレーション結果を，たとえば"視覚的"に表現し，そのイメージを提供するだけでも，具体的な被害の理解を促すことができるだろう．

しかしながら，このような個別的情報の"有効性"は大きく期待できるものの，そうした情報に，どのように"触れてもらうか"という点については，大きな困難があり得る．なぜなら，そうした情報に触れるためには，十分な関心と，機会と，時間が存在することが不可欠だからである．この問題点については，3.6.6項にてあらためて述べることとしたい．

▶ 3.6.4 対処行動の理解を得る：Solution

さて，以上のような段階を経て，地震災害リスクが存在することを知り，そして，その"起こりやすさ"と"被害の大きさ"を，ある程度的確に理解した人々であるなら，それに対して何らかの対処行動，すなわち"自主防災"の行動をとる下地ができあがることとなる．しかし，それはあくまでも"下地"にしかすぎず，自主防災の行動そのものに直結しているわけではない．なぜなら，地震災害リスクに個人的に対処するためには，どのようなものがあるのかを人々は理解しなければならないからである．

表10は，H14防災調査（内閣府大臣官房政府広報室，2003）で得られたデータを中心として，大地震に対する個人的な備えとして何を実施しているかを尋ねた結果をとりまとめたものである．この表に示されるように，自主防災行動としては，さまざま

なものが考えられるが、いずれの自主防災行動も、十分に高い割合で実施されているとはいいがたい水準にあることがわかる。ただし、概して、実行コストの低い行動（つまり、簡単にできる行動）ほど実行率が高く、実行コストが高い行動ほど実行率が低いという傾向も読み取れる。

表10　個々の自主防災行動の実行率

携帯ラジオ，懐中電灯，医薬品等の準備	47%
消火器や水をはったバケツを準備	22%
貴重品などをすぐ持ち出せるように準備	21%
いつも風呂の水をためおきしている	20%
食料などの備蓄	19%
近くの学校や公園など避難場所を決めている	17%
地震保険への加入*	16%
家具や冷蔵庫などを固定し，転倒を防止	15%
家族との連絡方法等を決めている	13%
非常持出し用衣類，毛布などを準備	10%
家の耐震性を高くする	7%
防災訓練に積極的に参加	5%
ブロック塀を点検し，倒壊を防止	3%

* 平成16年の全国の加入率．それ以外は，平成14年防災調査の結果で示されている実行率．

ここで、最も代表的な自主防災行動と考えられる"家の耐震性を高くする"に着目したい．この行動の実行率は、表10に示されているように、わずか7％にとどまっている．しかしながら、同じくH14防災調査に含まれる、住宅の耐震化を希望するか否かという調査項目では、実に約7割（69.2％）の被験者が"住まいが地震に強い住宅になることを希望する"と回答している．つまり、約7割の人々が自宅の耐震化を希望しているにもかかわらず、そのちょうど十分の一の約7％の人々しか、実際に耐震化を行っていないのである．

これこそ、先に述べた"行動-意図の不一致の問題"（藤井，2003参照）である．

この不一致がもたらされている理由は何であろうか．その不一致の理由には、費用に対する抵抗感や、合理的な根拠がないままに"大丈夫だろう…"と楽観していること等、さまざまな理由が考えられるが、それらの中でも特に本質的な理由の一つとして、

　　"家の耐震化に対する理解不足"

が挙げられよう．耐震化するにはどのような方法が

あるのか、それを実施することでどの程度の効果があるのか、そのためにはどの程度の費用がかかるのか、そのためには、誰に依頼するのが適切なのか——、これらの情報がなければ、家の耐震性を上げたいと仮に思ったとしても、ほとんどの人々は実際に耐震化を施すことはない．

上述のように、実に全国の7割の人々が家の耐震化を望んでいるということはすなわち、大半の国民が、ある程度の地震に対する"危機感"をもっていることを意味している．こうした状況では、"家の耐震化"についての理解を促進するリスクコミュニケーション、すなわち、"対処行動の理解を得る"という段階のリスクコミュニケーションが効果的となるものと考えられる．

同様のことが、防災訓練への参加や、家具や冷蔵庫などの転倒防止、家の近所の防災場所の理解、等、表10に示したすべての行動に対していえるであろう．上述のように一つの例外（携帯ラジオ等の準備）を除いて、いずれも2割程度、あるいはそれ以下の実行率に止まっているのであり、こうした低い水準に止まっている重大な理由の一つが、それら対処行動の理解不足であるものと考えられるのである．

なお、表10に示したように、自主防災行動にはさまざまなものが考えられ、それら一つ一つについて細かく情報を提供すると、その情報の総量は非常に大きなものとなる．いうまでもなく、それらメッセージはいずれも重要なものである以上、それらのすべてを提供することは必要とされているものの、多くの一般の人々は、それらの情報すべてに目を通すような余裕はないのが実態であろう．そうした事情を踏まえると、詳細な情報を簡潔にわかりやすくとりまとめた冊子などを提供しておき（たとえば、転居者には、防災の手引きなどを配布しておき）、必要であれば常にそれらの情報に触れることができるという体制を築く一方で、特に重要であると考えられる一つや二つの対処行動についての情報のみを重点的に提供するコミュニケーションを図る、等の対応がより効果的であるものと考えられる．具体的なコミュニケーションプログラムについては、3.6.6項にて述べることとしたい．

▶ 3.6.5　対処行動の誘発：Enactment

さて，これまでに何度か引用してきたH14防災調査によれば，大地震が起こると，住まいは"危ないと思う"とする者の割合が約6割（57.7％）である一方，大丈夫だと思うという回答は，その半数近くの約3.5割（35.7％）という結果となっている．そして，大地震が起こった場合，心配なことは何であるかとの質問に対しては，約2/3（66％）の被験者が"火災の発生"が心配であると答え，それとほぼ同数の人々（60.0％）が"建物の倒壊"が心配であると回答している．そして，上述のように，自宅の耐震化を望む人々の割合は，約7割（69.2％）にものぼっている．以上の結果は，意識の上では，概して，一般の人々は一定の危機感をもっている，ということを意味している．

しかしながら，表10に示したように，"具体的にどのような備えをしているか"との質問によれば，それぞれの対処行動について驚くほど多くの人々（8割前後の人々）が，対策を講じていないことが示されている．平常時における専門家からのリスクコミュニケーションに期待される最終的な目標は，やはり，この問題にいかに対処するかというところに求められよう．すなわち，いわばリスクコミュニケーションにおける"最後の詰めが甘い"のなら，その社会的な意義がまったく喪失されてしまいかねないのである．"具体的な自主的防災行動を実施することを促す"というこの一点こそが，リスクコミュニケーションの最後にして最大の目標といえよう．

さて，一般に心理学においては，今まで実行していなかった行動を実行するようになるという事態は，**行動変容**（behaviour modification）とよばれる．その一方で，リスクの存在に気づくことや，リスクの理解を深めることなど，これまで論じてきたような意識に関わる変化は，**態度変容**（attitude modification）とよばれる．これらの用語を用いるなら，ここで述べるCAUSEモデルの最終段階である"対処行動を誘発：Enactment"は，行動変容のためのコミュニケーションに該当する一方，それ以前の段階のコミュニケーションはいずれも態度変容のためのコミュニケーションに該当する．この考え方に基づくと，実務の中で実際に行われてきたハザードマップの配布や被害の予測値の公表等のリスクコミュニケーションの大半は"態度変容"のためのコミュニケーションであり，具体的な対処行動の誘発を目指す"行動変容"を明示的に意識したコミュニケーションが実施されることはまれであったのではないかと考えられる．

ただし，行動変容を意図したコミュニケーションプログラムは，種々の行政の取組みのなかでもとりわけ，渋滞対策や環境対策を目指す交通行政において，自動車利用を控える方向への行動変容を誘発することを目的として，近年頻繁に実施されるようになっている（土木学会，2005）．そうした交通行政における実務的取組みを通じて，"行動プラン法"，あるいは，"個別アドバイス法"といわれるコミュニケーション技術が効果的に行動変容をもたらす方法論であることが明らかにされてきている（藤井，2003；土木学会，2005）．

a.　行動変容プロセス

ここで，図9をご参照いただきたい．この図は，社会心理学における主要な行動理論の一つである態度理論とよばれる理論体系の中で想定される，行動変容が生ずる際の一般的なプロセスを記述する心理過程モデルである（藤井，2003参照）．この図に示したように，行動は，"実行意図"（implementation intention）に誘発される一方，実行意図は"行動意図"（behavioural intention）の形成に導かれる．例えば，"住まいの耐震補修を行う"という場合を考えてみよう．こうした行動変容が生ずるための前提は，その個人が"耐震補修を行おう"という形の"行動意図"を形成することである．これまでに論じてきた信頼の確立（Credibility），リスクの存在に気づく（Awareness），リスクの理解を深めること（Understanding），対処行動の理解を得る（Solutions）の段階はいずれも，"行動意図"を活性化するためのコミュニケーションであると位置づけることができる．

さて，この図9が示すように，行動意図が形成されることは，行動変容が生ずるための"必要条件"ではあるが，"十分条件"ではない．すなわち，行動意図が形成されるだけでは，行動変容は必ずしも生じないのである．たとえば，さまざまなリスクコ

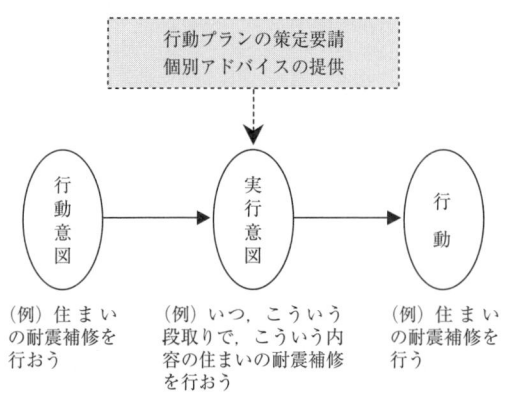

図9 行動変容における心理プロセスと実行意図活性化アプローチ

（図中）
行動プランの策定要請
個別アドバイスの提供

行動意図 → 実行意図 → 行動

（例）住まいの耐震補修を行おう
（例）いつ，こういう段取りで，こういう内容の住まいの耐震補修を行おう
（例）住まいの耐震補修を行う

ミュニケーションが"成功"し，人々の中に地震災害に対する十分な危機感が醸成され，かつ，個々の自主防災の行動オプションの存在とその詳細の理解が促進されたとしても，"具体的に，いつその行動オプションを実施するか？"という形式の具体的な行動プランを伴う"実行意図"が形成されない限り，行動変容は生じないのである．いうまでもなく，いかに人々の防災意識と自主防災に関する理解が醸成されていたとしても，"最後の詰め"としての行動変容が生じない限りは，そのリスクコミュニケーションをして，"真の成功"をもたらしたコミュニケーションであると評価することはできないであろう．それ故，いかにして実行意図を形成せしめるか，という問題が，真に地震災害リスクに強い社会を築くにあたってきわめて重大な段階となるのである．

さて，すでに指摘したように，また，図9に示したように，実行意図の活性化を期待するにあたっては，行動意図が存在しているという条件の下で，行動プランの策定を要請する"行動プラン法"，個別アドバイスを提供する"個別アドバイス法"という方法が効果的である．

b．個別アドバイス法

個別アドバイス法とは，具体的な行動を実行するにあたって必要となる，具体的かつ個別的なアドバイスを提供する方法である．

たとえば，耐震補修を受けるという行動の誘発を目指す場合には，リスクコミュニケーションにおいて耐震補修工事に関する基本的な情報を提供した上で，耐震補修工事の相談を行う公的機関の電話番号を記載し，"もし，耐震補修を希望する場合には，そちらの電話番号に電話するように"というメッセージを伝える方法が考えられる．あるいは，こうした相談のための公的電話番号が開設されていない場合には，耐震補修の相談を行い，実際の耐震補修を実施する場合における一般的な段取りを複数記載し，その上で，"必要なら，いずれかの方法で耐震補修を進めてください"という趣旨のメッセージを伝える方法が考えられる．

特に，こうしたメッセージを伝える以前に，住まいに関する簡単なアンケート調査を"事前"に実施する等して，個々の世帯にとって適切な補修工事を検討し，その情報を"個別的なアドバイス"として提供すると，より効果的である．

このようにできるだけ"個別的"なアドバイスを提供することで，実行意図の活性化を目指す方法が，個別アドバイス法である．こうした個別アドバイスの重要性は，とりわけ，リスクコミュニケーションと類似した問題を対象とする"恐怖喚起コミュニケーション"の中で明らかにされている（深田，1988）．

恐怖喚起コミュニケーションとは，たとえば麻薬や喫煙などのリスクを説明することで"恐怖を喚起"することを通じて，麻薬や喫煙のとりやめを誘発することを期待するコミュニケーションである．こうした恐怖喚起コミュニケーションの一連の研究で，行動の実行に関する十分なアドバイス（勧告）がなければ，十分な対処行動をとることができないことが明らかにされている．そればかりか，十分なアドバイスが存在しなければ，恐怖を喚起するコミュニケーションそのものを"無視"するように，（無意識のうちに）動機づけられることも知られている．なぜなら，喚起されたコミュニケーションが，いわば"行き場を失う"こととなり，最終的に，そのコミュニケーションが不当なものであると心理的に"信じる"ように無意識のうちに仕向けられてしまうのである．その一方で，適切なアドバイスがあれば，喚起された恐怖を"解決"するために，対処行動を実行する傾向が向上することとなる．このように，アドバイスの有無は，行動の実行において，重要な意味をもっているのである．

c. 行動プラン法

以上に述べた個別アドバイス法よりも，より効果的に実行意図を活性化する方法として知られているのが，行動プラン法である．行動プラン法とは，一般には，"アンケート調査"を実施して，その中の問いの一つとして，"特定の行動をとるとすれば，具体的にどのようにするか？"を尋ね，それを検討することを依頼することを通じて，直接的に実行意図を活性化する方法である．耐震補強の例では，上述のようないくつかのアドバイスを提供した上で，具体的に，いつ，どのようにして耐震補強工事を行うかを尋ねるという方法である．

たとえば，アンケート調査を実施し，その中で，耐震補修工事に関する基本的な情報を提供した上で，

- 耐震補修を相談する電話番号を掲載し，
- そこに相談する意図があるか否かを尋ね，
- その意図がわずかでもある場合には，いつ電話してみるかを記載してもらう．

という質問項目を設ける．こうした質問項目を通じて，対象者が，具体的に，いつ，どのようにして耐震補修をするのかを検討する機会を設けることを通じて，実行意図の活性化を促し，それを通じて，実際の自主的な防災行動の実行を促すのが，行動プラン法である．

なお，現時点においては，リスクコミュニケーションにおいて，行動プラン法や個別アドバイス法の有効性を明らかにした既往研究は十分に蓄積されていない．しかしながら，既往の研究より，こうした行動プランの策定を依頼することで，意図の実行率が，格段に向上し，場合によっては2倍程度となるということが，実証的に明らかにされている（藤井, 2003参照）．リスクコミュニケーションにおける行動プラン法の有効性は，今後実証的な研究を進めることを通じて確認していくことが必要であるが，以上に述べた心理学的理論とデータは，リスクコミュニケーションにおいても行動プラン法が同様に効果的であり得ることを示唆するものであるということができよう．

▶ 3.6.6 リスク・コミュニケーションのプログラム

以上，CAUSEモデルを基本として，リスクコミュニケーションの段階的目標を論じた．実際のリスクコミュニケーションを執り行うにあたっては，以上に論じた議論に基づいて，具体的なコミュニケーションプログラムを構成していくことが必要である．そうしたプログラムは，対象者の意識や理解の水準を見極め，本章で論じた諸点を参照しつつ，臨機応変に構築していくことが必要となる．ただし，ここでは，そうしたプログラムを検討する際の一つの雛形として考えられるコミュニケーションプログラムを説明することとしたい．

標準的なプログラムとして考えられるコミュニケーションプログラムは，次のようなものである．なお，ここで概説するプログラムは，これまでの実証的研究でその有効性が裏付けられているものではないが，これまでの交通行政において用いられてきたプログラム（トラベル・フィードバック・プログラム：TFP，土木学会，2005）を参照しつつ，本章において検討したものである．

まず，第1段階では，対象者全員に対して，次のような内容の封書を送る．

《第1回アンケート調査の配布物》
動機付けパンフレットまたはチラシ
- Awareness + Understanding を目的とする．
- 地震の規模や起こりやすさについて，簡潔に説明．
- 1～2分以内ですべての内容がざっと読めるような内容とする．

アンケート調査票
- Solutions を目的とする．
- アンケートに答えるまえに，まず，動機付けパンフレットに目を通すように教示．
- アンケート調査票の回答を進めるにつれて，どのような対処方法があるのかの理解が進むようにする（たとえば，○○しておくと，万一の場合××です．知っていましたか？ また，そのようにしてみようと思いますか？ と尋ねる）．
- さらに，どのような対処方法についての詳しい

情報が必要であるかを尋ねる．
- 10分以内で回答できるようにしておく．

次に，CAUSEモデルの最終段階であるEnactmentを目的としたコミュニケーションとして，以上のアンケートで回答があった個人の一人一人を対象とした第2回アンケート調査を実施する．この第2回アンケートは，次のような内容のものである．

《第2回アンケート調査》
個別アドバイス
- 個々人から要望のあった防災関連のより詳しい情報を，個別的に提供する．

アンケート調査票（行動プラン票）
- 特定の防災行動の誘発を促すことを目的として，その防災行動を具体的にどのように実施するかの行動プランを記述することを要請する調査票（行動プラン票）を配布し，それへの記述を通して，実行意図の活性化と実際の行動の誘発を促すことを期待する．

繰り返しとなるが，以上に述べたプログラムは，あくまでも標準的なものであり，実際にはさまざまな形式のリスクコミュニケーションプログラムが考えられる．たとえば，信頼（Credibility）が不足している状況では信頼の確立を優先させることが必要となるであろうし，最終的な自主防災行動としてどのような対処行動を推奨することが有効であるかは，地域によってさまざまであろう．また，十分な時間的・財源的余裕がない場合は上記の2段階のコミュニケーションよりはむしろ，第1回と第2回のアンケートを同時に実施するような単純なプログラムも考えられる．その一方で，自治会や学校の協力が得られるなら，個々のステップをより詳細に実施していくことが可能となろう．

このような多様なプログラムが考えられるものの，専門家からのリスクコミュニケーションの目標は，人々の態度と行動の変容のプロセスに応じて図8に示したような段階的な構造をなしており，それを踏まえたプログラムを構築することが必要であろう，という点は，いずれのプログラムにおいても共通している．そして，いずれにおいても，プログラムを設計し実施するにあたっては，本節で論じたさまざまな詳細な点を吟味しつつ，細心の注意の下，ていねいに進めていくことが不可欠であるという点も共通している．

さて，以上のような形でプログラムを実施する際に忘れてはならないのが，そのプログラムの効果を測定するという点である．繰り返すまでもなく，リスクコミュニケーションの目標が地震災害に強い社会を築くことである以上，そのコミュニケーションプログラムに一定の効果が存在していたか否かを，常に把握しておくことが重要である．もしも，十分な効果が得られているのなら，すなわち，地震災害に対する理解が深まり，適切な危機感が喚起され，そして，それに対処する行動の実行率も上昇しているのなら，そのプログラムにさらに大規模な予算を投入して，より広範に，かつ，持続的に進めていくことが必要となろう．その一方で，その効果が限定的であったり，あるいは，効果が存在していなかったのなら，そのプログラムを再度見直し，効果が得られなかった原因を吟味し，適切な効果が得られるようなプログラムを模索することが必要となろう．こうした効果測定を常に実施していくことで，より効果的なリスクコミュニケーションが実施できることが期待できるのである．

3.7 災害時におけるリスクコミュニケーション（クライシスコミュニケーション）

以上，前章では，専門家からのリスクコミュニケーションの中でも，平常時におけるコミュニケーションを論じた．その目標は，人々が地震に対して自主的・個人的な"備え"をすることを，促すことであった．その一方で，地震災害におけるもう一つの重要なリスクコミュニケーションは，"災害時"におけるコミュニケーション，すなわち，"クライシスコミュニケーション"である．

クライシスコミュニケーションがとりわけ重要となるのが，地震に伴って生ずる"津波"のリスクが存在する場合である．たとえば，平成16年のスマトラ沖地震に伴う津波の場合でも，適切な避難行動

をとった地域とそうでない地域では，被害に大きな差が存在していることが報告されており，このことからも，クライシスコミュニケーションの重要性をうかがい知ることができよう．

▶ 3.7.1　クライシスコミュニケーションの問題

いうまでもなく，クライシスコミュニケーションの肝要な点は，津波の恐れがあれば，迅速にその情報を住民全員に適切に伝える，という点にある．しかしながら，地震が発生し，津波がやってくるまでの間の時間は限られている．それ故，必ずしも，100％の精度で，津波警報を伝達できるとは限らない．

ここに，津波におけるクライシスコミュニケーションの最大の問題点がある．

片田（2004）によれば，かつて甚大な被害をもたらした津波が生じた三陸地域において，津波が生じる可能性がある地震が生じたときに，多くの人々が"逃げる"という行動をとるよりも，"より詳しい情報を取得しよう"という行動をとったことを，調査結果より明らかにしている．つまり，人々は，"おそらくは津波が存在するのなら，適切な情報が伝えられるだろう"と漠然と期待していたのである．ところが，その地震時に，津波に関する情報が伝達されたのは，もしも津波が生じていたらすでにその地域に津波が到達していたであろう時刻よりも**以後**の時点だったのである．

同様の指摘は，Covello ら（1986）によってもなされている．彼らによれば，人々の一般的な傾向として，

- 個人的な被害があるような（津波などの）自然災害の可能性を否定しがちであり，
- 警報の確認を求めがちであり，そして
- 避難することをいやがりがちである

という傾向が存在することを指摘している．この指摘はまさに，片田（2004）が調査データにより明らかにした傾向によって裏付けられているものである．

▶ 3.7.2　問題への対処

以上のような実情を踏まえるなら，警報を発する側は，次のようなクライシスコミュニケーションを実施することが望ましいであろう（吉川，1999 参照）．

a.　警報システムについて

まず，津波の恐れがある場合に，その津波の発生可能性に応じて，いくつかのレベルの（たとえば，サイレンなどでの）警報を用意する．たとえば，"津波がやってくることが確実である（あるいは，きわめてその可能性が高い）という警報"，ならびに，"津波がやってくる可能性が存在するという警報"の二つを用意しておく．あるいは，その確度に応じて，警報レベルをいくつか用意しておくということも考えられるが，肝心の津波がやってくる直前の限られた時間における混乱を最小化するためにも，あまり多くの警報レベルを設けておくことは望ましくない．

以上の設定を施した上で，迅速に，かつ，できるだけ的確に津波警報が発令できる体制を築いておくことが肝要である．特に，津波が存在するほどの大きな地震があった場合には，警報システム自体が破損する危険性がある点にも，十分に配慮することが必要である．

b.　警報システムの限界の周知

一方，こうした警報システムを構築する一方で，その警報が何を意味し，かつ，その警報があった場合にどのような対処行動をとる必要があるのかを，"平常時"において人々に徹底的に周知しておく必要がある．つまり，クライシスコミュニケーションの有効性を最大化するためにも，平常時のリスクコミュニケーションがきわめて重要となるのである．

さて，その平常時のリスクコミュニケーションの中で伝えるべき重要な点は，"警報システムは完璧ではなく，誤報があり得る"という点である．

もしも，人々が警報システムを十分に信頼している状況の中で，一度でも誤報があれば，それ以後，そのシステムは信頼を大きく失い，肝心の，"いざ"というときに，有効に機能しなくなってしまう危険性がある（Covello, Slovic & von Winterfeldt, 1986）．一方，人々の信頼の崩壊を恐れて，警報を発するときに過度に慎重になってしまえば，万一のときに，何ら警報を発することができないという事態が生じ

てしまう．そうなれば，多少の誤報の危険を顧みず，警報を出していた方が，より多くの人命を救うことができたのではないか，という事態が生じてしまうこととなる．

こうしたジレンマを回避するためにも，
- 津波警報は十分な信頼性が存在する

という点を的確にメッセージとして伝達しつつも，先にも指摘したように，
- 津波警報の精度には一定の限界があり，誤報があり得る

という点を，改めて伝えることが重要なのである．

また，そうしたコミュニケーションをより円滑にするためにも，先に指摘したように，津波警報のレベルを複数設けておき，担当官にあまり自信がないときでも，人々にその危険性を伝えることが可能な"津波の可能性がある"という情報（いわば，注意報）を発信することが得策となろう．

なお，そのような注意報を発令するときは，誤解を最小化するためにも，音声にて"津波が来る可能性があります"という形で，"可能性"という言葉を強調して伝達する等の対策も考えられる．また，注意報を発令した上で，津波の可能性がないということが判明したとすれば，同様の方法を用いて"津波の可能性がなくなりました"とアナウンスしておく必要がある．こうしたアナウンスを怠ると，警報システムの信頼性が低下してしまいかねないからである．

なお，先に指摘した誤報による否定的な影響は，どのような配慮をしていたとしても回避することは難しいだろう．それ故，やはり，注意報が乱発されるような事態になれば，システムの信頼性の低下は避けられず，したがって，肝心のときにシステムが役に立たないという事態が生じかねないだろう．そのためにも，警報の有無を判断する場合には，誤報のリスクと，無警報のリスクの双方を見据えつつ，臨機応変に対応していくほかはないのである．

c．"逃げることの重要性"の周知

さて，以上のようなクライシスコミュニケーションのシステムを完備し，そして，その信頼性と限界の双方を周知した上で必要となるのは，"津波の恐れがあるのなら，情報を集めるより以前に，とにかく逃げることが必要"であることの周知徹底である．

先にも指摘したように，人々は，概して"逃げようとはしない"のであり"本当に津波が来るかどうかを確認しよう"とする心理的傾向をもつ．こうした心理的傾向があるが故に，大規模な津波が生ずれば，何十，何百，場合によっては，何千，数万という人命の被害が生じてしまうこととなるといって過言ではなかろう．わずかな可能性でもあれば，すぐに高い場所に逃げるという傾向が人々にあれば，"亡くならずに済んだ"という人々は，かなりの割合に上る可能性すら考えられるであろう．

クライシスコミュニケーションシステム，あるいは，津波警報システムを構築することの最大の意義は，この点に求められる．すなわち，人々における"津波の可能性があれば逃げる"という事態を促進するために構築されるものが，津波警報システムなのである．この点を踏まえるなら，津波の警報や注意報があった場合に人々が推奨すべき行動は，

"とにかく，高い場所に逃げる"

という行動にほかならない．ここで重要なのは，仮にそれが警報ではなくて，注意報であったとしても，津波が来る可能性がある以上は，逃げるべきである，という点である．警報と注意報を設けているのは，先にも述べたように，誤報によるシステムに対する信頼性の低下を食い止める，という意味があるにすぎない．"警報なら必ず逃げなければならないが，注意報なら逃げても逃げなくてもよい"という意味があるのでは決してない．この点，すなわち，"注意報があっても，警報があっても，必ず逃げるように"という点は，平常時のリスクコミュニケーションにて，十分に伝達しておくことが必要な項目であろう．

さらに，"警報システムが作動しない"という可能性すらあることを十分に伝え（特に，大地震の場合には警報システムが破損することすら考えられる），仮に，注意報，警報がなかったとしても，津波が来るかもしれないと判断すれば，とにかく逃げることが重要である，ということも，併せて伝達しておくことも必要であろう．

なお，以上に付随して，津波の警報があった場合には，どこに逃げることが得策であるか，というこ

とも，一人一人に想定してもらうことが重要であろう．そのためにも，前章で述べた個別アドバイス法（地区ごとに，避難する場所を決めて，その情報を個別的に伝達する）や，行動プラン法（津波警報があった場合に，どのように振る舞うかを考えてもらう）等を援用したコミュニケーションプログラムを実施することは重要であろう．

▶ 3.7.3 おわりに

いずれにしても，津波におけるクライシスコミュニケーションの成否は，逃げない人々，逃げる代わりに情報をより詳しく集めようとする人々を，いかにして，逃げる方向へと行動を促進することができるのか，という一点にかかっている．そして，その中で問題をさらに難しくしているのは，"誤報"があればシステムの信頼性の低下を招きかねない一方，的確な警報を短期間に常に出すということは困難であるという点である．こう考えると，津波のクライシスコミュニケーションは決して容易なものではないといえよう．

しかし，これらの問題は，十分なコミュニケーションさえあれば，決して，克服できない壁とはいえないだろう．その点を踏まえるなら，クライシスコミュニケーションの有効性を最大化するためにも，前章で述べたような普段のリスクコミュニケーションを地道に続けていくことが，必要となるものと考えられるのである．

3.8 災害に強い社会の構築に向けて

以上，一人一人が，地震や津波のリスクに適切に対処するための行動を促すことを目的とした"専門家"からのリスクコミュニケーションについて述べた．しかし，専門家はあくまでも，万能ではなく，専門家からの一方的な情報にのみに基づいて，災害に強い社会が築きあげられるわけではない．そして何より，リスクの専門家は，社会のあり方を考えることそのものについての専門家ではない．この点を踏まえるなら，リスクの専門家による知識は重大な意味をもつことは論をまたないとしても，住民や議会，政治家等を含め，それこそ社会全体で，災害に強い社会を考えていくことが必要であろう．

たとえば，地震防災にどの程度の財源を確保すべきか，という問いは，さまざまな行政目的の重要性を勘案しつつ，総合的な視点から決定せざるを得ないきわめて複雑な問題である．都市は地震災害に強くなければならない．しかしながら，それと同時に，機能的で活力のある都市であることも求められている．そして何より，都市は美しく，潤いのある場所でなければならない．人間は決して，"命さえ助かりさえすれば，後はどうでもよい"というようにはできていないのである．人間には，そして，社会には，さまざまな側面がありながらも，現実の行政には一定の予算的制約があり，また，人的資源にも制限がある．こうした制限を勘案しつつ，特定の財源を，防災行政に割り当てることが必要となる．こうした問題を考えるにあたって，地震が生ずる可能性がどの程度なのか，あるいは，実際に生じた場合にどの程度の被害が生じうるのか，といった点についての専門的知識はきわめて重要であろう．しかし，それだけでは，財源配分というきわめて複雑な問題に一定の"選択"をもたらしうることはできないのである．そうした選択をもたらすためには，さまざまな側面を勘案しつつ，一定の政治的行政的枠組みの中で，個々の状況を勘案しつつ"決断"を重ねてゆかなければならない．

こうした問題の複雑性は，地震災害に関わるすべての行政的問題にかかわってくるであろう．津波防災のための整備を優先させるか，種々の公共施設や社会基盤の耐震補強を優先させるか，仮に公共施設や社会基盤の耐震補強を優先させるとしても，いずれの耐震補強を優先させるのか．あるいは，そうしたハード整備と，本章で論じているリスクコミュニケーションのようなソフト政策のいずれを優先させるべきかという問題もある．

無論，こうした問題はいずれも，"被害を最小化するような予算配分をすればよい"という，一見合理的に見える考え方で対処するという考え方もあることはある．しかし，先ほど都市の問題について例示的に述べたように，社会基盤の整備は防災対策のためだけに実施されているものなのではなく，一つ

の施設が多面的な目標に使われているのが実情なのであり，単純に，防災的側面だけを考慮しつつ，優先順位を決定するようなことは必ずしも正当化され得ない．

あるいは，災害が起こった際の対応として，誰が，どのような対応を図るべきか，という問題も決して単純な問題ではない．たとえば，矢守・吉川・網代（2004）は，実際に阪神・淡路大震災に直面したさまざまな立場の人々（住民や企業，行政等の人々）に対してインタビューを行った結果，震災の現場では，"こうすべきであった"と単純に決定できないような，決定困難なさまざまな選択問題に人々が直面していたことを明らかにしている．たとえば，震災後に，全国から善意として被災地に送られてきた"古着"が膨大な数に上り，保管する場所がどこにもなく，また，それを仕分けする人手も足りず，困り果てていた自治体職員が，その善意の古着を燃やして処分すべきか否か，という容易に"正解"を見出すことができないような問題が生じたらしい．あるいは，学校の運動場を緊急の被災者のための仮設住宅に使うか否かという問題も，必ずしも単純な問題ではない．仮設住宅に使用することを許可すれば，被災者が入居する住宅ができるまでは仮設住宅から追い出すこともできず，そのために，長期的に学校教育現場に部外者が常時駐在するという事態が続き，その結果，適切な教育が困難となる可能性が考えられるからである．実際，ある自治体は運動場を仮設住宅用地として使用することを許可する一方で，別の自治体は許可しなかったということが報告されている（矢守・吉川・網代，2004）．

このように，地震災害に関わるさまざまな行政的な問題は，いずれも一筋縄ではいかない複雑な問題なのである．

こうした複雑な問題に直面したときに，適切に対処するためには，それが個人的選択であっても社会的選択であっても，その選択主体は，総合的に状況を把握する能力をもたねばならないだろう．そして，得られた種々の情報の中から，必要な情報と不要な情報を瞬時に識別しつつ，遅延することなく，決断していかなければならないであろう．無論，一定の決断をした以上は，その決断によってもたらされるさまざまな弊害（副作用）にも十分に配慮しつつ，下した決断の方向性で最大限の努力を重ねていかなければならない．そして，その決断に誤りがあったのだと見なしたのなら，瞬時に方針を変更することが必要であろう．もちろん，それまでに誤った決断に基づいて実施した事柄によって何らかの弊害が生じていたのなら，それに対する対処も不可欠であろう——．

こうした現場での決断において，過ちをできるだけ犯さないために，我々ができることといえば，普段から，あれこれとさまざまな状況を予想し，その時にどのように振る舞うべきかを思案することであろう．

もしも，ああなったらどうすればよいか——
もしもこうであったら，どうすべきか——
このような形で，ありとあらゆる状況を想像しつつ，それに対する対処を日常の中で考え続けることで，自ずと，"まさかのとき"のためのさまざまな物質的・精神的な備えが徐々に整えられていくこととなろう．そしてそれと同時に，"まさかのとき"においても，うろたえることなく，余裕をもって，冷静に対処することが可能となるだろう．そして，自らの命が絶たれる事態に陥ったとしても，その死の直前に至ってもなお，うろたえることなく，その現実を受け止めることができるであろう．なぜなら，ありとあらゆる状況を想像しているのなら，自らが命を落とす状況をすら，十分に想像しているに違いないからである．

これこそ，日本語でいうところの"覚悟"という言葉が意味する状況にほかならない．覚悟とは，普段からあれこれを想像し，何が起こりうるかを想像し（悟り），そうして悟った事柄を一つ一つ忘れぬように覚えておくことにほかならないからである．こうした"覚悟"があれば，的確に"備え"がなされ，それによって"憂い"もなくなり，いざというときも適切に対処することが可能となる可能性が大きく向上することであろう．

繰り返すまでもなく，こうした"覚悟"を携えるために最低限必要とされているのは，普段から"あれこれを考える"というプロセスである．このあれこれを考えるプロセスを，個人的な次元だけではな

く，社会的な次元において，日常的に繰り返すことができるのなら，その社会は，自ずと的確に"備え"がなされてゆき，社会的な"憂い"（すなわち，社会的な不安）が低減していくこととなろう．そして，まさかの震災のときにも，混乱することなく，適切に対処してゆくことが可能となろう．こうした社会こそ，"災害に強い社会"とよぶにふさわしい社会といってよいだろう．こうした災害に強い社会を導き得る"いざというときのことをあれこれと考えるという社会的プロセス"，これこそ，"リスクコミュニケーション"にほかならない．

ここで，地震災害の専門家の役割とは何かを改めて問うてみよう．

地震のときに何が起こり得るのかを考えることこそ，"あれこれを考える"にあたっての基本であるが，地震災害のときに何が起こり得るのかを，一般の人々はなかなか想像できるものではない．この土地に大地震は起こり得るのか，建物は崩壊するのかしないのか，津波が来れば何が起こるのか——，こうした疑問はいずれも，専門的な知識（あるいは，専門家にとっては当たり前のことと見えるような専門家的常識）があって初めて回答し得るものである．すなわち，地震災害の問題を"社会的な次元であれこれを考える"ためには，専門家の知識が不可欠なのである．

こう考えるなら，**地震災害に強い社会を築くために，すなわち，地震災害に関しての"覚悟"ある社会を築くためには，地震災害に関する専門家の知識が，そして，その知識に基づくリスクコミュニケーションが不可欠である**，という結論を導くことができることとなろう．

かくして，地震災害の専門知をもつ者がリスクコミュニケーションをなさないという事態は正当化され得ぬ事態なのだ，と我々はいわねばならないのである．そうである以上，我々が必要としているものは，どこで，誰に対して，どのような形でコミュニケーションを図っていくことが適切なのか，という知識である．おそらくは，こうした知識を，我々は十分に所持しているとはいいがたいであろう．とりわけ，本章で概観したように，リスク心理とコミュニケーションに関わる研究は，"心理学"を中心として進められてきた分野なのであり，現実の防災行政における実例が十分に蓄積されているとはいいがたいのが実情であろう．この点を踏まえるなら，本書で引用した基礎的な理論やコミュニケーションの考え方を参照しつつ，さまざまな現場において，具体的なリスクコミュニケーションを実践していくことこそが，強く望まれているのである．そうした実践を不断の努力の下，重ねていくことができるのなら，我々の社会は少しずつ，地震災害に強い，"覚悟"ある社会へと，近づいていくこととなるに違いないのである．

注

1) なお，地震災害は，特定の場所，特定の時点でしか生じ得ないものである．したがって，仮に大規模な地震災害が生じたとしても，まったく直接的な被害を受けない人々がいることも間違いない．しかし，"社会全体としての被害"で考えるなら，地震災害に対して脆弱な社会の方が，地震災害に対して強い社会よりも被害甚大なるものであることもまた間違いない．そして，何より，地震の直接被害を被らなかった人々においても，社会全体の被害が大きければ，政府の救援活動などによる出費がかさむことなどを考慮すれば，税金などの形で私的な出費が増えることともなろう．すなわち，地震災害に対するリスクにまったく無頓着であれば，仮に直接的な被害を免れたとしても，やはり結果的には，回り回ってその"つけ"が後々やってくるのである．

2) なお，社会的ジレンマが真に深刻な問題であるのは，万人が協力行動をしている中においても，自分一人だけが非協力行動をする方が，個人的には"得"な選択である，という点に求められる．それ故，結局は，万人は少しでも得をする"非協力行動"を選択してしまうのである．ただし，災害リスクの場合には，適切な防災対策をとっていなければ，結局損をするのは，やはり"自分"である．それ故，こと，防災対策にかかわる社会的ジレンマにおいては，社会的な視点から物事を考えることがなくても，"長期的"に物事を捉えるようになりさえすれば，協力行動をとる可能性が開けるという点が，その重要な特徴である．なお，こうした社会的ジレンマは，特に社会的トラップ（social trap，あるいは，social fence）と呼ばれている（藤井，2003）．

3) 一般に社会的ジレンマ研究においては，その問題を解消するには，構造的方略（structural strategy）と心理的方略（psychological strategy）の二つの方略

があるといわれている（藤井，2003）．地震災害の社会的ジレンマにおける構造的方略の代表的なものは，いうまでもなく，一つ一つの構造物に対する対策であるが，冒頭で指摘したように，それ"だけ"では地震災害を消滅させることはできないのである．

4) "リスクイメージ"（risk image；岡本，1992）といわれることもある．

5) 一般に，こうした形容詞対を用いる方法は，SD（semantic differential）法といわれており，心理学における実証研究で用いられる標準的な測定方法の一つである．

6) 電化製品事故がもしあれば，原発や医療，食品と同様，"事故の責任の所在が，電化製品会社にある"という形で報道される可能性が高い．それ故，ここで報告した分析において，そのダミー変数が有意となった可能性が高い．ただし，本文にて報告したように，電化製品についてはその時点で大きな事故は報道されておらず，それ故，ダミー変数は有意とならなかったものと考えられる．

7) リスク認知に関する主成分分析を行った結果，"起こりやすさ因子"は"恐ろしさ因子"に含めることが妥当であることが統計的に示されたため，この研究では"起こりやすさ"を"恐ろしさ"の一側面と見なした上で分析を進めている．

参考文献

Austin, E.W. & Johnson, K.K. : Effects of general and alcohol specific media literacy training on children's decision making about alcohol. *Journal of Health Communication*, **2**, 17-42, 1997.

Beyth-Marom, R. : How probable is probable? - Numerical translation of verbal probability expressions. *Journal of Forecasting*, **1**, 267-279, 1982.

Combs, B. & Slovic, P. : Newspaper coverage of causes of death. *Journalism Quarterly*, **56**, 837-843, 1979.

Covello, V., Slovic, P. & von Winterfeldt, D. : Disaster and crisis communications: Findings and implications for research and policy. *In* : Jungermann, H., Kasperson, R.E. & Wiedemann, P.M. (Eds.): Risk communication, KFA, 1988.

Covello, V., von Winterfeldt, D. & Slovic, P. : Risk communication- A review of the literature. *Risk Abstracts*, **3**, 171-182, 1986.

Kahneman, D. and Tversky, A. : Prospect theory- An analysis of decision under risk. *Econometrica*, **47**, 263-291, 1979.

Kleinhesselink, R. & Rosa, E.A. : Cognitive representation of risk perceptions: A comparison of Japan and United States. *Journal of Cross-Cultural Psychology*, **22**, 11-28, 1991.

Lichtenstein, S., Slovic, P., Fishhoff, B., Layman, M. & Combs, B. : Judged frequency of lethal events. *Journal of Experimental Psychology : Human Learning and Memory*, **4**, 551-578, 1978.

McCombs, M. and Shaw, D.L. : The agenda-setting function of mass media. *Public Opinion Quarterly*, **26**, 176-187, 1972.

National Research Council: Improving Risk Communication, National Academy Press, 1989.

Peters, R., Covello, V. & McCallum, D. : The determinants of trust and credibility in environmental risk communication- An empirical study. *Risk Analysis*, **17**(1), 43-54, 1997.

Rowan, K.E : Why rules for risk communication are not enough- A problem-solving approach to risk communication. *Risk Analysis*, **14**, 365-374, 1994.

Slovic, P. : Perception of risk. *Science*, **236**, 280-285, 1987.

Slovic, P. : Perceived risk, trust, and democracy. *Risk Analysis*, **13**, 675-682, 1993.

Tversky, A. & Kahneman, D. : Judgement under uncertainty- Heuristics and biases. *Science*, **185**, 1124-1131, 1974.

Walley, P. : Statistical Reasoning with Imprecise Probability, Chapman and Hall, 1991.

Zadeh, L.A. : Fuzzy Sets. *Information and control*, **8**, 338-353, 1965.

アロンソン（著），古畑和孝（監訳）：ザ・ソーシャル・アニマル－人間行動の社会心理学的研究，サイエンス社，1994．

大沼　進，中谷内一也：環境政策における合意形成過程での市民参加の位置づけ－千歳川放水路計画の事例調査．社会心理学研究，**19**(1)，18-29，2003．

岡本浩一：リスク心理学入門，サイエンス社，1992．

科学技術庁科学技術政策研究所：日米欧における科学技術に対する社会意識に関する比較調査．平成二年・三年度科学技術振興調査費調査研究報告書，1992．

片田敏孝：河川洪水に対する住民の災害情報理解と避難行動に関する総合的研究．第30回土木計画学研究発表会，招待講演，2004．

木下冨雄：科学技術と人間の共生．*In*：有福考岳（編）：環境としての自然・社会・文化，京都大学学術出版会，pp. 260-267，1997．

木下冨雄，吉川肇子：リスク・コミュニケーションの効果（1），（2）．日本社会心理学会第30回大会発表論文集，pp. 109-112，1989．

楠見　孝：市民のリスク認知．*In*：日本リスク研究学会（編）：リスク学事典，2000．

土木学会：モビリティ・マネジメントの手引き，土木学

会, 2005.
内閣府大臣官房政府広報室：世論調査報告概要平成14年9月調査；防災に関する世論調査, 2003 (http://www8.cao.go.jp/survey/h14/bousai-h14/).
梯上紘史, 菊池 輝, 藤井 聡, 北村隆一：防災行政と自主的防災行動に対する京都市民の重要性認知分析. 土木計画学研究・論文集, **20**(2), 337-345, 2003.
深田博己：説得と態度変容―恐怖喚起コミュニケーション研究, 北大路書房, 1988.
藤井 聡：社会的ジレンマの処方箋―都市・交通・環境問題のための心理学, ナカニシヤ出版, 2003.
藤井 聡：政府に対する国民の信頼―大義ある公共事業による信頼の醸成. 土木学会論文集, 807/IV-70, 2006.
藤井 聡, 吉川肇子, 竹村和久：リスク管理者に対する信頼と監視―炉心シュラウド問題が住民意識に及ぼした影響分析. 社会技術研究論文, **1**, 123-132, 2003.
藤井 聡, 吉川肇子, 竹村和久：東電シュラウド問題にみる原子力管理への信頼の変化. 社会技術研究論文集, **2**, 399-405, 2004.
山岸俊男：信頼の構造―こころと社会の進化ゲーム, 東京大学出版会, 1998.
矢守克也, 吉川肇子, 網代 剛：防災ゲームで学ぶリスク・コミュニケーション―クロスロードへの招待, ナカニシヤ出版, 2004.
吉川肇子：リスク・コミュニケーション, 福村出版, 1999.

4 地震時火災と避難行動
—— 情報伝達と地理イメージ変形を考慮した地震時行動シミュレーション ——

　これまで，都市防災計画を策定するための基礎的資料を得ることを主たる目的として，地震時火災避難シミュレーション解析の研究が数多くなされてきた．地震時火災を想定した避難シミュレーションモデルについては，糸井川ら（1989）の pp. 107-118 に詳しくまとめられている．多様なモデルを整理分類し，特に，屋外広域避難モデルに着目して，多くの事例を挙げながら詳細に解説しておりたいへん参考になる．

　こうした避難シミュレーションモデルは，具体的な防災計画作りの指針を与える研究として役立ってきたといえる．しかし，人間行動のモデル化に際しては，データの制約，学術的にみて妥当な知識の集積が不十分であることなどから，避難行動については，次のような理想化を仮定せざるを得ない場合が多かった．

　（1）避難者は，完全に正しく情報を把握している．
　（2）避難者は，合理的な判断ないしは，防災計画で想定されている判断に基づき行動する．

　堀内ら（1974a, 1974b）は，避難地の収容人員の情報を各ノードで入手し避難先を判断するモデルを提案しており，また，岡崎ら（1979）は，建物内の避難者行動をシミュレーションするため，停滞状況，火災および煙の進展状況を歩行の各時点ごとに知覚し，その情報に基づいて歩行方向を決めるモデルを提案している．両研究とも情報が避難行動とどのようにかかわるかに注目した先駆的な研究である．このように，一部の研究では避難者の情報入手の問題を取り上げているが，多くのシミュレーションモデルでは，避難者は，地域に発生した地震時出火地点，火災の延焼状況，指定された避難場所およびそこまでの避難ルート等について完全に（誤って理解することなく）知っていることを仮定している．また，避難者は，冷静沈着に，最も適切な時刻に避難を開始し，右往左往することなく避難地への最短ルートを選択するものと仮定されることも多い．しかし，地震時の混乱した状況の中で，このような"正しい"知識の獲得と合理的な行動がどれだけ可能であるかは定かでない．

　本章では，"全知全能型"とでもいうべき従来のシミュレーションモデルを改良し，避難者がどのように知識（正しいとはかぎらない）を獲得し，その限定された状況の中で，どのように判断し，行動するかを検討するためのシミュレーションモデルについて述べている．また，このモデルを用いて，避難者の情報伝達プロセスが災害時の人的被害にどのような影響を及ぼすのかについて検討した結果について述べている．さらに，都市認識（地理的イメージ）の変形作用をシミュレーションモデルに組み込み，災害時の避難行動に及ぼす影響について考察している．

4.1　地震時避難行動に関する意識調査と地理的イメージ調査

▶ 4.1.1　地震時避難行動に関する意識調査[1]

　"全知全能型"でない人間の避難行動の側面を理解するためには，都市防災の原点にもどって，避難者行動について検討することが必要である．ここでは，避難行動における行動の判断基準となり得る"知識"，"普段の避難行動の考え方"，"災害のイメージ"などに焦点をあてて，"地震災害時の避難行動に関する住民の意識調査"を行った．以下では，

これを調査Iとよんでいる．

a. 調査方法

(1) 調査対象地域

関東大震災と同規模の地震が東京を襲った場合の被害については，近年，ますます関心が高まっている．そこで，東京都内でも，密集性が高くかつ木造建築が多く，また，これまでも都市防災対策の緊急性が指摘されているとの理由から，図1に示す江東・墨田両区の全域と江戸川区の一部を含む隅田川および荒川にはさまれた地域を調査対象地域とした．この地域では，16の避難場所が指定されている（1990年当時）．具体的な避難場所名と位置については，表1および図1に示してある．以下では，指定避難場所が同一の地域を"地区"とよぶことにする．

(2) 調査方法

調査データに偏りが生じないように，500 mを1辺とする正方形のメッシュで調査対象地域を区分し（図1参照），各メッシュごとに，昭和55年国勢調査人口に比例して調査数を決定した．

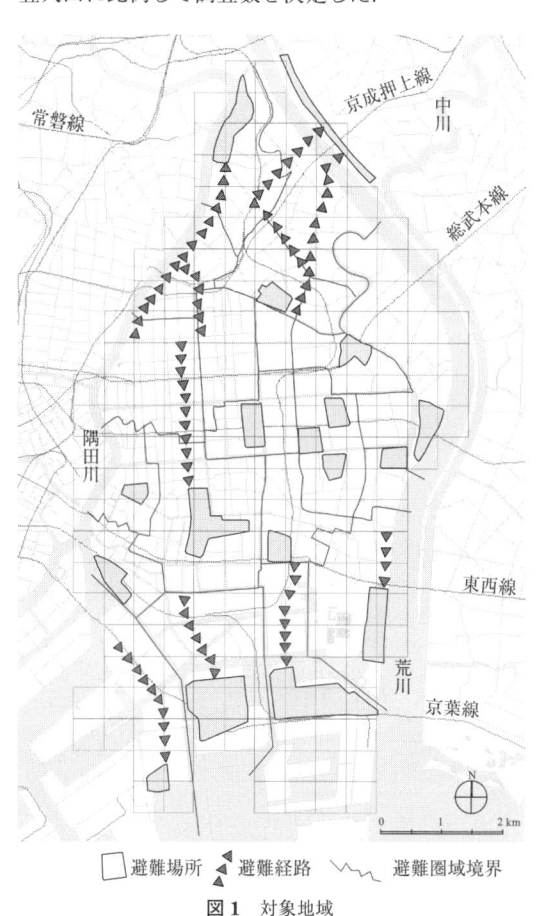

調査表を設計した後，事前に，対象地域の西端部に位置する清澄・新大橋の両町居住者15名に対してアンケート予備調査（1987年11月5日）を実施した．その結果，避難場所を知っていると思っている人でも誤った場所を想定している等のことが判明したので，調査表の調査項目を一部修正し，1987年11月12日～21日にわたって本調査を実施した．

この調査では，大地震の想定のもとでの避難についての意識調査であり，質問用紙だけでは，この大地震想定の内容がまちまちとなる恐れがあるため，

① 調査員が調査表を提示し，調査主旨の説明および表2の想定についての説明を行い，
② 調査員が各質問を口頭で行い，回答者が口頭で答えた回答を調査員が記入する

というヒアリング形式の調査を実施した．結果として有効総計400名の回答を回収した．回答者のプロフィールは表3のとおりである．

b. 調査結果

(1) 避難場所についての認識

当該地域では避難場所のほか，災害時の"一時集合場所"が決められている．この一時集合場所と避難場所についての認識を調べた結果を表4に示してある．調査では，最初にこれらの場所を知っている

図1 対象地域

表1 避難場所名と避難計画人口

	避難場所名	有効面積（m²）	避難計画人口（人）
1	白髭東地区	84,200	96,100
2	新四ツ木橋地区	273,300	83,000
3	都営文花1丁目住宅	5,000	4,800
4	亀戸中央公園	32,600	33,600
5	猿江恩賜公園	40,100	37,600
6	公団大島4・6丁目・北砂5丁目団地	80,800	57,500
7	都営東砂2丁目住宅	32,700	8,200
8	亀戸・大島・小松川地区	162,000	43,500
9	清澄庭園	12,500	12,900
10	木場公園予定地・江東区役所地区	168,200	86,400
11	公社南砂2丁目団地区	113,100	25,400
12	東京商船大学・周辺	57,600	28,900
13	新砂3丁目	236,200	17,600
14	辰巳1・2丁目・潮見運動公園	466,800	26,300
15	夢の島	616,000	18,500
16	東雲2丁目	76,200	24,300

表2 アンケート調査の想定

大地震が発生し，各地で火災が心配される場合の避難のしかたについておうかがいします．平日，昼間の11時頃，東京が関東大震災級（マグニチュード7.9）の地震にみまわれたとします．
あなたの家族はどのような避難をしますか．次の質問に対して該当する番号に○をおつけください．できれば，平日の昼間，家にいらっしゃる方に記入していただきたいと存じます．

表3 アンケート回答者のプロフィール

	男性	女性	合計
10歳代	11	5	16
20歳代	5	50	55
30歳代	8	102	110
40歳代	11	87	98
50歳代	13	50	63
60歳代	9	29	38
70歳代以上	5	15	20
合計	62	338	400

表4 一時集合場所と避難場所の認識の正誤（単位：人）

		避難場所			
		知っている（正しい）	知らない	誤って認識している	計
一時集合場所	知っている（正しい）	58 (14.50%)	10 (2.50%)	25 (6.25%)	93 (23.25%)
	知らない	162 (40.50%)	78 (198.50%)	48 (12.00%)	288 (72.00%)
	誤って認識している	3 (0.75%)	7 (1.75%)	9 (2.25%)	19 (4.75%)
計		223 (55.75%)	95 (23.75%)	82 (20.50%)	400 (100.00%)

か否かをたずねているが，知っているとした回答者には，その場所をさらに回答してもらっている．したがって，回答者はその回答にもとづき，"正しく場所を知っている人"，"知っていると思っているが場所を誤っている人"，"知らない人"に分類することができる．

避難場所を正しく知っている人の率は50％を超え，一時集合場所を正しく知っている人の率23％の約2倍となっている．これは，この地域での防災に関する広報活動の成果として評価することができる．

一方，場所を間違って認識している人の率をみると，一時集合場所については4.7％と少ないものの，避難場所については約21％の人が誤った場所を避難場所と考えている．一時集合場所については，家の近くであること，近くに集合場所となり得る空間は多くはないこと等の理由により誤った認織が生じる可能性が少ないためと考えられる．これに対し，避難場所は，家から最短距離の場所が，他の地区の避難場所に指定されている等の事情もあり，誤った認識が発生しやすいものと考えられる．

以上，表4に示すように，一時集合場所と避難場所をともに正しく知っている人は約15％である事実を考えると，今後，一時集合場所，避難場所の周知を図る必要があるといえる．

(2) 避難開始時期

対象地域では，避難勧告に従って避難を開始することになっているが，居住者が，避難勧告とは別に自分自身で，避難開始時期をどのように考えているかについて調べた．その結果を，表5に示してある．約44％の人が，火災の有無と関係なく地震発生後すぐに避難を開始することを考えている．約18％の人が，火災についての伝聞情報だけでも避難開始の気持ちをもっており，また他の人の避難行勣が避難開始の契機となる可能性も約15％の人に認められる．

表5 避難開始時期

地震がおさまってから	43.50%
火が見えなくても，近くで燃えているという話を聞いたら	18.25%
火が近づいてきたら	23.75%
たくさんの人が逃げたら	14.50%

さらに，避難開始勧告が，上記の自分の避難開始の判断となる状況よりも先に出された場合に，勧告に従うか否かを調べたものが表6である．ほとんどの人が勧告に従うものの，約9％の人が勧告よりも自分の判断を優先するということは注目すべきである．

表6 避難勧告に対する態度

避難勧告が出たら避難を開始する	91.20%
避難勧告が出ても避難を開始しない	8.80%

(3) 避難場所

避難する場合，どこへ避難するかを調べたものが表7である．いったん一時集合場所に集まってから

集団で避難するよう広報しているにもかかわらず，約半数の人が，直接，避難場所まで行くことを考えており，一時集合場所へ向かうとする人は，16%にすぎない．

表7　最初の避難先

	人数（人）	比率（%）
指定された一時集合場所	64	16.0
近くの公園，空き地	94	23.5
指定された避難場所	192	48.0
たくさんの人が逃げる方向	23	5.8
場所は決まっていないが火と反対の方向	27	6.8

さらに，避難勧告で避難場所を指示された場合，その場所へ向かうかどうかを調べたものが表8である．多数の人は，避難勧告の指示に従うものの約7%の人が勧告に従わずに自分の判断した場所に向かうという意志をもっている．

表8　避難勧告の避難先に対する態度

避難勧告が出たらその避難先に逃げる	93.20%
避難勧告が出てもその避難先に逃げない	6.80%

また，一時集合場所や近所の公園・空地に向かうとした回答者158人に対して，その人が，次の時点でその場所から移動する場合の移動の契機と次の移動方向を調べたものが表9である．ここでも，火災および火災についての伝聞で，この場所から移動し，避難場所へ向かうといえる．また，他の人の避難方向に追従する人も約11%あり，合理的な判断や公的な指示に基づかない行動の可能性も無視できない．

(4) 子迎え行動と避難行動

幼稚園児・小学生を家族にもつ回答者は，400名中137名おり，約34%の家庭では，昼間幼稚園や小学校にいる子どもを迎えに行く必要がある．この該当者に対して，子どもの迎えと避難について調べたものが表10である．約7割の人が，迎え先からそのまま避難し，約3割の人がいったん家にもどることを考えている．また，迎えに行かないとする人が若干いたが，今回の調査では，残念ながらその理由まで調べていない．何らかの特殊な事情をもっていて，親が迎えにこない子どもがいる可能性も，避難計画上，考慮しておく必要があるといえる．

(5) 身体の不自由な人の避難

身体の不自由な人を家族にもつ回答者は，400名中19名おり，約5%の家庭では，これらの人の安全確保について問題を抱えている．19名のうち14名の回答者は一緒に避難することを，5名の回答者は，先に避難させることを考えている．今回の調査では，標本数が小さいため，これ以上の分析はできなかったが，この問題は，都市人口の高齢化の傾向の中では今後いっそう重要な課題であると思われる．

(6) 都市火災のイメージ

避難行動は，前述のように火災が自分にせまってきているかどうかに大きく左右されるが，その場合の各避難者の判断の基準になっているのは，"地震時の火災がどのようなものと考えているか"という大火のイメージと思われる．そこで，市街地大火となった場合，無風で火災がどの程度の速度で燃え拡がると考えているかを回答者に尋ねた．その結果をまとめたものが図2である．火が100m進むのに4割の人が10分以下，8割の人が30分以下と考えていることがわかる．ちなみに，市街地延焼速度を，浜田式[2]に基づいて計算し，100m進むのに要する時間を求めると，無風・すべて木造とした場合では，60〜100分前後であり，10mの風速時・すべて木

表9　一時避難先からの避難行動

	指定された避難場所	たくさんの人が逃げる方向	場所は決まっていないが火と反対の方向	合計（%）
火が見えなくても，近くで燃えているという話を聞いたら	27人	3人	12人	26.58
火が近づいてきたら	56人	6人	19人	51.27
たくさんの人が逃げたら	22人	8人	5人	22.15
合　計（%）	66.46	10.76	22.78	100.00

表10 子どもの迎えと避難

子どもを迎えに行くことは考えていない	2.20%
子どもを迎えに行って，家にもどってから避難する	28.50%
子どもを迎えに行って，そのまま避難する	69.30%

造というかなり延焼速度の速い場合でも15～30分程度となる．一般の人々は，現実の火災よりも相当速く火災が拡大するものと考えていることがわかる．

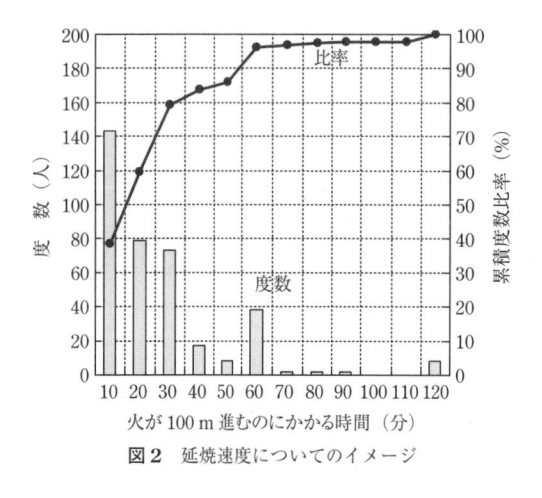

図2 延焼速度についてのイメージ

c. まとめ

以上の調査Ⅰから得られた主な知見は以下のとおりである．

(1) 避難場所と一時集合場所の両者をともに正しく知っている人は約15%にも満たない．
(2) 避難勧告とは関係なく，約44%の人が火災発生と関係なく地震発生後すぐに避難を開始すると考えており，約18%の人が火災についての伝聞情報だけで避難を開始する気持ちをもっている．
(3) 他の人の避難行動が避難開始の契機となったり，他の人の避難方向に追従する人も約15%いる．

以上の調査結果より，地震災害時の避難行動には，自らが面接獲得する情報だけでなく，他の情報ソースからの伝聞が大きくかかわっている可能性があり，また，火災拡大に対するイメージも避難行動をモデル化する際には無視できない側面であるといえる．

以上の調査結果は，災害時を想定しての平常時における回答結果であり，そのまま災害時の避難行動がこのようになると結論することは危険である．また，標本数も十分なものとはいえない．このため，避難行動そのものを調べるというよりも，避難行動において，行動の判断基準となりうる可能性のある"知識"，"普段の避難行動の考え方"，"災害のイメージ"に焦点をあてて調査した．すなわち，避難場所を知らないとすれば，避難場所へと向かう避難行動の可能性は減少するし，普段から特定の場所へ向かおうと考えていれば，災害時にもそのように行動する可能性は高いであろう．また，市街地火災の進展が速いと普段から考えている人は，避難行動時における判断においても，火災が速い速度でせまってくるという判断のもとで自己の行動を決定する可能性は高いといえる．

ここで得られた知見は，4.4節以降で展開する"全知全能型"でない避難行動のモデル化において活用されている．

▶ 4.1.2 地理的イメージに関する調査[3]

避難者はさまざまな伝聞情報を獲得し判断を行っていると思われるが，避難者が伝達された情報をはたして正しく利用できるかどうかについては疑問は残る．たとえば"両国付近が火の海だ"という情報を得ても，両国がどの方向に位置しているのかを正しく理解していないと，この情報は意味をなさない．火を避けて避難するつもりが，場合によっては，火災の方向へ進んでしまう可能性もある．こうした視点から，都市空間内の地理的な位置関係がどのように認識されているのかを把握するため，事前に，前項と同じ地域の居住者に対して，"地理的イメージに関する調査"[4]を行った．以下では，これを調査Ⅱとよぶこととする．

a. 調査方法

自宅からの避難行動を想定すれば，自宅を中心としたときの地理的イメージについて調査する必要がある．しかし，対象地域が広くメッシュ数が多いという制約から，調査Ⅱでは，図3に示すように対象地域を7ゾーンに分割し，各ゾーンごとに対象地域内の56地点の位置をイメージマップとして白紙の上に描いてもらった（1990年10月）．調査対象と

した56地点の位置と名称を，図3，および，表11にそれぞれ示してある．被験者は当該地域に居住する住民134名である．

b. 分析方法と分析結果

以上の調査で得られたイメージマップをもとに以下の手順で地理的イメージの抽出を行った．

(1) 各被験者のイメージマップの大きさを揃えるために，拡大・縮小の基準化を行った．具体的には，実際の位置から求められる各地点間の距離自乗和とイメージ上の位置から求められる各地点間の距離自乗和が等しくなるように基準化を施した．

(2) 基準化されたマップから各地点間の平均距離を求め，これを多次元尺度構成法（ALSCAL）によって分析することで，各地点のイメージ上での位置を地図上に布置した．ただし，多次元尺度構成法で得られるマップは，原点と方位が定まっていないので，図4に示す方法で実際の各地点の位置をもとに基準化を行った．

表11 地理的イメージ調査の対象とした地点

1	白髭橋	29	平井駅
2	新四ツ木橋	30	小松川第一中学校
3	東墨田運動場	31	小松川橋
4	鐘ヶ淵駅	32	屎橋
5	東向島駅	33	横川小学校
6	向島消防署	34	大島駅
7	寺島図書館	35	住吉駅
8	向島百花園	36	東大島駅
9	あづま百樹園	37	砂町銀座
10	曳舟中学校	38	葛西橋
11	小村井駅	39	永代橋
12	向島警察署	40	清澄庭園
13	都営文花団地	41	深川不動
14	吾妻橋	42	門前仲町駅
15	東あづま橋	43	木場駅
16	桜橋	44	高速木場入口
17	墨田中学校	45	東陽町駅
18	本所高校	46	洲崎神社
19	隅田公園	47	南砂町駅
20	東武曳舟駅	48	船掘駅
21	国技館	49	豊洲駅
22	本所警察署	50	商船大学
23	錦糸町駅	51	夢の島コロシアム
24	錦糸公園	52	辰巳インター
25	両国高校	53	京葉線越中駅
26	亀戸天神	54	高速枝川入口
27	亀戸駅	55	都バス深川車庫
28	亀戸中央公園	56	潮見駅

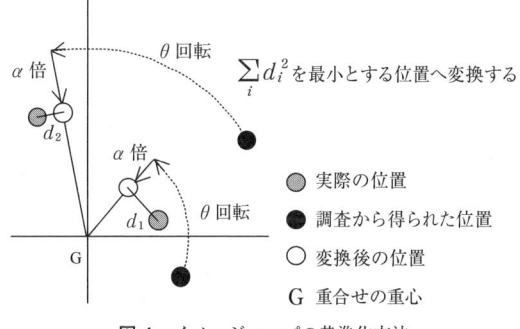

図4 イメージマップの基準化方法

(3) 各地点の実際の位置からの"ずれ"によって地理的イメージの変形を抽出した．具体的には，500 m間隔に設定したメッシュ線を変形することで，(2)で求めたイメージ上の位置の"ずれ"を視覚的に表現した．居住地ゾーンIVにおける地理的イメージ変形の例を図5に示してある（ただし，ここでは居住地ゾーン内の変形はないものとして表現してある）．居住地ゾーンIVにおいては，南北方向のイメージ変形はそれほど大きくないものの，東西

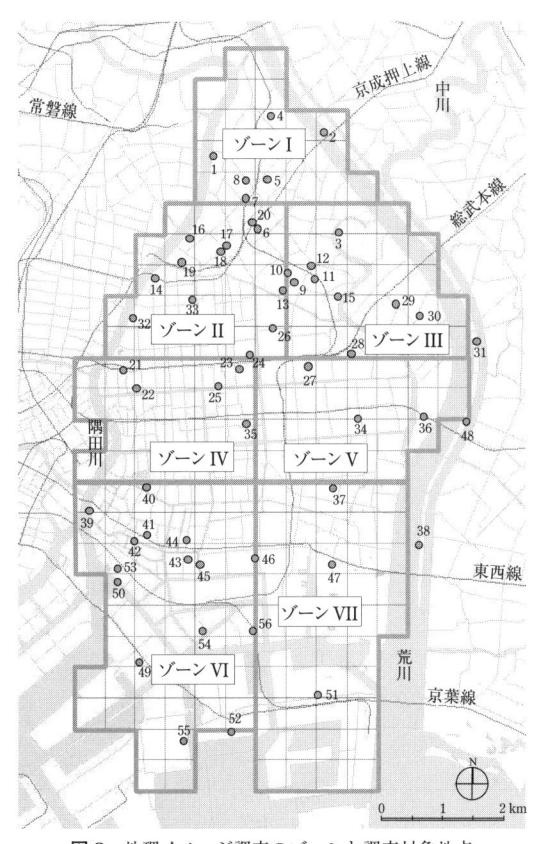

図3 地理イメージ調査のゾーンと調査対象地点

方向については実際よりも西方向へ大きくずれて認識しており，実際からの乖離状況を確認することができる．

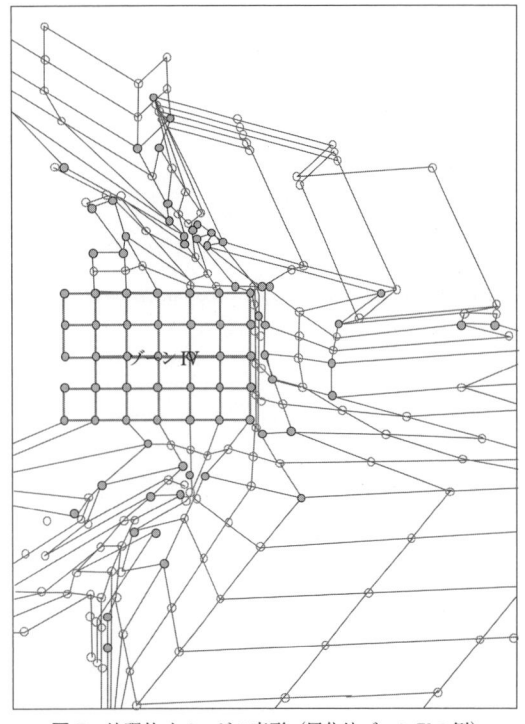

図5 地理的イメージの変形（居住地ゾーンIVの例）

c. まとめ

居住者の地理的イメージ変形について分析した結果，たとえば，近隣居住者であれば正確に理解していると思われる国技館と両国高校の位置関係を，実際には前者のほぼ東に後者が位置しているにもかかわらず南に位置していると理解している居住者がいることなど，予想以上に，住民の地理的イメージは現実から大きく乖離していることが判明した．とくに，ランドマーク的存在の欠落している場所や町名変更のあった場所で，こうしたイメージ変形が顕著である傾向も伺えた[4]．

4.2 伝聞情報判断モデル[5]

▶ 4.2.1 伝聞からの火災情報判断プロセス

a. 伝聞情報の定式化

避難時における火災状況の認識は，直接観察可能な避難者の近傍領域では自己の知覚能力に依存した判断が可能であるが，広域的な地域全体の火災状況の認識は，自治体や放送メディアからの公的な情報ソースばかりでなく，避難途中における避難者間の伝聞に基づいている．そこで，広域的な火災状況認識の問題を中心に，避難者が多くの情報ソースから情報を受け，この情報から火災状況を把握し，さらにほかの人々にも伝えている過程を明確化することから議論を始める．

図6に示すように，避難者は公的情報ソースおよび他の避難者からの情報を多数受けているとすると，かならずしも，それらは同一内容とはかぎらない．そこで，多数の情報からどのように判断するかについて最初に検討する．ここではまず，議論を明確にするため，避難者が受け取る情報というものを定式化することから始める．

ここで，情報とは，たとえば"両国付近は火の海だ"，"日本橋あたりは燃えていない"というような"地点"とその地点の"状態"である．そこで，地点と地点の状態を情報の"伝達内容"と考える．しかし，避難者は伝達内容のみで火災状況を判断しているわけではない．公的情報ソースからの内容と見ず知らずの人からの伝聞では信じる程度が異なってくると考えられる．そこで，以下のように，情報ソースと伝達内容の組を一つの情報と考えておく．したがって，避難者が受け取る情報は，情報ソースと伝達内容の組の集合として以下のように定式化する

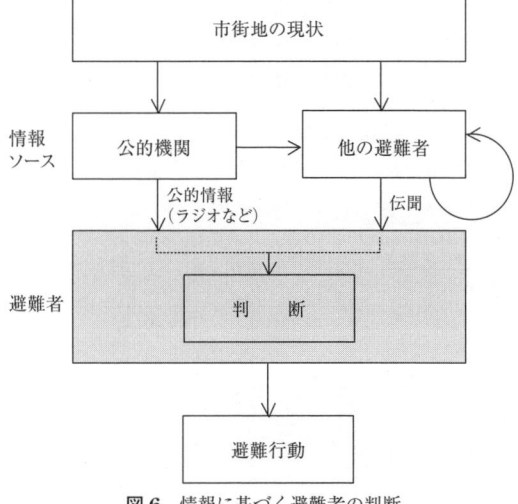

図6 情報に基づく避難者の判断

ことができる．

受信情報　$R = \{(S_1, I_1), (S_2, I_2), \ldots, (S_n, I_n)\}$

ただし，S_k：情報ソース名

$I_k = (x_k, y_k)$：伝達内容

x_k：地点名

y_k：地点x_kの火災状態

以下では，火災状態に関する情報として"燃えている"，"燃えていない"，"わからない"の3状態を考えておく．

次に，このような情報を受け取った避難者がどのように都市の火災状況を認識するかが問題となるが，最初に形式的特徴について考える．避難者はこれらの情報をもとに，都市の各地点での火災状態がどのようになっているかを認識するわけであるから，その認識内容は，次の形をしたものととらえてよい．

災害認識　$C = \{(x_1, y'_1), (x_2, y'_2), \ldots, (x_n, y'_n)\}$

ただし，y'_k：地点x_kの認識された火災状態

以上のことから災害情報から災害を認識してゆくプロセスとは，形式的には，RからCへの写像と考えることができる．

以下の議論では，このRからCへの写像の具体的内容について検討するが，どの地点も，判断の形式としては同じであるので，問題をわかりやすくするため，地域内のすべての地点を考えるのではなく，ある一つの地点x^*について議論をする．したがって，一つの地点に限定して考えれば，受信情報は，次のように書くことができる．

受信情報　$R^* = \{(S_1, y_1), (S_2, y_2), \ldots, (S_n, y_n)\}$

ただし，S_k：情報ソース名

y_k：情報ソースS_kによる地点x^*の火災状態

また，災害認識は，

災害認識　$C^* = y'$

ただし，y'：地点x^*の認識された火災状態

となる．災害情報から災害を認識してゆくプロセスは受信情報R^*から災害認識C^*を決定する問題となる．

b. 火災状態判断プロセス

避難者が多くの情報ソースから災害を認識するとき，どのような判断をしているか，すなわち，上述のR^*からC^*への写像の具体的特徴を明確化する必要がある．避難時においては，多くの人々が誤った判断をしやすいといわれている．しかし，なぜ誤りやすいのかを考えてみると，そこには一定の傾向があるように思われる．その傾向というのは，避難者が得られた情報をもとに，避難者自身の生存の可能性を最大化しようとしていることである．ここでは，この生存の可能性を最大化（死の危険性を最小化）する行為を，災害認識の面から検討する．

以下では，死の危険性を単に"損害"とよぶことにする．また，一つの地点の火災状態の認識の問題について論ずることにする．このとき，ある地点は，事実としては"F_1：燃えている"，"F_2：燃えていない"の二つの状態しかありえない．一方，避難者にとっては，その地点が"δ_1：燃えている"，"δ_2：燃えていない"，"δ_0：わからない"の3通りの判断があり得る．しかし，この判断は判断が事実と一致するようになされているわけではない．つまり，真実を見極めるための判断ではなく，自己の生存との関係で判断しているのであり，判断の結果が直接生存の可能性を左右しているのである．

この状況を表12のように表すことができる．すなわち，δ_jと判断したとき，事実がF_iであれば，この判断者は，L_{ij}という損害（死の危険性）を被ることになる．

ここで，このL_{ij}の値は，客観的な確定値ではなく，個人によって異なるものであるが，大小関係については，次のように考えることで，個人的問題ではなく客観的に順序関係が定まるといえる．つまり，燃えているところへ燃えていないと信じて避難することは，燃えていないところを燃えていると信じて避難しない場合よりも，生命の危険はより大きい．また，わからないと判断することは，燃えていると判断することと燃えていないと判断することの中間的

表12　事実F_iのときδ_jと判断した際の損害L_{ij}

		判断δ		
		燃えている δ_1	燃えていない δ_2	わからない δ_0
事実 F	燃えている F_1	L_{11}	L_{12}	L_{10}
	燃えていない F_2	L_{21}	L_{22}	L_{20}

な評価になるはずである．したがって，このことから，燃えているのを燃えていないとする誤判断の損害が一番大きく，燃えているのをわからない，燃えていないのを燃えている，燃えていないのをわからないと判断する順に従い損害は小さくなってゆく．また，事実と判断が一致するときは誤判断による損害はないとみなすことができる[6]．以上の考察から，表12の"損害"の大小関係は，一般的には，次のようになっていると考えることができる．

$$L_{12} > L_{10} > L_{21} > L_{20} > L_{11} = L_{22} = 0 \quad (1)$$

前項の受信情報R^*のもとで，δ_jと判断した際の損害期待値は，簡単な確率計算で，次のように表すことができる．

$$L(\delta_j | R) = \sum_i L_{ij} P(R | F_i) P(F_i) \quad (2)$$

ただし，$P(F_i)$：事実F_iの生起確率
$P(R | F_i)$：事実F_iのもとでの情報Rの観測確率

ここでも，確率$P(R | F_i) P(F_i)$は，この判断者が認識した主観確率である．

以上の準備のもとで，避難者は，この式(2)の損害期待値を最小になるように判断するということができる．どのδ_jが最小になるかは，$P(R | F_i) P(F_i)$，および，L_{ij}の値によって決まるが，簡単な数学的手続きで以下のようになっていることがわかる[7]．

【命題1】

式(1)の条件のもとで式(2)を最小とする判断δ_jは，次のとおりである．ただし，

$$K_1 = \frac{L_{21} - L_{20}}{L_{10}}$$

$$K_2 = \frac{L_{20}}{L_{12} - L_{10}}$$

$$K_0 = \frac{L_{21}}{L_{12}}$$

$$P_i = P(R | F_i) P(F_i)$$

である．

ケースa：$K_2 < K_0 < K_1$の場合

(a-1) $\frac{P_1}{P_2} < K_2$のとき，δ_2つまり燃えていないと判断するのが最小損害

(a-2) $K_2 < \frac{P_1}{P_2} < K_1$のとき，$\delta_0$つまりわからないと判断するのが最小損害

(a-3) $K_1 < \frac{P_1}{P_2}$のとき，δ_1つまり燃えていると判断するのが最小損害

ケースb：$K_1 < K_0 < K_2$の場合

(b-1) $\frac{P_1}{P_2} < K_0$のとき，δ_2つまり燃えていないと判断するのが最小損害

(b-2) $K_0 < \frac{P_1}{P_2}$のとき，δ_1つまり燃えていると判断するのが最小損害

この結果，どのような判断をするかは，具体的なL_{ij}の値そのものが得られなくとも，K_0，K_1，K_2の値さえわかればよいこと，また各主観確率がわからなくとも，比率$\frac{P_1}{P_2}$の値が得られればよいことがわかる．

c. 伝聞からの状況認識

以下では，より具体的に問題を検討するため，公的情報ソースを除いた避難者間の伝聞情報だけ伝達される場合について考えることとする．この際，見ず知らずの避難者からの伝聞だけが頼りであり，個々の情報ソース（避難者）に対する信頼度の違いというものを認めることはできない．したがって，災害情報の信頼度が問題となるとすれば，同一地点に対して"燃えている"，"燃えていない"，"わからない"と主張する情報ソース（避難者）の数だけが問題となる．この情報ソースの数をそれぞれn_1，n_2，n_0と表す．このとき，$N = n_1 + n_2 + n_0$とおくと，

$$\begin{aligned} P(F_1 | R) &= \frac{n_1}{N} \\ P(F_2 | R) &= \frac{n_2}{N} \end{aligned} \quad (3)$$

と表すことができる．一方，

$$\begin{aligned} \frac{P_1}{P_2} &= \frac{P(R | F_1) P(F_1)}{P(R | F_2) P(F_2)} \\ &= \frac{P(F_1 | R) P(R)}{P(F_2 | R) P(R)} \\ &= \frac{P(F_1 | R)}{P(F_2 | R)} \end{aligned}$$

したがって，上式に式(3)を代入することで次式を得る．

$$\frac{P_1}{P_2} = \frac{n_2}{n_1} \quad (4)$$

先の命題1の結果は，式(4)を用いることで次のように述べることもできる．

【命題2】

伝聞による火災状態判断は次のようになる．

ケースa：$K_2 < K_0 < K_1$の場合

(a‑1) $\frac{n_1}{n_2} < K_2$ のとき，燃えていないと判断
(a‑2) $K_2 < \frac{n_1}{n_2} < K_1$ なら，わからないと判断
(a‑3) $K_1 < \frac{n_1}{n_2}$ なら，燃えていると判断

ケースb：$K_1 < K_0 < K_2$ の場合
(b‑1) $\frac{n_1}{n_2} < K_0$ なら，燃えていないと判断
(b‑2) $K_0 < \frac{n_1}{n_2}$ なら，燃えていると判断

▶ 4.2.2 火災状態判断の判別領域

上記の命題の意味を明確にするため，n_1，n_2，n_0 を軸とする三次元空間を考える．以下では情報ソースの数の合計を $N(N=n_1+n_2+n_0)$ で表す．ある一定の N について，ケースaの場合分けを図示すると図7のようになる（ただし，$N=100$）．どのような判断となるかは，n_1，n_2，n_0 の比率だけを考慮すればよいので，$N=100$ の場合の三角形の領域を取り出して考えると，図8のような三角図表を得る．すなわち，ケースaの場合（図8）には，K_1，K_2 の値によって，各判断の領域は"燃えている"，"燃えていない"，"わからない"という三つに区分され，ケースbの場合（図9）には，"燃えている"，"燃えていない"という二つの領域となることがわかる．

ケースaとケースbのいずれが成立するかは，上述の議論からわかるように，避難者の"損害"に対する評価に依存するため，厳密に決定することはできない．しかし，地震火災の状況下で，ケースbの場合のように燃えているか燃えていないかのどちらかにはっきりと判断を下すということは，相当決断力のある人でないと無理で，むしろ，"わからない"と曖昧な判断のまま行動せざるを得ないのが普通ではないかとも考えられ，とすれば，ケースaが成立しやすいのではないかと考えられる．

▶ 4.2.3 火災状態判断の模擬実験

上述までの議論の妥当性を確認するための実験を試みる．実際には，避難者は，生命の危険にさらされた状況下にあるがそのような状況を再現することは危険であり困難であるので，被験者に対して，地震時火災において避難しているという想定を詳しく説明した上で実験に参加してもらうこととした．したがって，ここで得られた結果は，生命の危機に対

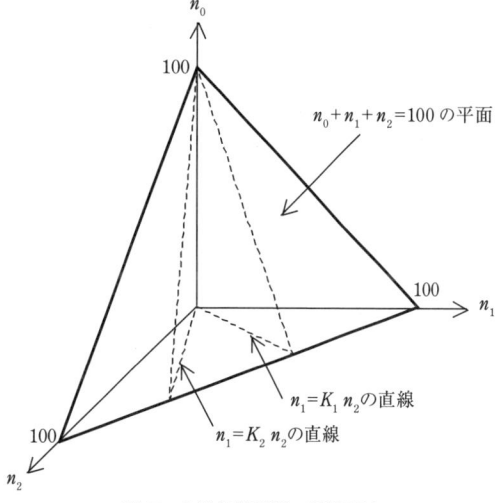

図7 火災状態判断の判別領域

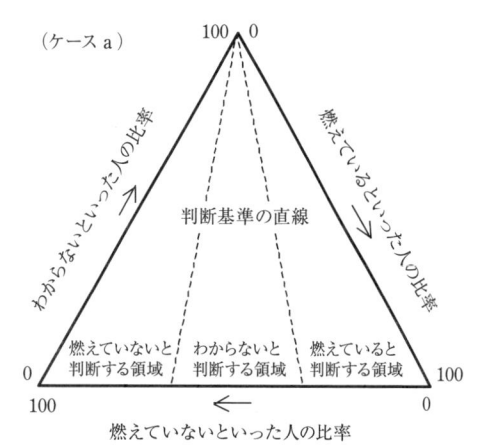

図8 判断関数モデルの三角図表（ケースa）

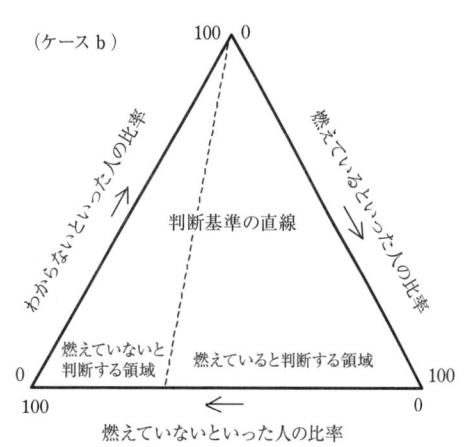

図9 判断関数モデルの三角図表（ケースb）

する評価が過小になっている可能性が高い．

実験に先立ち，避難者に与えられる情報として20組の場合を想定した．すなわち，ある地点が"燃えている"，"燃えていない"，"わからない"と教えてくれた人々の数をそれぞれ n_1, n_2, n_0 として，この n_1, n_2, n_0 の組をランダムに20作成した（ただし，n_1, n_2, n_0 の計 N は100とした）．この20組のそれぞれを各被験者に対して示し，そのとき，その地点が"燃えている"，"燃えていない"，"わからない"かを判断してもらった．

一人の被験者の回答結果を先の三角図表中に表示したものが，図10である．選ばれた n_1, n_2, n_0 の組は，三角図表中の一つの点で表されることになる．この被験者の場合は，前述の命題2のケース a に相当する結果と一致しており，K_1, K_2 の値はこの図よりそれぞれほぼ 1.55, 0.48 と求めることができる．

同様の実験を合計7名の被験者に行ってもらった．その結果，すべてケース a，すなわち図8のようにわからないという領域をもつパターンとなった．実験に先立って状況を詳しく説明せざるをえないため，十分な数の被験者数となっておらず，また，実際の避難の状況を再現したわけではないので，この結果から厳密に上述の理論展開が実証されたわけではないが，地震火災の状況下では，こうした曖昧な判断のまま行動せざるをえないケース a が成立しやすいものと思われる．

領域の境界線を与える K_1, K_2 の値の，全被験者の平均はそれぞれ 1.35, 0.50 であり，これより作成

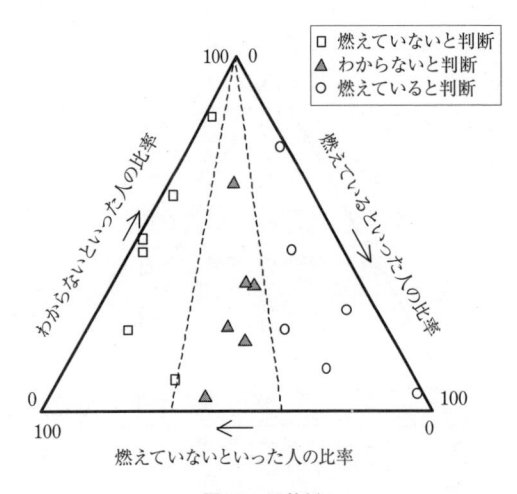

図10 回答例

した平均的な領域は図11のようになる．ただし，実際に火災が起こっていないときに地震時火災状況を想定した実験は，生命の危機に対する評価が過小になっている可能性が高く，図11での境界線は，現実には，これよりも左側に寄っていると考えるべきであろう．

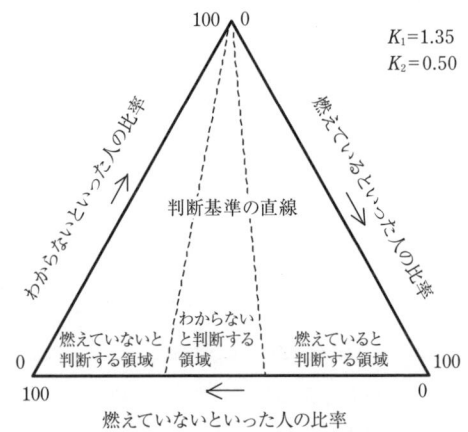

図11 被験者の平均的な判別領域

▶ 4.2.4 まとめ

本節では，地震火災時の避難者が伝聞情報をもとにどのように火災状況を認識してゆくかを理論的に定式化することを試みた．この結果，各被験者の"損害"に対する評価値から決まる二つのパラメータ K_1, K_2 の値と，燃えている，燃えていないとする伝聞情報の数から避難者が，"燃えている"，"燃えていない"，"わからない"のいずれかに判断するかがわかるモデルが構築できた．このモデルによると，パラメータ K_1, K_2 の値によって，二つのケースのいずれかが成立することが判明した．

また，模擬的な実験から参考的にパラメータ K_1, K_2 の値を求めてみると，ケース a の場合が成立していた．この実験は，被験者数も小さいこと，実際の避難状況を厳密に再現しているわけではないことから，このパラメータ K_1, K_2 の値をそのまま用いることは危険であるものの，理論的に導いた結果を補強するものといえる．

以下では，このモデルを地震時火災進展と避難のシミュレーションモデルに組み込み，避難行動を検討する．さらに，避難誘導のための情報提供をする施設（ここで述べた不確かな伝聞情報ではなく，正

確な情報を提供するための情報提示板などの施設）を設置したとき，この施設から得た情報がどのように伝聞され結果的に避難者の安全確保にどのような効果をもたらすかについてシミュレーション実験によって分析する．

4.3 伝聞情報型避難シミュレーションモデル[8]

▶ 4.3.1 シミュレーションモデルの基本構造

以下では，理想化された避難行動を仮定している従来の"全知全能型"のシミュレーションモデルに改良を加える．このシミュレーションモデルにより，避難誘導のための情報提供施設（前項で述べた不確かな伝聞情報ではなく，正確な情報を提供するための情報提示板などの施設）を設置したとき，この施設から得た情報がどのように伝聞され，結果的に避難者の安全確保にどのような効果をもたらすかを評価する．

今までに，市街地火災拡大と避難を連動させたコンパクトなシミュレーションモデル（以下，"岡田モデル"とよぶ）が提案[9]されている．岡田モデルでは，格子上を火災伝播，格子で縁取られたメッシュ上を人が避難するという想定になっている．本モデルも1辺500 mのメッシュを用いて，時間刻みを10分，後述の避難行動類型と災害イメージに関する部分を組み込んだ以外はほとんど岡田モデルと同じである．図12にその概要を示してある．

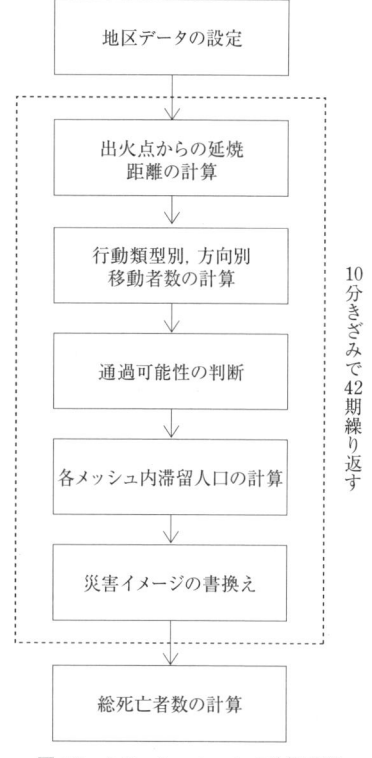

図12 シミュレーションの計算手順

（地区データの設定 → 出火点からの延焼距離の計算 → 行動類型別，方向別移動者数の計算 → 通過可能性の判断 → 各メッシュ内滞留人口の計算 → 災害イメージの書換え，10分きざみで42期繰り返す → 総死亡者数の計算）

▶ 4.3.2 避難行動類型

上述した調査Ⅰの結果から，避難者の避難行動を表13のように類型化した．たとえば，一時集合場所に集まった人が次の時点でどのような場所へ避難するかを調べてみた結果では，指定避難地への割合は約66％であり，避難方向と避難開始時期の両者を考えると最低でも34％の人が，自分の判断で行動しようとしていることから（表9参照），避難勧告に従って避難地，避難開始時期を選択しない行動を危険予測型とよぶこととする．また，表中の避難

表13 アンケートによる行動類型とその比率（単位：％）

墨田・江東地域での地区送別アンケート（400サンプル）		避難方向類型		
		避難地指向型	他者追従型	火災逆方向型
避難契機類型	地震発生直後型： （地震後10分以内に避難開始）	27	5	0
	火災近接型： （周囲に火災が発生・延焼した時点で避難開始）	21	1	7
	地震直後一時避難型： （地震後一時避難場所に行き火災近接により避難開始）	16	2	6
	火災近接後一時避難型： （火災近接後一時非難場所に行きそこから避難開始）	10	2	3
子ども迎え型：園児・児童のいる家族は子ども迎えのため30分遅れて避難開始				
危険予測型：20分後まで予測し最も安全な方向に避難開始				

地指向型の行動については，実際にその方向に行くことが不可能になると，この危険予測型の行動になると想定している．

▶ 4.3.3 災害イメージの生成過程の組込み

上記の危険予測型の場合，各避難者は災害状況がどのようになっているかを前提とするので，伝聞情報による災害認識過程を組み込んだシミュレーションが必要になる．そこで，前述の伝聞情報モデルを用いる．

メッシュ (i,j) にいる人が，格子点 (K,L) を"燃えている"，"燃えていない"，"わからない"のいずれかと判断しているとき，3種の判断のことをメッシュ (i,j) での格子点 (K,L) の災害イメージとよぶこととする．具体的には，(1) メッシュ (i,j) に隣接する格子点については，目視により確認可能なので実際の災害状況を用い，(2) その他の格子点については，表14の災害情報の提供の仕方により，下記のように設定した．

すなわち，メッシュ (i,j) に避難してきた人々で，格子点 (K,L) を"燃えている"，"燃えていない"と判断する人の数 (n_1, n_2) から，上述した伝聞情報判断モデル ($K_1=1.35$, $K_2=0.50$) を用いて，この格子点の災害イメージを判断する．これをすべての格子点について行うとメッシュ (i,j) での新たな災害イメージが設定できることになる．

このように災害イメージが形成された後，危険予測型の避難者は，この災害イメージをもとに将来の状況を予測し，その結果，最も安全な方向へ避難する．この場合，避難者は，正確な延焼速度を知っているわけではないので，調査Iで得られた"住民が考える延焼速度"（図2参照）を用いて，2期先までの状況を予測させ，2期先で最も安全な場所へ至る経路を1期分歩くとした．

▶ 4.3.4 分析対象地域とシミュレーション結果

対象領域は，調査対象地域と同じ，隅田川と荒川に挟まれたデルタ地帯（図1）とし，出火点は東京都都市計画局作成の出火率から乱数を用いて，10ケースの出火パターンを作成した．また，風速10mの北風を想定し，7時間後までシミュレーションした．

表14の情報提供の仕方ごとに，危険予測型の全人口に対する割合（危険予測型比率）を変化させて，シミュレーションを実行した．延焼拡大状況の一例を図13，図14に示す．

10種類の出火パターンのうちほとんど被害の出ないパターンを除いた6パターンについて，表14の各情報提供方式（避難路情報提供型における指定避難路とは図1に示す対象地区内の区，および，東京都によって指定された避難路のことである）ごとに7時間後の被害平均を求めたものが，図15である．

いずれの場合も危険予測型避難者の割合の増加に伴い被害は減少している．目視だけによる場合（非伝達型）の被害が圧倒的に大きくなっていることから，情報伝達の重要性が確認できる．また，情報提供施設を等間隔に配置すること（等間隔情報提供施設型）は，伝聞情報だけの場合（伝聞情報型）と比べて大きな差がなく，あまり意味がない．むしろ，指定避難路を知らない人が多いとはいえ，この避難路に沿ってこうした施設を配置すること（避難路情報提供施設型）が若干の差ではあるが望ましいことがわかる．この場合，完全情報型にかなり近い結果となる．

表14 災害状況提供方式

完全情報型	対象地域全域で正確な情報が与えられる（既往のモデルとほぼ同じになる）．
伝聞情報型	各メッシュの滞留者のもつ情報から，伝達情報モデルで新たな災害イメージが作られる．
非伝達型	情報伝達はなく，目視により得られる情報だけで避難．メッシュ近傍だけの災害情報しかわからない．
避難路情報提供施設型	伝聞情報型を基本とし，指定避難路に沿って正確な情報を提供する施設が配置（12か所）されると想定．
等間隔情報提供施設型	伝聞情報型を基本とし，等間隔に正確な情報を提供する施設が配置（12か所）されると想定．

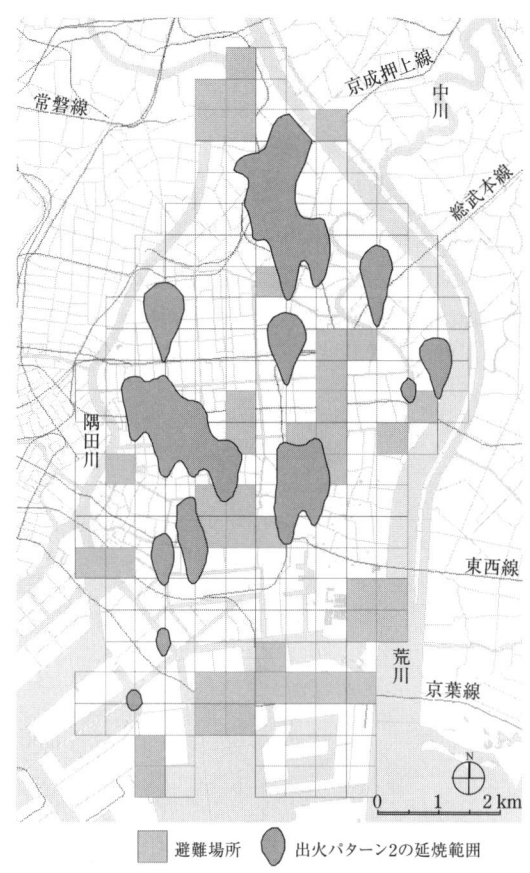

図13 7時間後の延焼範囲（出火パターン2）

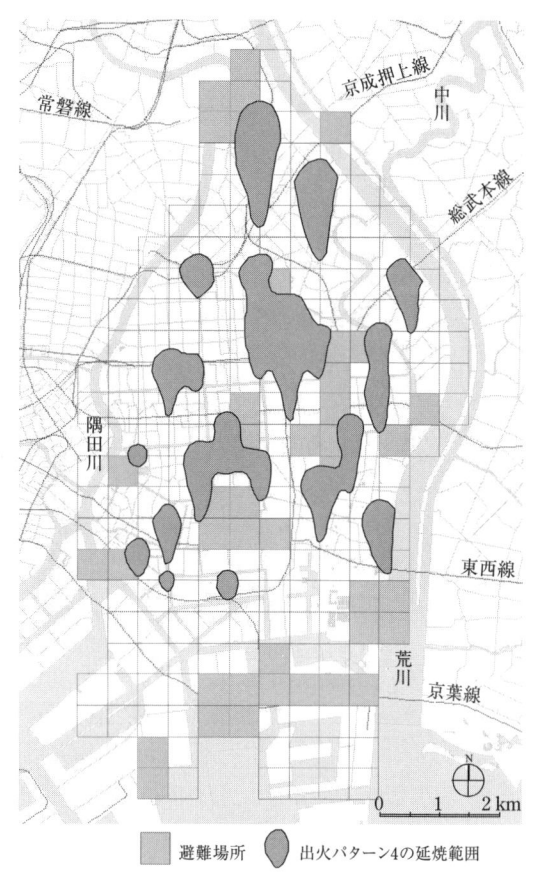

図14 7時間後の延焼範囲（出火パターン4）

4.4 地理的認識の避難行動への影響[10]

▶ 4.4.1 地理的イメージ変形の組込み

以下では，調査Ⅱで求めた地理的イメージの変形を，上記のシミュレーションモデルに組み込み，避難行動におけるイメージ変形の影響について検討する．危険予測型避難者が同一の災害情報のもとで，どのように2期先の災害イメージを形成するかを，正確な地理的認識に基づく場合と，調査Ⅱによって抽出した地理的イメージ変形に基づく場合を示したものが図16である．災害情報の重要性にもまして，地理的イメージの認識が，避難者の災害イメージを大きくゆがんだものとしていることがわかる．

以下で実行するシミュレーションモデルは，基本的には前項のものと同じであるが，災害イメージを形成するプロセスにおいて，イメージ変形の有無を加味できるものとした．

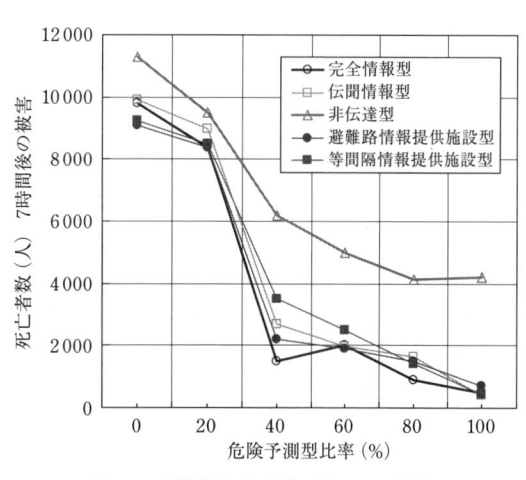

図15 平均被害（6出火パターンの平均）

▶ 4.4.2 シミュレーションの実行とその結果

具体的な出火点の設定は，前項と同じ手続きによって9パターン用意した．危険予測型比率を変化させながら，正確な地理的イメージをもった避難者とイメージ変形を起こしている避難者とのシミュレーション結果を比較した．災害状況の提供の仕方とし

ては，表14に示した伝聞情報型と完全情報型の2種類を用いている．

シミュレーション結果の一部を図17，図18に示してある．いずれの情報提供方式においても，危険予測型比率が増加するにしたがって，イメージ変形の影響が大きくなる傾向が伺える．

地理的イメージ変形を伴う場合と，正確なイメージをもつ場合との被害状況の比率の平均を求めたものが表15である．出火パターンによっては，ゆがんだ地理的イメージをもっている方がかえって被害が少なくなるという場合もあるが，地理的イメージ変形を伴う場合では，出火パターンによっては極端に被害が大きくなる．

地理的イメージ上での都市空間の各場所の位置のずれは，地震時避難の際には生死の差として顕在化してくる．すなわち，今まで都市景観や都市美に関する問題として議論されることの多かった都市イメージの問題も，災害時には，大きな人的被害を誘引する原因となり得るといえる．

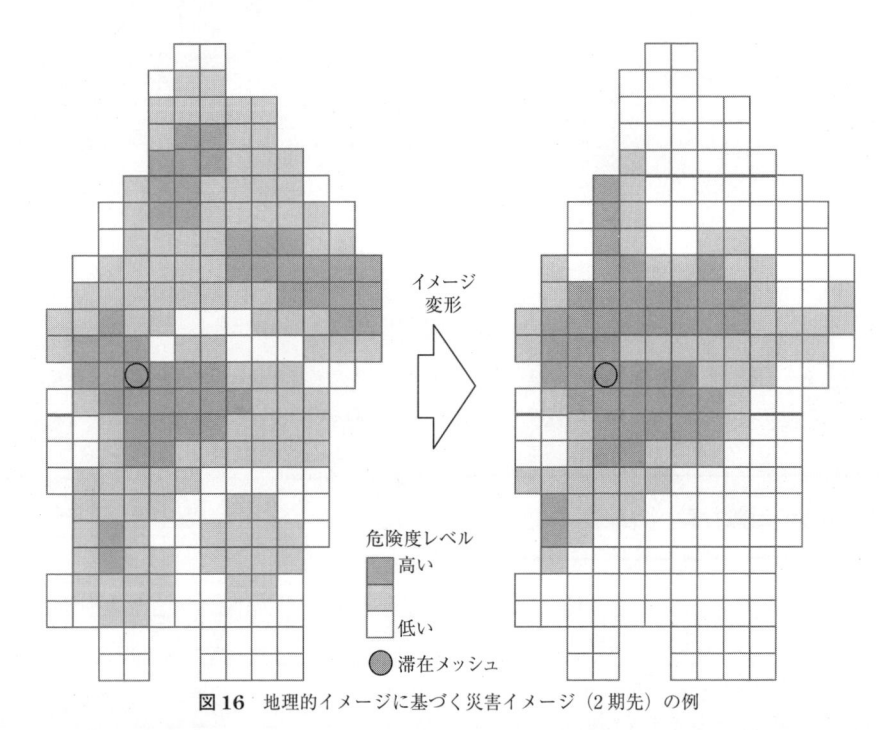

図16 地理的イメージに基づく災害イメージ（2期先）の例

図17 被害例（出火パターン1）

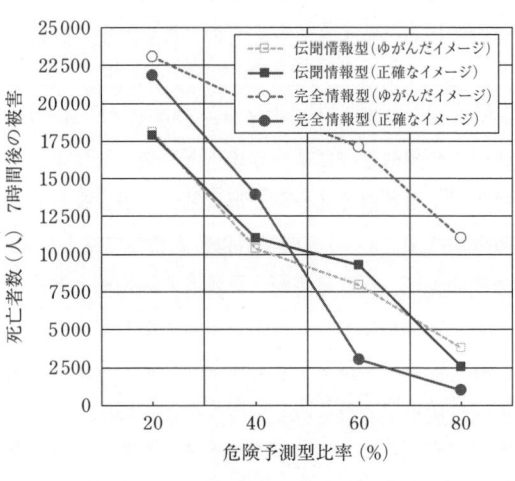

図18 被害例（出火パターン1）

表15 イメージ変形の人的被害に及ぼす影響

出火パターン	出火点の数	被害比率の平均[注]	
		伝聞情報型	完全情報型
1	30	2.27	1.77
2	28	1.00	5.43
3	34	1.45	1.02
4	33	1.03	33.37
5	26	0.70	0.73
6	30	0.66	0.42
7	27	1.06	1.27
8	32	1.04	1.09
9	30	0.92	0.96

（注）危険予測型比率を20～80％で変化させたときの［ゆがんだイメージでの被害］／［正確なイメージでの被害］の値の平均値を示してある．

4.5 結論

　事前に行った二つの調査をもとに，避難者の避難行動を類型化し，また，住民の地理的イメージ変形を求めた．さらに，避難者が伝聞情報をもとに，どのように火災状況を認識し判断するかがわかる伝聞情報判断モデルを求めた．

　理想化した避難者を仮定している従来の"全知全能型"とでもいうべき地震時火災避難シミュレーションモデルに，以上の結果を組み込み，より現実的なモデルを構築した．すなわち，災害情報の獲得の仕方や判断の仕方，地理的認識の仕方などが人的被害にどのように影響するのかについて検討した．

　得られた避難モデルは，多くの仮定や単純化をしているため，その結果を精度の高いものとみなすことは危険であるが，一連のシミュレーション実験結果から得られる知見を整理すると次のようにいうことができよう．

　新たに構築したモデルでの被害推定は，従来のモデルによる推定よりも大きくなることが判明した．また，災害情報の提供形式によって被害の増減が生じることから，情報伝達が，被害を左右する重要な要因であるといえる．具体的には，情報を提供する施設の配置は，避難路に沿ったものがよく，この場合には，"全知全能型"の場合と同程度の被害に抑えることができる．地震時大火という経験したことのない状況下では，避難者間の情報伝達がうまく機能するかどうかは定かでない．このことからも，公的な災害情報提供施設の設置は急務である．

　さらに，ゆがんだ地理的イメージのもとでは，被害が極端に大きくなることがあることから，地理的認識の問題は，単にイメージ上の問題ではなく，災害避難時には住民の生命にかかわる問題であるといえる．避難誘導や災害情報といった地理的情報の提供の際には，住民の地理的認識における特性を十分考慮しイメージ上での混乱を招かないように配慮されるべきである．同時に，住民の都市イメージを無視した町名変更や施設名称の決定は慎むべきである．こうした都市イメージの問題は，都市景観や都市の歴史性の問題に限定されるべきではなく，都市の安全性にも深くかかわっていると見るべきである．

　なお，地震時避難における情報，とくに，伝聞情報をモデル化することを試みたものの，伝聞情報の過多，過少による混乱の発生について本研究では立ち入ることができなかった．伝聞情報といわゆるパニック発生の関係についても検討したいところであるが，パニックについての社会心理学上の定義も研究者の間でコンセンサスが得られているとはいえない今日，本研究をいたずらにパニックと関係づけることは，不用意な社会不安を引き起こす可能性があるものの安全の着実な向上が望めないと考え，そうした展開についてはさしひかえた．

謝　辞

　基礎データとなっている調査Ⅰ，Ⅱでは，多くの居住者の方々にご協力頂きました．ここに感謝の意を表します．また，調査当時，数度にわたる調査に根気よく携わって頂いた篠崎健一氏をはじめ青木研究室の皆様に感謝いたします．とくに，プログラムのコーディングからシミュレーションの実行に至るまでご尽力頂いた脇村辰夫氏，橋本健一氏に感謝いたします．なお，本章は青木・大佛・橋本の論文(1992)をもとに加筆修正したものである．

注

1) 本節は，青木・大佛（1990a）をもとに加筆修正したものである．
2) 浜田の風下式において，時刻 0, 30, 60 分のそれぞれについて木造率 100% とし，風速 0, 10 m の場合の延焼速度を計算したものである．
3) 本節は，青木・橋本・大佛（1991）の内容の一部について詳述したものである．
4) 同じ対象地域内での関連調査を，青木・大佛（1991b）で行った．
5) 本節は，青木・大佛（1990b）の内容の一部について詳述したものである．
6) 実際の損害は，正しい判断をしたとしても不可避的に損害が発生することがあるが，ここでの"損害は，判断の仕方に起因する"損害"であるので，事実と一致した判断の損害は 0 と基準化している．
7) 命題 1 は次のようにして得られる．
   (a) 最初に，K_1, K_2, K_0 の大小関係についてケース a とケース b の場合しかありえないことを証明する．
   もしも，$K_2 < K_0$ ならば，
   $$L_{12}L_{21} - L_{12}L_{20} - L_{10}L_{21} > 0$$
   であり，このとき，
   $$K_1 - K_0 = \frac{L_{12}L_{21} - L_{12}L_{20} - L_{10}L_{21}}{L_{10}L_{21}} > 0$$
   すなわち，$K_2 < K_0 < K_1$ でケース a の場合となる．
   同様に，$K_0 < K_2$ ならば，
   $$L_{12}L_{21} - L_{12}L_{20} - L_{10}L_{21} < 0$$
   であり，このとき，
   $$K_1 - K_0 < 0$$
   すなわち，$K_1 < K_0 < K_2$ でケース b の場合となる．
   (b) 次に，ケース a の場合について式（2）の損害期待値が最小になる δ_j を求める．
   まず δ_2 すなわち燃えていないと判断することが最小損害となるのは
   $$L(\delta_2 | R) < L(\delta_1 | R)$$
   $$L(\delta_2 | R) < L(\delta_0 | R)$$
   が同時に成立するときであり，式（2）より，
   $$L_{12}P_1 + L_{22}P_2 < L_{11}P_1 + L_{21}P_2$$
   $$L_{12}P_1 + L_{22}P_2 < L_{10}P_1 + L_{20}P_2$$
   となり，さらに，式（1）の条件のもとでは，
   $$L_{12}P_1 < L_{21}P_2$$
   $$L_{12}P_1 < L_{10}P_1 + L_{20}P_2$$
   すなわち，
   $$\frac{P_1}{P_2} < K_0$$
   $$\frac{P_1}{P_2} < K_2$$
   ケース a の場合は，$K_2 < K_0$ であるので，上記の

両式が同時に成立するための条件は，
$$\frac{P_1}{P_2} < K_2$$
となり，これがケース a-1 の場合で，上式のもとでは燃えていないと判断するのが最小損害となる．

同様に，ケース a の場合で δ_1，すなわち燃えていると判断することが最小損害となるのは，
$$L(\delta_1 | R) < L(\delta_2 | R)$$
$$L(\delta_1 | R) < L(\delta_0 | R)$$
が同時に成立するときであり，式（2）および式（1）の条件のもとで，
$$\frac{P_1}{P_2} < K_0$$
$$\frac{P_1}{P_2} < K_1$$
となり，ケース a の場合，この両式が同時に満足される範囲は，
$$\frac{P_1}{P_2} < K_1$$
である．すなわち，ケース a-3 の場合であり，上式のもとでは燃えていると判断するのが最小損害となる．

残りの場合，すなわち，ケース a の場合で，
$$K_2 < \frac{P_1}{P_2} < K_1$$
の場合がケース a-2 の場合であり，上式のもとではわからないと判断するのが最小損害となる．

ケース b の場合についても，同様の手続きで命題 1 の結果を得ることができる．

8) 本節は，青木・大佛（1991a）をもとに加筆修正したものである．
9) 岡田モデルの詳細については，岡田・吉田・柏原・辻（1979）を参照されたい．
10) 本節は，青木・橋本・大佛（1991）をもとに加筆修正したものである．

参考文献

青木義次，大佛俊泰：地震時避難行動に関する意識調査―地震時避難行動の情報伝達作用モデルの研究　その 1. 1989 年度日本建築学会関東支部研究報告集（計画系），pp. 201-204, 1990a.

青木義次，大佛俊泰：伝聞情報判断モデル―地震時避難行動の情報伝達作用モデルの研究　その 2. 日本建築学会第 13 回情報システム利用技術シンポジウム，pp. 205-210, 1990b.

青木義次，大佛俊泰：伝聞情報型避難シミュレーションモデル―地震時避難行動の情報伝達作用モデルの研

究 その3. 日本建築学会大会学術講演梗概集（F），pp. 399-400, 1991a.

青木義次, 大佛俊泰：都市空間認識における場所名の影響. 日本建築学会大会学術講演梗概集（F），pp. 159-160, 1991b.

青木義次, 大佛俊泰, 橋本健一：情報伝達と地理イメージ変形を考慮した地震時避難行動シミュレーションモデル. 日本建築学会計画系論文報告集, 第440号, pp. 111-118, 1992.

青木義次, 橋本健一, 大佛俊泰：地理的認識が避難行動に及ぼす影響—地震時避難行動の情報伝達作用モデルの研究 その4. 日本建築学会大会学術講演梗概集（F），pp. 399-400, 1991.

糸井川栄一ほか：地震火災時のリアルタイム情報処理システムの開発—延焼拡大予測と避難情報処理に関する研究. 建築研究報告, No. 120, 建築研究所, 1989.

岡崎甚幸：建築空間における歩行のためのシミュレーションモデルの研究—その3 停滞や火災を考慮して最短経路を選ぶ歩行. 日本建築学会計画系論文報告集, 第285号, pp. 137-148, 1979.

岡田光正, 吉田勝行, 柏原士郎, 辻 正矩：大震火災による人的被害の推定と都市の安全化に関する研究. 日本建築学会計画系論文報告集, 第275号, pp. 141-148, 1979.

堀内三郎, 小林正美, 中井 進：都市域における避難計画の研究（その1）. 日本建築学会大会学術講演梗概集（計画系），pp. 1323-1324, 1974a.

堀内三郎, 小林正美, 中井 進：都市域における避難計画の研究（その2）. 日本建築学会大会学術講演梗概集（計画系），pp. 1325-1326, 1974b.

索　引

ア 行

安心　64
安否情報　46

伊勢湾台風　2
一次バイアス　60
一面提示　78
一時（いっとき）集合場所　98
今村明恒　8
今村・大森の地震論争　8
イメージ変形　101

雲仙普賢岳　29

液状化　15
エキスパンションジョイント　27
疫病　41
エコノミークラス症候群　26
援助行動　51

大森房吉　8
お雇い外国人　3

カ 行

海象災害　37
確率推定バイアス　60
火災状態判断プロセス　103
火山災害　33
火山噴火　29
仮設住宅　19
干害　2
関東地震　7, 15
関東大震災　7

技術的災害　36
気象災害　37
帰宅困難者　23
恐怖喚起コミュニケーション　86
恐怖コミュニケーション　48
協力行動　56

クライシスコミュニケーション　75, 88

警報システム　42
建築基準法　18, 27

豪雨災害　2, 29, 33
公害　38
構造的方略　93
高層マンション　18
構築環境　36
交通災害　39
行動意図　85
行動プラン票　88
行動プラン法　85
行動変容　85
CAUSE モデル　75
孤独死　20
個別アドバイス法　85
誤報効果　48
子迎え行動　99

サ 行

災害と情報　42
災害と人間行動　48
災害の大きさ　37
災害の進行速度　40
災害の予測　40
災害の連鎖　37
災害文化　51
災害リスク情報　43
サイスミックマイクロゾネーション　1
山陽新幹線　20

市街地延焼速度　99
地震災害　3, 33
地震災害調査　18
地震時火災避難シミュレーション　96
自然災害　36
実行意図　85
社会的ジレンマ　56
社会的トラップ　93
斜面災害　29
集合行動　50
主観確率　59
状況の再定義　49

情報提供施設　107
人為的災害　38, 40
震災復興住宅　19
震災予防調査会　3
新耐震設計規準　18
心的表象　59
信頼　63
　意図についての――　64
　広義の――　63
　誠実性の――　64
　能力についての――　63
　――の非対象性の原理　65
心理的方略　93

スロヴィックの2因子　58
スロッシング　23

正常性バイアス　49
雪害　2
せん断破壊　15
全知全能型　96

創発規範　50

タ 行

大気異変　39
対策行動　48
耐震強度偽装事件　27
耐震補強　32
態度変容　85
態度理論　85
多次元尺度構成法　101

地球温暖化　39
地象災害　37
長周期地震動　23
地理的イメージ　96, 100

TFP　87
寺田寅彦　1
伝聞情報　106
伝聞情報判断モデル　102

東海地震　23
東南海地震　23

十勝沖地震　15, 23
都市火災のイメージ　99
都市認識　96
都市防災計画　96
土石流　30
トラウマ　23
トラベル・フィードバック・プログラム　87
トリアージ　50

ナ　行

ナウキャスト　46

新潟県中越地震　23
新潟地震　12, 15
二次バイアス　60
日本海中部地震　18
日本建築学会　15
二面提示　78

濃尾地震　3

ハ　行

ハザード　30, 58
ハザードマップ　44
バーナラビリティー　30
パニック　50
浜田式　99

阪神・淡路大震災　20
阪神高速　20

非協力行動　56
非構造壁　18, 27
PTSD　51
避難開始時期　98
避難勧告　43, 98
避難行動類型　107
避難指示　43
避難準備情報　43
避難場所　97
避難民　19, 23
兵庫県南部地震　3, 18, 20

福井地震　9, 15
福岡県西方沖地震　27
プレートテクトニクス仮説　29

防災マップ　45
防災力　37
放射線漏れ事故　38
北海道南西沖地震　18
ボランティア活動　20

マ　行

マスコミ報道　70

宮城県沖地震　17, 33

メディアリテラシー　73

モンスーン型気候　28

ヤ　行

横浜地震　3

ラ　行

ライフライン　20
理科年表　3
リスク　30
リスクイメージ　94
リスクコミュニケーション　70
　共考のための――　74
　災害時の――　75
　専門家からの――　74
　平常時の――　75
リスク心理学　54
リスク専門家　54
リスク認知　57
　――の2因子　58
流言　50

ワ　行

和辻哲郎　1

編集者略歴

大野 隆造(おお の りゅう ぞう)

1949年　愛知県に生まれる
1982年　東京工業大学大学院理工学研究科博士課程修了
現　在　東京工業大学大学院総合理工学研究科教授
　　　　工学博士

シリーズ〈都市地震工学〉7
地震と人間　　　　　　　　　　　定価はカバーに表示

2007年1月20日　初版第1刷

編集者　大　野　隆　造
発行者　朝　倉　邦　造
発行所　株式会社　朝倉書店
　　　　東京都新宿区新小川町6-29
　　　　郵便番号　162-8707
　　　　電話　03(3260)0141
　　　　FAX　03(3260)0180
　　　　http://www.asakura.co.jp

〈検印省略〉

© 2007〈無断複写・転載を禁ず〉　　中央印刷・渡辺製本

ISBN 978-4-254-26527-9　C 3351　　Printed in Japan

前東大 岡田恒男・前京大 土岐憲三編

地 震 防 災 の 事 典

16035-6 C3544　　　　A5判 688頁 本体25000円

〔内容〕過去の地震に学ぶ／地震の起こり方(現代の地震観，プレート間・内地震，地震の予測)／地震災害の特徴(地震の揺れ方，地震と地盤・建築・土木構造物・ライフライン・火災・津波・人間行動)／都市の震災(都市化の進展と災害危険度，地震危険度の評価，発災直後の対応，都市の復旧と復興，社会・経済的影響)／地震災害の軽減に向けて(被害想定と震災シナリオ，地震情報と災害情報，構造物の耐震性向上，構造物の地震応答制御，地震に強い地域づくり)／付録

京大防災研究所編

防 災 学 ハ ン ド ブ ッ ク

26012-1 C3051　　　　B5判 740頁 本体32000円

災害の現象と対策について，理工学から人文科学までの幅広い視点から解説した防災学の決定版。〔内容〕総論(災害と防災，自然災害の変遷，総合防災の視点)／自然災害誘因と予知・予測(異常気象，地震，火山噴火，地表変動)／災害の制御と軽減(洪水・海象・渇水・土砂・地震動・強風災害，市街地火災，環境災害)／防災の計画と管理(地域防災計画，都市の災害リスクマネジメント，都市基盤施設・構造物の防災診断，災害情報と伝達，復興と心のケア)／災害史年表

元東大 宇津徳治・前東大 嶋　悦三・日大 吉井敏尅・東大 山科健一郎編

地 震 の 事 典 (第2版)

16039-9 C3544　　　　A5判 676頁 本体23000円

東京大学地震研究所を中心として，地震に関するあらゆる知識を系統的に記述。神戸以降の最新のデータを含めた全面改訂。付録として16世紀以降の世界の主な地震と5世紀以降の日本の被害地震についてマグニチュード，震源，被害等も列記。〔内容〕地震の概観／地震観測と観測資料の処理／地震波と地球内部構造／変動する地球と地震分布／地震活動の性質／地震の発生機構／地震に伴う自然現象／地震による地盤振動と地震災害／地震の予知／外国の地震リスト／日本の地震リスト

愛知大 吉野正敏・学芸大 山下脩二編

都 市 環 境 学 事 典

18001-2 C3540　　　　A5判 448頁 本体16000円

現在，先進国では70％以上の人が都市に住み，発展途上国においても都市への人口集中が進んでいる。今後ますます重要性を増す都市環境について地球科学・気候学・気象学・水文学・地理学・生物学・建築学・環境工学・都市計画学・衛生学・緑地学・造園学など，多様広範な分野からアプローチ。〔内容〕都市の気候環境／都市の大気質環境／都市と水環境／建築と気候／都市の生態／都市活動と環境問題／都市気候の制御／都市と地球環境問題／アメニティ都市の創造／都市気候の歴史

前千葉大 丸田頼一編

環 境 都 市 計 画 事 典

18018-7 C3540　　　　A5判 536頁 本体18000円

様々な都市環境問題が存在する現在においては，都市活動を支える水や物質を循環的に利用し，エネルギーを効率的に利用するためのシステムを導入するとともに，都市の中に自然を保全・創出し生態系に準じたシステムを構築することにより，自立的・安定的な生態系循環を取り戻した都市，すなわち「環境都市」の構築が模索されている。本書は環境都市計画に関連する約250の重要事項について解説。〔項目例〕環境都市構築の意義／市街地整備／道路緑化／老人福祉／環境税／他

前東大 不破敬一郎・国立環境研 森田昌敏編著

地 球 環 境 ハ ン ド ブ ッ ク (第2版)

18007-1 C3040　　　　A5判 1152頁 本体35000円

1997年の地球温暖化に関する京都議定書の採択など，地球環境問題は21世紀の大きな課題となっており，環境ホルモンも注視されている。本書は現状と課題を包括的に解説。〔内容〕序論／地球環境問題／地球／資源・食糧・人類／地球の温暖化／オゾン層の破壊／酸性雨／海洋とその汚染／熱帯林の減少／生物多様性の減少／砂漠化／有害廃棄物の越境移動／開発途上国の環境問題／化学物質の管理／その他の環境問題／地球環境モニタリング／年表／国際・国内関係団体および国際条約

◆ シリーズ〈建築工学〉◆
基礎から応用まで平易に解説した教科書シリーズ

服部岑生・佐藤 平・荒木兵一郎・水野一郎・
戸部栄一・市原 出・日色真帆・笠嶋 泰著
シリーズ〈建築工学〉1

建築デザイン計画
26871-8 C3352　　　B5判 216頁 本体4200円

建築計画を設計のための素養としてでなく、設計の動機付けとなるように配慮。〔内容〕建築計画の状況/建築計画を始めるために/デザイン計画について考える/デザイン計画を進めるために/身近な建築/現代の建築設計/建築計画の研究/他

西川孝夫・北山和宏・藤田香織・隈澤文俊・
荒川利治・山村一繁・小寺正孝著
シリーズ〈建築工学〉2

建築構造の力学
26872-6 C3352　　　B5判 144頁 本体3200円

初めて構造力学を学ぶ学生のために、コンピュータの使用にも配慮し、やさしく、わかりやすく解説した教科書。〔内容〕力とつり合い/基本的な構造部材の応力/応力度とひずみ度/骨組の応力と変形/コンピュータによる構造解析/他

首都大 西川孝夫・明大 荒川利治・工学院大 久田嘉章・
早大 曽田五月也・戸田建設 藤堂正喜著
シリーズ〈建築工学〉3

建築の振動
26873-4 C3352　　　B5判 120頁 本体3200円

建築構造物の揺れの解析について、具体的に、わかりやすく解説。〔内容〕振動解析の基礎/単純な1自由度系構造物の解析/複雑な構造物(多自由度系)の振動/地震応答解析/耐震設計の基礎/付録：シミュレーション・プログラムと解説

前工学院大 中島康孝・都市管理総合研 太田昌孝編著

地球環境時代の 建築マネジメント
26624-3 C3052　　　A5判 160頁 本体3400円

建築・設備のマネジメント手法を解説した、学生・実務者むけのテキスト。〔内容〕経営と建築マネジメント/ライフサイクルマネジメント/ファシリティマネジメント/ライフサイクルアセスメント/建築・設備の維持保全と診断/他

日大 板本守正・千葉工大 市川裕通・芝工大 塘 直樹・
前九大 片山忠久・東工芸大 小林信行著
学生のための建築学シリーズ

環境工学（四訂版）
26856-4 C3352　　　A5判 216頁 本体3900円

好評の旧版を、法律の改正や地球環境問題への配慮など、最新の情報に基づいて書き改めたテキスト。多数の図・表・データを用いて、簡潔かつわかりやすく解説。〔内容〕気候/熱環境/伝熱/湿気/換気/音響/日照/採光・照明/色彩

鹿児島大 松村和雄・九大 河野昭彦・九大 前田潤滋著
新建築学シリーズ1

建築構造力学
26881-5 C3352　　　B5判 208頁 本体4800円

現代に即した新テキストシリーズ〔内容〕構造と安全性/力の釣り合い/構造解析/応力と歪/断面力/部材の変形/仮想仕事/歪エネルギー/架構の解析/平面トラスの解析/はりの解析/平面ラーメンの解析/付録：マトリクス算法の基礎

山肩邦男・永井興史郎・冨永晃司・伊藤淳志著

新版 建築基礎工学
26626-X C3052　　　A5判 244頁 本体3800円

好評を博した「建築基礎工学」の全面改訂版。〔内容〕土の分類と物理的性質/地下水の水理学/土の圧縮性・圧密/せん断強さ/土圧/地表面荷重による地中有効応力/地盤調査/基礎の設計計画/直接基礎の設計/杭基礎の設計/擁壁と山留め

京大 渡辺史夫・近大 窪田敏行著
エース建築工学シリーズ

エース 鉄筋コンクリート構造
26864-5 C3352　　　A5判 136頁 本体2600円

教育経験をもとに簡潔コンパクトに述べた教科書。〔内容〕鉄筋コンクリート構造/材料/曲げおよび軸力に対する梁・柱断面の解析/付着とせん断に対する解析/柱・梁の終局変形/柱・梁接合部の解析/壁の解析/床スラブ/例題と解

東大 魚本健人著

コンクリート診断学入門
—建造物の劣化対策—
26147-0 C3051　　　B5判 152頁 本体3600円

「危ない」と叫ばれ続けているコンクリート構造物の劣化診断・維持補修を具体的に解説。診断ソフトの事例付。〔内容〕コンクリート材料と地域性/配合の変化/非破壊検査/鋼材腐食/補強工法の選定と問題点/劣化診断ソフトの概要と事例他

関大 和田安彦・阪産大 菅原正孝・前京大 西田 薫・
神戸山手大 中野加都子著
エース土木工学シリーズ

エース 環境計画
26473-9 C3351　　　A5判 192頁 本体2900円

環境問題を体系的に解説した学部学生・高専生用教科書。〔内容〕近年の地球環境問題/環境共生都市の構築/環境計画(水環境計画・大気環境計画・土壌環境計画・廃棄物・環境アセスメント)/これからの環境計画(地球温暖化防止、等)

樗木 武・横田 漠・堤 昌文・平田登基男・
天本徳浩著
エース土木工学シリーズ

エース 交通工学
26474-7 C3351　　　A5判 196頁 本体3200円

基礎的な事項から環境問題・IT化など最新の知見までを、平易かつコンパクトにまとめた交通工学テキストの決定版。〔内容〕緒論/調査と交通計画/道路網の計画/自動車交通の流れ/道路設計/舗装構造/維持管理と防災/交通の高度情報化

前東大 岡田恒男・前京大 土岐憲三編	阪神淡路・新潟中越などを経て都市直下型地震は国民的関心事でもある。本書はそれらへの対策・対応を専門家が数式を一切使わず正確に伝える。〔内容〕地震が来る／どんな建物が地震に対して安全か／街と暮らしを守るために／防災の最前線
地震防災のはなし ―都市直下地震に備える―	
16047-X C3044　　A5判 192頁 本体2900円	

前東大 茂木清夫著	地震予知連会長としての豊富な体験から最新の地震までを明快に解説。〔内容〕三宅島の噴火と巨大群発地震／西日本の大地震の続発（兵庫，鳥取，芸予）／地震予知の可能性／東海地震問題／首都圏の地震／世界の地震（トルコ，台湾，インド）
地 震 の は な し	
10181-3 C3040　　A5判 160頁 本体2900円	

産総研 加藤碵一著	地震断層・活断層・第四紀地殻変動を構造地質学の立場から平易に解説。〔内容〕地震・地震断層・活断層の科学／世界の地震・地震断層・活断層（アジア，中近東・アフリカ，ヨーロッパ，北・中アメリカ，南アメリカ・オセアニア）
地 震 と 活 断 層 の 科 学	
16018-6 C3044　　A5判 292頁 本体5800円	

元東大 菊地正幸編 地球科学の新展開2	〔内容〕地震とは何か／地震はどこで発生するか／大地震は繰り返す／地殻は変動する／地殻を診断する／地球の鼓動を測る／地球の変形を測る／実験室で震源を探る／地震波で震源を探る／強い揺れの生成メカニズム／地震発生の複雑さの理解
地殻ダイナミクスと地震発生	
16726-1 C3344　　A5判 240頁 本体4000円	

建築研 大橋雄二著	1995年の阪神大震災を契機として評価が高まった免震構造に関する解説書。〔内容〕免震構造とは／免震建設の状況と傾向／免震装置／免震構造の設計・施工／耐震研究と免震構造の開発の歴史／免震構造から見た地震と建築物の振動／他
地 震 と 免 震 ―耐震の新しいパラダイム―	
26010-5 C3051　　A5判 272頁 本体4000円	

前文化庁 半澤重信著	本書は有形の文化財すなわち美術品・民俗文化財およびそれらを収納・安置する建造物を盗難や毀損，地震，雷，火災等の災害から守るための技術的方法を具体的に記述している。〔内容〕防犯計画／防災計画／防震計画／防火計画／他
文 化 財 の 防 災 計 画 ―有形文化財・博物館等資料の災害防止対策―	
26622-7 C3052　　B5判 116頁 本体6500円	

萩島 哲・佐藤誠治・菅原辰幸・大貝 彰・外井哲志・出口 敦・三島伸雄・岩尾 纏他著 新建築学シリーズ10	新編成の教科書構成で都市計画を詳述。〔内容〕歴史上の都市計画・デザイン／基本計画／土地利用計画／住環境整備／都市の再開発／交通計画／歩行者空間／環境計画／景観／都市モデル／都市の把握／都市とマルチメディア／将来展望／他
都 市 計 画	
26890-4 C3352　　B5判 192頁 本体4600円	

東大 神田 順・東大 佐藤宏之編	大都市東京を題材に，社会学，人文学，建築学，都市工学，土木工学の各分野から物理的・文化的環境を考察。新しい「環境学」の構築を試みる。〔内容〕先史時代の生活／都市空間の認知／交通／音環境／地震と台風／東京湾／変化する建築／他
東 京 の 環 境 を 考 え る	
26625-1 C3052　　A5判 232頁 本体3400円	

日本建築学会編	建築，住居，デザイン系学生を主対象とした新時代の好指針〔内容〕人間環境学とは／環境デザインにおける人間的要因／環境評価，感覚，記憶／行動が作る空間／子供と高齢者／住まう環境／働く環境／学ぶ環境／癒される環境／都市の景観
人 間 環 境 学 ―よりよい環境デザインへ―	
26011-3 C3052　　B5判 148頁 本体3900円	

前東大 高橋鷹志・東大 長澤 泰・東大 西出和彦編 シリーズ〈人間と建築〉1	建築・街・地域という物理的構築環境をより人間的な視点から見直し，建築・住居系学科のみならず環境学部系の学生も対象とした新趣向を提示。〔内容〕人間と環境／人体のまわりのエコロジー（身体と座，空間知覚）／環境の知覚・認知・行動
環 境 と 空 間	
26851-3 C3352　　A5判 176頁 本体3400円	

柏原士郎・田中直人・吉村英祐・横田隆司・阪田弘一・木多彩子・飯田 匡・増田敬彦他著	建築物をデザインするには安全・福祉・機能性・文化など環境との接点が課題となる。本書は大量の図・写真を示して読者に役立つ体系を提示。〔内容〕環境要素と建築のデザイン／省エネルギー／環境の管理／高齢者対策／環境工学の基礎
建築デザインと環境計画	
26629-4 C3052　　B5判 208頁 本体4800円	

日本橋梁建設協会編	カラー写真で綴る橋梁技術史。旧版「日本の橋（増訂版）」を現代の橋以降のみでなく全面的に大幅な改訂を加えた。〔内容〕古い木の橋・石の橋／明治の橋／大正の橋／昭和前期の橋／現代の橋／これからの橋／ビッグ10・年表・橋の分類／他
新版 日本の橋 （CD-ROM付） ―鉄・鋼橋のあゆみ―	
26146-2 C3051　　A4変判 224頁 本体14000円	

上記価格（税別）は 2006 年 12 月現在